人力资源管理名家精品系列教材

员工流动管理

陈维政　姜秀丽　胡冬梅　石　岩　陈玉玲　编著

科学出版社
北　京

内 容 简 介

企业发展离不开员工，员工流动是社会发展大趋势之一。企业既希望员工保持一定的稳定性，又希望通过员工的流动来改变既有的人力资源结构，发掘员工潜质，达到人尽其才的目的。员工流动管理就是要充分利用这种流动所带来的益处，同时规避员工流动可能给企业带来的负面影响。本书共分10章，主要对员工流动管理进行研究，包括员工流动的相关理论、原因分析、过程管理、调控方法和技术、法规政策等，并着重探讨了四种不同性质的企业，分析它们在员工流动管理中存在的问题、原因及解决问题的对策，以求对企业的人力资源管理有所帮助。为了帮助读者系统地掌握员工流动管理的理论和方法，本书还配有大量的国内外企业实战案例分析。

本书可作为高等学校工商管理和人力资源管理专业，以及其他相关经济管理类专业的本科或专科学生课程的教材，还可作为企业管理人员、人力资源管理从业人员，以及对员工流动管理感兴趣的各类读者的参考读物。

图书在版编目（CIP）数据

员工流动管理/陈维政等编著. —北京：科学出版社，2021.6
人力资源管理名家精品系列教材
ISBN 978-7-03-068064-8

Ⅰ. ①员… Ⅱ. ①陈… Ⅲ. ①企业管理-人事管理-教材
Ⅳ. ①F272.92

中国版本图书馆CIP数据核字（2021）第026710号

责任编辑：方小丽 陶 璇 李秉乾/责任校对：贾娜娜
责任印制：张 伟/封面设计：蓝正设计

科学出版社 出版
北京东黄城根北街16号
邮政编码：100717
http://www.sciencep.com
北京凌奇印刷有限责任公司 印刷
科学出版社发行 各地新华书店经销
*
2021年6月第 一 版 开本：787×1092 1/16
2023年3月第三次印刷 印张：13 3/4
字数：327 000

定价：48.00元

（如有印装质量问题，我社负责调换）

FOREWORD

前　　言

随着社会经济的迅速发展，人们的就业、择业观念发生了很大的变化，因而对人力资源的有效管理成为企业关注的焦点。与此同时，企业所面临的竞争环境越来越具有动态性，作为人力资源管理中的一个组成部分，员工流动管理也越来越凸显出其重要性。

企业发展离不开员工，而员工流动却是社会发展的大趋势之一。人力资源的管理者应充分利用这种流动所带来的益处，同时规避员工流动可能给企业带来的负面影响。目前令人头痛的是，不合理的员工流动和关键员工流失会给企业带来较大的损失，所以人们对员工流动常常持有矛盾的态度。一方面，企业希望员工保持一定的稳定性；另一方面，企业又希望通过员工的流动来改变既有的人力资源结构。从员工个体来看，有序、合理的流动能发挥自己的优势，发掘自身潜质，达到人尽其才的目的。从现实情况看，往往是企业需要的人才难求也难留，留下来的却不一定是企业想要的，企业和员工双方可能都不满意。

如果不对员工流动原因进行分析，人力资源管理就显得盲目而缺乏目的性和针对性。影响员工流动的因素多种多样，即使是同一个因素，在不同时间、不同企业、不同员工身上所起的作用也不尽相同，甚至相同的原因在同一名员工身上由于其他因素的相互作用所产生的影响也不尽相同。所以，追求纯正的员工流动的有序、合理是比较困难的，能够令人满意的状态是，总体有序，相对合理。

本书共分10章，主要对员工流动管理进行研究，并着重探讨了四种不同性质的企业，分析它们在员工流动管理中存在的问题、原因及解决问题的对策，以求对企业的人力资源管理有所帮助。

本书由山东大学、四川大学和西华大学多位教师共同编写，具体分工如下：姜秀丽、胡冬梅负责第1、2、6、7、8、9章；石岩、陈玉玲负责第3、4、5章；陈维政负责第10章以及全书的修订统稿。

在写作过程中，研究生李红黎、张美静、郑可意、李响也参与了部分文字校改和资料更新的工作，在此对她们表示衷心感谢。另外，特别要感谢台州学院毛晓燕老师对第10章编写所做出的重要贡献。

本书在编写中参考和引用了大量相关文献资料和案例，对这些文献资料和案例的作者及出版机构，我们表示最诚挚的谢意。

编著者

2021年5月26日

CONTENTS

目　　录

前言
第 1 章　绪论 1
　1　员工流动的内涵 3
　2　员工流动的种类 4
　3　员工流动趋向分析 6
　4　正确处理人才流动与人才留住的关系 9
第 2 章　员工流动理论及影响因素分析 15
　1　员工流动的理论分析 16
　2　影响员工流动的因素 25
第 3 章　员工流动过程管理 36
　1　员工流入管理 37
　2　员工内部流动管理 53
　3　员工流出管理 57
第 4 章　员工流动的结果与调控 67
　1　员工流动的影响 69

2 员工流动的调控 75
第 5 章 国有企业员工流动分析 93
1 国有企业员工流动的现状及特点 94
2 国有企业员工流动的原因 95
3 国有企业人才流失的对策 97
第 6 章 外资企业员工流动分析 113
1 著名外资企业的用人法则 115
2 外资企业的薪酬福利待遇 120
3 外资企业人才“回归”的现状 121
4 外资企业人才“回归”的原因 124
第 7 章 民营企业员工流动分析 130
1 民营企业的特点 132
2 民营企业员工流动率高的原因 135
3 民营企业员工流失管理对策 138
第 8 章 高新技术企业员工流动分析 145
1 高新技术企业员工流动的现状与问题 146
2 高新技术企业员工特点分析 148
3 高新技术企业员工流动的原因 149
4 高新技术企业员工流动的影响及对策 151
第 9 章 控制员工流动的方法与技术 159
1 确立“以人为本”的管理哲学 160
2 管理与控制员工流动的方法与原则 164
3 挽留核心员工 167
第 10 章 员工流动管理的相关法律法规 182
1 招聘和解聘 183
2 劳动合同 189
3 试用期 194
4 服务期 198
5 竞业限制 201
6 非标准劳动用工 204

第1章　绪　　论

本章主要学习目的

1. 了解员工流动的内涵。
2. 了解员工流失的内涵及其与员工流动的关系。
3. 了解员工流动的类型。
4. 正确处理人才流动与人才留住的关系。

引导案例①

前程无忧发布《2017离职与调薪调研报告》

国内领先的人力资源服务商前程无忧（NASDAQ：JOBS）发布了《2017离职与调薪调研报告》。报告称，2016年员工整体流动性明显上升，平均离职率为20.1%。该调研于2016年10～11月进行，共访问雇主3371家，员工4712人。

一、员工主动离职率整体情况

2016年员工主动离职率整体达到16.0%。高科技、金融、消费品行业的主动离职率相对较高，分别为21.6%、17.3%、17.1%。分析认为，随着供给侧结构性改革的深入，以互联网为代表的新兴高科技行业发展迅猛，由于该行业员工从业年龄普遍年轻，期待更多发展机会与晋升空间，因此员工主动离职率明显高于其他子行业；此外，该行业创业公司较多，身处该行业的人才需要快速适应快节奏和高压力，部分人员如无法适应，往往也会选择主动离开。

随着金融全球化的快速发展，证券、保险等金融行业中高端金融人才十分紧缺，行业内人才竞争加剧，同时伴随"互联网金融"等新兴业态的发展，人才缺口加大，就业机会增加，进一步推高了主动离职率。消费品行业销售人员和一线工人占比较多，流动性较大，加之消费品行业相对薪酬激励性不足，资深管理人员缺乏，跳槽和挖角现象较普遍，造成主动离职率偏高。

---

① 席春慧. 2016. 2016年员工平均离职率上升至20%　企业调薪趋于谨慎. https://www.jiemian.com/article/1014803.html[2016-12-16].

二、高科技行业跳槽频繁，传统行业流动加快

2016年，受经济不确定性较强、供给侧结构性改革、产业结构调整深化及新兴行业快速发展等多方面因素影响，员工整体离职率较2015年上升较为明显，达到了20.1%。从各行业员工离职率来看，高科技、制造业、消费品行业的员工离职率依然较高，分别为25.1%、24.4%和21.1%。

在“互联网+”模式快速发展的大背景下，高科技行业涌现出大量新型业态和商业模式，该行业对人才的吸引力依然热度不减，研发人员作为高科技企业的核心资源，其活跃度较高，加上传统行业在转型升级过程中频频挖角，造成该行业员工离职率相对较高。2016年，制造业下行压力依然存在，在转型升级过程中企业势必对人员进行结构性调整，使得员工离职率日渐走高。随着网络电商的迅速发展，行业竞争日益激烈，传统消费品企业加速转型，人才流动趋势更为明显。

三、一线城市与非一线城市差距拉大

2016年，一线城市和非一线城市的离职率依然呈上升趋势，其中，一线城市员工离职率增长较为明显，为22.4%，较2015年高出4.1个百分点，而非一线城市的离职率为18.5%，较2015年高出1.2个百分点。

近年来，虽然一线城市员工流动性都明显高于非一线城市，但2016年一线城市与非一线城市明显拉开距离。分析认为，由于经济发展水平不同，在当前供给侧结构性改革、产业结构调整深化过程中，一线城市企业所遇到的挑战和机遇均更多，人才流动明显加快。

四、操作人员离职率居高不下，专业技术人员依然抢手

2016年操作人员的离职率依然是所有职位等级中最高的，达到27.2%。受劳动力供给下滑、区域生活成本上升、产业转移等因素影响，一线操作人员供给缺口加大；此外，一线操作人员面临年龄断层，“90后”新生代对工作条件、住宿条件和企业的文化氛围都要求更高，“甩手不干”现象成为常态，进一步使得一线员工流动性增大。

随着产业结构调整，传统行业加速转型，企业需要及时调整战略及产品创新，对专业技术人员的需求增大，人才竞争更为激烈，造成2016年专业技术人员的离职率同比增幅加大，离职率继续走高。

五、应届生离职率持续走高

2016年应届生离职率高达26.5%，明显高于整体离职水平。由于“90后”应届生就业年限较短，他们的职业兴趣呈现多元化特征，更加注重个人感受，跳槽意愿较为强烈。在入职初期，如有了对薪酬福利水平不满意、觉得缺少职业发展机会或空间、不适应或难以融入工作环境等想法，他们便会立即选择离职，“裸辞”

者也不在少数。调研显示，企业中“90后”员工比例越高，员工的平均离职率也相对较高。

从以上报告的数据看，我国企业员工流动和流失的比例不小，高比例员工流动、流失背后的成因和影响值得深入探究。员工流动、流失的内涵是什么？员工流动和流失之间是什么样的关系？这是本章所要讨论的核心问题。

1　员工流动的内涵

随着经济全球化的日益深化，市场和技术发生了根本性的变化，企业面临的竞争环境也越来越具有动态性。为了应对这种迅速变化的环境，企业对人力资源的需求越来越大，尤其是对人力资源质量的要求越来越高。企业可以通过招聘、开发和培养有能力的人才等途径去不断增加自身的人力资源库存。但是对于一些成熟的企业，越来越激烈的竞争反而可能要求减少员工的数量。所以，企业将不得不面对另一个局面，即企业的人力资源需求减少。对此，企业需要通过解雇、提前退休、裁员等多种手段来管理员工的流出。令人头痛的是，对于那些已经流入企业且对其有价值的员工，企业又需要千方百计地留住他们，即减少他们可能发生的流动。因此，对员工流动的管理不仅变得越来越重要，而且也越来越复杂了。

当今，对人力资源的有效管理已成为企业利润增长点的观点已被人接受。任正非曾说：“人才不是华为的核心竞争力，对人才进行有效管理的能力，才是企业的核心竞争力。”[①]作为人力资源管理中的一个重要组成部分，员工流动管理也应该被当作一种投资来对待。因为企业的发展离不开员工，而员工的流动必须做到和企业的战略决策相匹配。如果员工流动得到正确的管理，那么当企业需要人力资源的时候，就能通过人力资源的流入或人力资源的内部流动来满足需要，从而支持企业战略决策的实施；而当企业发展不需要富余的人力资源的时候，也能够通过人力资源的有序流出来消除富余，从而降低企业的人力资源成本。

员工流动有广义和狭义之分。广义的员工流动，是指员工与用人单位相互选择而实现就职公司或就职地区的变换。狭义的员工流动，是指以岗位为基准，由于岗位变化所形成的员工从一种工作状态到另一种工作状态的变化现象，工作状态可以根据工作的岗位、工作的地点、职业的性质、服务的对象及其性质等因素来确定。

对于员工在不同用人单位之间或在同一用人单位内部不同岗位之间的主动的

① 吴建国. 2019. 人才不是华为的核心竞争力，对人才进行有效管理的能力才是. http://www.ceweekly.cn/2019/1128/277956.shtml[2019-11-28].

流动或转换，应该首先承认的是这是一件好事，它是劳动力市场成熟的标志之一，是社会进步的象征，也是人才主体意识觉醒的表现。员工流动对于提高人们对人力资源重要性的认识、强化竞争意识和人才意识、优化劳动力资源配置、体现劳动者的个人价值等有较大的推动作用。但是，集中于某些行业或某些事业的人才流动，对某些具体的企业而言则可能意味着巨大的风险。例如，很多企业在感觉到人才流动得太快时，会普遍产生抱怨，责怪离职员工缺乏责任心和忠诚感，因而如何吸引和留住优秀人才目前已成为让企业大伤脑筋的问题。与此同时，很多人觉得职业选择的机会不够多、个人的自由度不够大、社会和企业为人才提供的就业环境还不够宽松。这就引发了社会普遍关注的员工流动问题。

从人力资源市场整体来看，员工的流动常常是从较低生产率岗位向较高生产率岗位转换的。但从企业视角来看，员工流动的代价可能高昂，顶替一名离职员工的平均花费是该员工年薪的 21%；而从员工角度看，据统计，员工每次跳槽平均能带来 5.2%的薪酬提升。①问题的关键在于我们的政策鼓励什么样的流动，面对流动我们应该制定什么样的政策来确保企业和整个国家经济的发展与社会的进步。所以，对于员工流动现象，既要从宏观上来研究，更要从微观来研究企业如何面对员工流动的问题。

2　员工流动的种类

员工流动又可称为劳动力的流动，根据工作状态确定因素的不同，可以从多个侧面对其进行分析，如可以分为劳动力的地理流动或地区间流动、劳动力的产业间流动和劳动力的职业间流动等。

按照员工流动的范围，地理流动又可分为国际流动和国内流动两种，国内流动又可分为企业之间流动和企业内部流动两种；按流动的意愿可以分为自愿流动和非自愿流动；从企业微观层面上划分，可以分为流入流动、流出流动、内部流动三种形式；等等。

2.1　劳动力的地理流动

（1）国际流动。经济全球化和企业国际化是第二次世界大战以后世界经济发展的突出体现，同时带动了劳动力国际化的趋势。国际流动和由此引发的问题已经成为人力资源管理领域的一个备受关注的问题。国际流动尽管不是一股很大的潮流，

---

① 佚名 2017. 企业内部职位变动提升 1%，可以减少几百位老员工的跳槽. http://www.ruthout.com/information/1344.html[2017-07-27].

但它对劳动力流入国与流出国的人力资源的供给配置和管理机制都产生了很大的影响。

（2）国内流动。劳动力在国家内部不同地区间的流动，是影响最大的劳动力流动。这是由于大多数国家都存在地区经济、地理条件和人文环境等方面的不平衡，劳动力由经济不发达地区向经济发达地区流动的频率、机会、效益都远远高于由经济发达地区向经济不发达地区的流动。例如，我国的“人才东南飞”现象，即从内地向沿海开放的经济发达地区迁移的比例高于从沿海向内地流动的比例；又如，从乡村向城市的人才流动。

2.2 劳动力的产业间流动

劳动力从农业向工业的流动一方面是由于经济发展的拉动，新的行业大量出现，工业的发展对劳动力的需求旺盛；另一方面由于新技术的引进和生产方式的变化，更重要的是人们观念的转变，农业生产中的劳动者有了更高的期待，此外他们也有了更多的摆脱传统劳动领域的机会，从而流入工业领域。

劳动力在不同产业之间的流动，以及在相同产业中不同行业和部门之间的流动，从微观上看，是劳动力选择职业和雇主选择雇员的结果；从宏观上看，则是整个社会经济结构调整的结果。一般来说，处于上升期的行业，对劳动力的需求增加，劳动力的收入也较为可观，劳动力流入多于流出；而处于下降期的行业则正相反，对劳动力的需求下降，其行业本身又不能为人们提供预期的报酬，因而劳动力的就职率低而离职率高。

2.3 劳动力的职业间流动

劳动力的职业间流动发生于企业内部，也是人力资源流动的一种重要形式，主要表现为员工依照企业的职业规划有计划地上下运动。当然，这种晋升和降职是以员工的年功或绩效为标准的。企业通过其设计的内部晋升阶梯不仅能激发员工的潜能和学习愿望，同时还可以增强企业用人的安全性，从而降低成本。

另外，这种流动更多地表现为员工的自愿选择。这主要是由于当某一职业有更高的报酬、更好的发展前景、更优越的社会地位和职业声望时，它将会吸引那些自身条件优秀的劳动者重新选择自己的职业，这种优秀人才的流出会给企业带来一些消极影响，对企业来说会是一种人才流失，企业人力资源管理者应该更加关注这种流动比率和时间。

据统计，中国 IT 行业人才年平均流动率为 60%。也就是说，一年之中，每 10 个人里就可能有 6 个人换工作。这样的流动比率肯定对企业的稳定发展和资源积累造成不利的影响。[①]

3 员工流动趋向分析

3.1 企业员工的三次离职高潮

有关调查显示，企业员工的离职高潮有三次。[②]

第一次，试用期前后的新员工离职危机。

新员工发现工作性质或工作量超出他的能力，或是与上司不和时，会立即萌发去意。对于刚入职的新人，如果任用部门没有指派资深员工来协助他们在试用期间适应工作环境，那么当他们发现有不如意之处，大部分人就会选择离职，此时的离职可能性为 80%。

第二次，员工在职 2 年后的升迁危机。

入职一段时间后，员工都会渴望得到升迁。最好的方式是企业能给他们提供一些得以提升的机会，使他们朝着希望的目标努力。如果此时企业没有注意此种情况，没有为员工建立起激励机制，员工为追求新环境和新职位离职的可能性将达到60%。

第三次，员工在职 5 年后的工作厌倦危机。

当员工可预知的升迁越来越慢，且机会越来越少时，那些已经担任主管的员工就想寻找外面的机会。对于这些员工，他们能够做到中层或高层管理职位比较困难，因为可供他们选择的职位已经不多了。因此，他们较有可能离开企业到外面去寻找新的发展机会，尽管新的起点可能伴随着风险。

3.2 国有企业员工流动去向：外资企业与民营企业

有关国有企业难以留住人才的话题已讨论了多年，国有企业总经理也在努力改造企业的用人机制和分配体系，以期在人才市场上重新找回一些国有企业“老大”的面子。然而在人才竞争的市场上，国有企业不仅依然分不到优质价低的好羹，而且还在不断地向外资企业、民营企业，甚至私营企业慷慨地输送着质高价优的人才。来自国有企业的样本调查表明，不少企业人才流失率超过 15%[③]，尤以专业人才和复合型管理人才流失比率为高。那么这些国有企业人才因何流动呢？“铁饭碗”虽说早已变得“老土”，然而要扔掉它也一定要有狠心。人们习惯说，国有企业人才

---

① 闵敏. 2017. 员工流动的原因你真的知道吗. https://cxo.cfw.cn/view/230162-1.htm[2017-08-04].

② 林金泉. 2000. 企业员工离职高潮有三次. 中外管理，（11）：84.

③ 宋京. 2003. 人才流动率告诉我们什么. 职业，（9）：10-12.

流动的主要原因是“低工资”，没有竞争性。其实仔细分析，很多人扔掉“铁饭碗”也未见得就是单纯地为了得到“泥饭碗”里装的那“半碗金子”。国有企业人才流出的原因主要表现为，有些人，尤其是年轻人是冲着事业甚至是某种很“虚”的东西而流动的。一些员工表示，除对目前收入不满意外，主要是看不到自己在公司的价值和发展空间，调薪、晋级均是熬资历，而且等来的结果更让人失望，长期下去自己会缺乏斗志，直到懒得连辞职的想法都快没了。对于年轻人来说，有了发挥的舞台，暂时钱少还是可以忍受的，关键需要被人认可和看到发展空间，被人承认价值。

其实国有企业因“低工资”造成人才流失只是表面现象。国有企业对人才的使用主要是忽视了“以人为本”的用人之道，使有能力的人才难以拥有与其能力相匹配的发展舞台。国有企业一向缺乏反思市场经济条件下现代企业应具备的健全的企业文化，当一个人在人生最重要的生存环境里物质上和精神上都得不到满足时，自然要想到一句老话——“人挪活”。其实国有企业的总经理也大多理解离职员工的“不义之举”。

不过，我们还是得承认高薪对人才确实有一定的吸引力，而国有企业所面临的高成本使其早已难以承受人工成本之重，因此它们不可能在短时期内就以高薪留住人才。国有企业的经营者在组合和计算人工成本时，不妨多分析一下员工的内心世界。员工最注重的是企业和自身的发展，其次才是收入水平是否提高等。国有企业的经营者不仅要认真思考企业留人之道，还要深刻反思自己的用人之道，所谓“以人为本”不是一句时髦的口号，要靠事业留人，要让员工看到企业和自身发展的希望，这才是国有企业经营者亟须补充的人力资源管理知识，也是国有企业人力资源部门需要下功夫辅助高层管理者之处。

在“供给侧结构性改革”政策主导下，国有企业改革持续深入，企业经营管理方式逐步与市场接轨，原有薪酬体系有所调整和改善，这些改革措施会逐步降低国有企业员工的流失率。

3.3 外资企业员工流动去向：多在圈内流动

有这样一名员工，在外资企业已干了 13 年，共换了 6 家公司，平均每两年换一家。但他从没离开过外资企业，也没脱离过老本行——财务工作，变化的只是公司名称和越来越高的薪水，像他这样的流动频率在外资企业不在少数。外资企业的员工流动一般具有以下共性：30 岁以下、担任一般管理职务以下的员工流动率比较高；30 岁以上、工龄长而且担任中层以上管理职务的员工流动率较低；世界著名外资公司的员工流动比率略低于中小型外资公司。[①]外资企业的人才流动有一个特点，即“肥水不流外人田”。这与外资企业薪资收入具有竞争性，而且比较重视企业文化

① 唐剑. 2004. 人力资源稳定性的分析与管理策略. 南京：东南大学.

有关。不过近几年外资企业人才似乎有了更为广阔的流动空间。不少曾在外资企业打工多年的白领，纷纷“下嫁”到民营企业，当然，工资依然可观，但重要的变化是他们在职位上有了一个较高的飞跃，有了更大的发展空间，也算是奔着事业而去的。

3.4 民营企业、私营企业员工流动去向：多元而复杂

民营企业、私营企业与外资企业之间在薪酬水平上的差距正在逐渐缩小。民营企业和私营企业显现出的蓬勃发展态势，令许多“不安分”的白领蠢蠢欲动。虽然这两个土生土长的企业类型人才阵地并不稳固，从这里流向外资企业的人才数量也相当可观，但是民营企业和私营企业凭借“令人心跳”的发展速度，加之善于运用灵活的“挖墙脚”手段，经常“诱惑”外资企业里的资深人才，而且屡屡“得手”。虽然供养这样一批“空降兵”对这类民营企业和私营企业来说会比较难，但是为了事业发展，它们也只好强撑着。这显示出了民营企业和私营企业领导的魄力和灵活的用人机制，但是这两类企业在管理上所暴露出的问题和急功近利的作风，往往使得内部人才流动比率居高不下，而且去向多元而复杂。这也是导致民营企业和私营企业高层管理者感到困惑的原因之一。

3.5 热门行业员工流动去向：到处流

无论何种类型的企业，专业人才和销售人员的流动比率都比较高，专业人才尤以 IT 行业、医药行业和金融业的研发人员为主。很多公司的人力资源部人员抱怨说，企业已经推出对上述人员的特殊奖励政策，结果还是留不住他们，好像别人家的待遇总是比自己家的好。而在这类人员的流动中，人是挪活了，企业却麻烦不断。研发人员掌握的企业的技术机密，以及销售人员手中的大客户都让企业高层管理者忧心忡忡。由于这类人员在人才市场上的稀缺度高，人才价格也在不断攀升，企业仅靠提高薪资福利待遇的方式来留住人才乃是杯水车薪。如何针对这类人才设计职业发展通道和激励机制，是企业应该认真思考的问题。

另外，中国经济发达地区的人才流动比率也比较高，从这些发达地区目前取得的成绩不难看出，经济的快速发展导致了人才的高流动率，人才的高流动率加速了经济的快速发展，这是一对很匹配的关系。但是对一个企业来说，面对日益激烈的人才竞争，如何减少企业内部的人才流失，保持一定比率的人才流动，是一个非常严峻的课题。

应当说，人才的流动是正常的，但应当控制在一定的比率下。在这里，暂且不论企业合理的人才流动比率应该是多少，我们认为，对于任何一个企业家来说首先应该做到未雨绸缪，根据企业的远景目标，认真研究企业人力资源规划，建立有效的激励机制并且努力营造健康、开放的企业文化，这样才可能把人才流失给企业造

成的损失降到最小。而对于快速发展的企业，尤其是在以创新为核心竞争力的企业来说，保持一定比率的人才流动还是很有积极作用的。随着人才的流进流出，企业的科技创新能力和管理能力所吸收的养料会更加充分而新鲜。企业人才的合理流动带动了知识与科技及与外部的交流，“人挪活，企业也活”应该是企业管理者追求的人力资源管理最高境界。

4 正确处理人才流动与人才留住的关系

人力资源是现代经济发展的首要资源。在经济全球化的进程中，谁拥有了高素质的人力资源，谁充分发挥了人力资源的作用，谁就能把握经济发展的主动权，从而在全球竞争中占据优势。然而，企业人才的流动是不可避免的热门话题。有的企业可能因为艺术地使用了好办法、恰当地使用了合适的人才，而较好地促进了企业的良性发展，但更多的企业却常常因为没有处理好人才管理工作而给企业的发展带来了不利影响。那么，一个期望长期、持续、健康、稳定发展的企业，应如何做好人才管理工作呢？我们认为关键是要辩证地认识与处理好人才的“留”与“流”。

4.1 树立全方位、全员留住人才的观念

企业人才是一个群体性的概念，不是仅指某一个个体；留住人才，不是说留住了某一个人才，就称其为“留住人才”了。留住人才要从有利于企业发展、有利于企业全体员工素质的提高和人力资源利用、有利于企业经营生产管理工作效率的提高等方面全方位、全过程地去研究、实施，主要应从以下几个方面着手。

第一，注重思想和观念的融合。人才进入企业，首要的是流动进来的人才的思想意识，要尽快与企业的变化、企业员工的总体思想相融合、同流合进，防止人才的思想意识与企业员工的总体思想意识存在逆流现象，从而给企业的发展带来阻力。

第二，加强内部的交流，增强招聘员工之间的协调性。企业环境是由多方面因素构成的，其中员工之间的协调性是较为重要的一个因素，且这种协调性往往不仅限于工作中的协调性，工作之外的因素如个人性格、生活习惯、个人信仰、朋友圈等也会影响到工作中的沟通、协调。因此要加强员工的内部交流，增强彼此间的协调性。

第三，只用静态、孤立的思路与方法是很难留住人才的，需要用动态、全面的思路与方法去留住人才。人才源于社会，因此人才首先是社会的，其次才是企业的；

企业是开放的，企业的人才时刻会受到社会各种思想的影响。而且，社会在变，企业的环境在变，人才也在变，如果企业不因人而异地采取不同的方法，只用静态、孤立的思路与方法去对待时刻处于社会范围内动态的对象即人才，做人才的管理工作，不难想象其效果往往是事与愿违的。留住人才不是单靠企业经营管理者、人力资源部就能做好的，而是需要通过社会、企业多方面的人和事的影响来促成的。

第四，在使用中留住人才，合理地使用人才是留住人才的最好方法。在人才的使用中要时刻注重对人才群体或个体进行心理分析，在了解员工心态的基础上应用适当的方法进行调节，做到留人先留心；同时要将企业的发展、岗位的需求与企业人才群体和个体的素质、技能相结合，做到知人善任；在应用中还要注重绩效考评对员工的激励、促进作用，因为良好的激励手段能刺激人才在企业与岗位上实现个人价值，从而起到留人的作用。

4.2　辩证认识和处理人才流动与人才留住之间的关系

辩证认识和处理人才流动与人才留住之间的关系，应包括以下方面。

第一，企业具有的良好人才流动机制是企业人才管理水平较高的重要标志之一。市场、竞争对手、企业自身、企业的人才等都是无时无刻不在变化着的。作为企业来讲，要以变应变，建立良好的人才流动机制，引导人才的变化朝着有利于企业发展的方向变化，引导人才有序、有意义、有效益地流动。企业管理水平高的企业，体现为企业对人才的管理到位；同时这类企业也能更有效地吸引人才、留用人才、留住人才。

第二，一个没有或较少有人才流动的企业是没有希望的企业；人才流动质量差（相对企业水平及企业的发展来说），不该流出的频繁流出，不该留住的却牢牢留住了的企业，则更是没有希望的。流动人才是可取的，但要根据企业的发展需求、调配社会人力资源的实力、平衡企业与社会之间人才流动的能力等，有计划地实施人才流动策略。一方面要最大限度地引导企业最需要的合适人才流动进入企业，另一方面随着企业的自然发展，一部分不适应、跟不上企业发展的人员（以前或许是人才）应能够主动剥离于企业和岗位，通过岗位的竞争机制，保持适当的压力，增强员工的进取精神，提高企业员工的整体素质。一个不能较好地控制人才流动朝着有利于企业方向发展的企业，是一个缺乏实力和管理水平的企业，自然也难以留住合适的人才。

第三，进入到企业内部的人才应是优化性的流动。人才的岗位、职位在企业内部科学竞争机制的作用下应是良性变化的，企业要根据人才的实际能力、特长、绩效等因素，综合分析、评价调整，进行优化的流动。企业内部人才优化性的流动机制有利于留住人才。

第四，善待离职员工、善取离职员工的合理化建议，把处理离职员工的工作与技巧变为留住人才、宣传企业、广招人才的又一通道。一个离开企业的员工，其动机是多方面的，其中不乏仍然对企业有感情者，他们愿意在离开企业后继续为其发展做一些有意义的事情，还有一些员工在离开企业时有很多好的建议（在职、在岗时可能不便提）；作为企业来讲，如果能尊重流出企业的人才的选择，体贴因落伍而流动到其他企业、社会的人员的生活与工作，并能充分利用这些曾经在企业工作的人员的社会关系、建议、信息等，对于稳定仍在企业中的人才会有一定促进作用。

第五，正确认识并处理好人才流动与人才流失的关系，防止把有益于企业的人才流动误解或处理为有害于企业的人才流失。人才流动有益于企业的发展，这已经为许多企业经营者所意识到；但是我们还是经常听到很多企业经营者讲，“人才多的是，不怕人才走；走一个，我可以再招一个、两个”这种话，这里面就存在对人才流动与人才流失的认识上的混淆了。如果企业正需要的人才流出了企业，那么企业的声誉、发展及其现实的工作往往会因为没有合适的人才及时补给而受到负面的影响或冲击，这时候的人才流动就成为人才流失了。另外，的确“人才多的是”，但是招聘、培养一个合适的人才是不容易的，是企业需要或已经付出了一定代价的，而且再招聘进来的人才也不一定能留住。不难想象，有这种不正确想法的企业经营者，可能一时会招聘或留用一些人才，但要想长久留住人才是不大可能的。

人才流失往往是不以企业意志为转移的，企业出现个别的，甚至局部的只要不影响企业大局的人才流失现象并不可怕，怕的是不引以为戒、不认真吸取教训。企业只有不断地完善人才管理工作，人才流失现象才可能得到预防，企业的人才才会在有序的人才流动中被有效地留住。

思考题

1. 如何理解员工流动和员工流失的内涵？
2. 员工流动和员工流失的关系是什么？
3. 如何正确处理人才流动与人才留住的关系？

案例讨论①

X离职潮引起的团队重塑

2018年4月8日周日清晨7点，在CX学校最大的校区之一——M校区里，项目主管杨主管早早地来到了学校，路过一对一部门的个性化教室，里面已经坐满了

① 王剑虹，范莉莉，杨晓静．2017．X离职潮引起的团队重塑．https://www.cmcc-dut.cn/Cases/Detail/3687 [2019-01-31].

人，一天的紧张学习又开始了。一对一部门撑起了CX学校的半壁江山，承担了9 000万元的工作任务，占学校总工作任务的50%。办公桌前新教师的案卷已经堆成了一摞，高速增长的业绩是需要多新教师和更多有效课时的，与此同时高速扩张之下诸多管理问题也随之而来，最突出的便是教师离职问题。人力资源部例行统计的数据出来了，一年内新增教师106人，离职教师的高达52人。杨主管心想这一次铁板钉钉遇到了离职潮问题，这对部门会是一个不小的冲击，杨主管的大脑飞快运转，一边想着各种可能的解决方案，一边部门会议的通知电话响了起来。

在会上，鲁总说："如果离职潮持续的话，不仅整个部门的稳定性会受影响，业绩也会受影响，必须从管理层面采取一些措施把局面稳定下来。"鲁总是一对一部门的一把手，这几年部门在她的带领之下业绩突飞猛进， 其为人精明能干，早已发现在大量招进新老师的同时，各项目辞职的老师数量也不断创新高。

区域主管李主管说道："我们这个季度相比上个季度业绩完成率只有90%，以前我们的业绩都是能够超额完成的，这个季度没完成的原因我总结了两点，即老教师离职，新教师没顶上来。大家都知道为了完成今年的业绩，从去年开始我们就招聘了大量新教师，但是新教师上手是有个过程的，我们往往是根据教师的教学水平来进行排课，因为对新教师各方面并不是特别了解，排课就相对偏少，还有些老教师排课也不够，我们也需要项目推荐，一起配合让每个教师的排课更多一些，减少离职的人数，把业绩再做上去。"

各项目主管也纷纷发表意见，化学主管牛主管说道："项目组也难，新教师人越来越多而且没什么经验，我们的培训压力也大，不可能老教师手把手地带着教，老教师也面临各种考核压力，而且大家关注新教师往往还会忽略老教师。"

英语项目主管说道："这一次离职潮很多项目都受到了影响。时间拉长的话，对项目和区域业绩的冲击更大，我建议需要尽快对离职潮原因进行分析，提出针对性的解决方案。"

在各个项目主管发表完意见之后，杨主管起身回道："这次离职潮是我们整个部门的事儿，我一人肯定是解决不了，但是我相信如果有鲁总和在座各位的支持是肯定能解决问题的，我也愿意来牵这个头。"言毕，鲁总微笑说道："我肯定全力支持，也希望各位能配合的地方一定配合，大家动起来吧。"于是，这一场离职潮危机的化解便由此展开。

杨主管通过对26名离职教师的访谈得知：老教师的离职原因主要是身体状况、觉得职业没发展；新教师主要的离职原因是不适岗、收入低、读研，而且因为这三个原因离职的新老师占比高达72%。随后杨主管立即在项目组搞了一次头脑风暴，对离职潮产生的原因进行了一次全面的分析与研讨，即对产生离职潮的原因背景进行了再分析，并确定解决问题的管理角度。对于造成"不适岗""收入低""读研"离职原因的具体背景主要有以下四个方面：其一，新进一对一教师无底薪，课时偏少，收入不高，学生少的情况会跑校区；其二，教师的教学水平在短时间内无法满足大规模扩张的需求，导致教学质量受损；其三，各地分校根据当地情况的需要往往采用不同的教材，教材的不统一就会影响教学质量的差异性；其四，各分校的成本控制导致无法对标准化教案编订的资金支持。对于前两个产生背景属于学校招聘、录用及培训管理方面需要解决的问题；而后两个产生背景则属于学校产品及教研管理方面需要解决的问题。对于其余离职原因，如“身体状况不好”“考公务员”“出国”“考研”的产生背景主要有两个方面：其一，平时周末上课，周一到周五要处理数据、备课、教研等事务，休息时间没有硬性保障，寒暑假集中连续十几天上课，每天上课时间超过10个小时，“上课机器”现象让教师身体很难承受；其二，教师在人力资源体系中缺乏上升通道，无法实现职业生涯的可持续发展，以致大量有经验的优秀教师自立门户或者流向其他竞争机构。这些问题的解决应从学校的核心管理团队建设、目标管理、激励机制管理角度出发加强管理。

一对一部门现在是业绩高速发展的阶段，一支执行力强并且结构稳定的团队才能适应高速发展的要求，杨主管从一对一部门出现的离职潮产生背景及解决问题的管理角度，在李主管的配合下开始了团队管理的重建工作。

先是核心管理队伍的重建，对部门组织进行重新设计，使各成员明确自己在组织中应有的权力和应承担的责任，加强管理力度，有效地保证部门活动的开展。之前的架构显然对于团队整体凝聚的打造和成员个人发展的考虑都力不从心，要打造一个有效的团队，创建柔性灵活的组织，并在组织成长过程中，有效地积聚新的组织资源，同时协调好组织中部门与部门之间的关系，成员与任务间的关系，使成员明确自己在组织中应有的权力和应承担的责任，有效地保证组织活动的开展。

新的核心管理团队架构好以后，学校制定了基于课时系数的绩效目标管理体系。设定差异化的绩效管理标准的目的在于最大限度地考虑教师的实际水平，为教师创造一个公正、合理、公开的工作环境。

高速扩张之下CX学校教师的教学水平在短时间内无法满足大规模扩张的需求，必然会导致教学质量受损。目前学校制定的解决方案是：第一，借鉴北上广经验，梳理现有的教师培训体系，初步建立新教师培训体系；第二，整合现有资源，尽快更新完善新教师教学手册，为新教师提供培训课程大纲；第三，在项目内部提拔合适人才，尽快培养出合格的招培专员。

由于CX学校教师是年轻化、高学历的群体，是典型的知识型员工。因此，对于知识型员工的激励机制而言，物质激励是基础，精神激励是根本。物质激励的内容包括工资奖金和各种公共福利，CX学校人力资源部在这方面做了不少工作，目前行业里面做得比较正规。而精神激励对于管理者的要求就比较高了，知识型员工和普通员工存在心理和能力特征上的差异，应尽量采取正激励，最好不要采取负激励，尽量多地提供培训学习的机会帮助其成长，最终的目标是建立学习型自我管理团队，吸引并且留住人才。学习培训的内容包括，如：时间管理、身体健康与心理健康、职业生涯管理，培训内容还在不断扩充。另外，管理者必须深入地进行调查研究，不断了解每个教师个体需要层次和需要结构的变化趋势，有针对性地采取激励措施才能收到实效。

以上是制定和实施团队重塑的具体措施，杨主管深知，在实际的管理实践过程中与人相关的因素存在很灵活的变化区间，因此需要经过不断反思、改进与完善，才能形成稳定的系统的团队建设体系。但是，鲁总、杨主管等也坚信，这场离职潮所带来的团队重塑一定会给 CX 学校带来更加美好的未来。

讨论题

1. CX 学校 M 校区面临的主要问题是什么？产生这些问题的主要原因是什么？
2. CX 学校 M 校区的相关负责人是如何解决这些问题的？

第 2 章　员工流动理论及影响因素分析

本章主要学习目的

1. 认识员工流动的必要性和必然性。
2. 了解影响员工流动的经济因素。
3. 了解影响员工流动的非经济因素。

引导案例①

把人才当成河流来管理

美国宾夕法尼亚大学沃顿商学院教授卡培里认为，不要把人才当作一个水库，而应该将其当作一条河流来管理；不要期待它不流动，应该设法管理它的流速和方向。换句话说，公司不能再把留住人才当作一个目标，而应设法通过工作设计、薪金、团队建立，甚至和其他公司分享员工等方式，影响员工流动的方向及频率，来解决这个问题。

例如，美国优比速公司的货运司机过去流动率极高。这些司机清楚地知道每条路线的状况，并和顾客建立了个人关系，一旦离职，公司就要历经重新找人—训练—熟悉顾客的漫长流程，这给公司带来了很大的损失。公司经过研究发现，原来司机最痛恨的是每天出门前必须把货搬上车的过程。于是公司立刻安排另一批人专门负责装货的任务，结果司机的流动率马上大幅下降。当然，装货的工人的流动率高达 400%，但是因为这个职位不需要特殊技能，装货工人的高流动率对公司的影响不大，只需要找些兼职人员简单说明一下工作内容及注意事项就可上任，因此问题很快得到了解决。

---

① 童忆. 2002. 企业用人方略——中外名牌公司人力资源案例. 北京：经济管理出版社：12-13.

1　员工流动的理论分析

1.1　员工流动必要性的理论分析[①]

企业中员工的合理流动能起到改善人员结构、提高人员素质、增强组织活力的作用，因而员工的合理流动是完全必要的。关于员工流动的必要性，国外学者做了不少的研究工作，其主要学说有以下四种。

1.1.1　勒温的场论

美国著名心理学家勒温认为，个人能力和素质、个人条件及个人所处的环境直接影响个人绩效，四者之间存在着一种类似物理学中的场强函数关系。由此他提出了如下的个人与环境关系的公式：

$$B=f(p,\ e)$$

式中，B 为个人绩效；

p 为个人能力和素质；

e 为个人所处环境。

该函数式表示，一个人所能创造的绩效，不仅与其能力和素质有关，而且与其所处的环境有密切关系。如果一个人处于一个不利的环境之中（如专业不对口、人际关系恶劣、办公条件差、心情不舒畅、工资待遇不公平、领导独断专行、不尊重知识和人才），则很难发挥出聪明才智，也很难取得应有的成绩。而且一般而言，个人对环境往往无能为力，改变的方法只能是离开这个环境，转到一个更适宜的环境中去工作，这就是员工流动。

1.1.2　卡兹的组织寿命学说

美国学者卡兹从保持企业活力的角度提出了企业组织寿命学说。他在对科学研究组织寿命的研究中发现，组织寿命的长短与组织内信息沟通情况有关，与获得成果的情况也有关。他通过大量调查统计出了一条组织寿命曲线，即卡兹组织寿命曲线，如图 2-1 所示。卡兹组织寿命曲线表明，在一起工作的科学研究人员，在 1.5～5 年里，信息沟通水平最高，获得成果也最多。而在不到 1.5 年的时间里，成员信息沟通水平不高，获得成果也不多。这是因为相处不到 1.5 年，组织成员之间尚不熟悉，尚难敞开心扉，畅所欲言；而相处超过 5 年，大家已成为老相识，相互间失

① 谢晋宇. 2001. 雇员流动管理. 天津：南开大学出版社：34-39.

去了新鲜感，可供交流的信息减少，而且由于大家过于了解和熟悉，在思维上已经形成定式，会导致反应迟钝和认识趋同化，这时组织会出现老化和丧失活力，这也就是其成员应该流动的时候了。卡兹的组织寿命学说告诉我们：科学研究组织和人一样，也有成长—成熟—衰退的过程，组织的最佳年龄区为 1.5～5 年。超过 5 年，就会出现沟通减少、反应迟钝，即组织老化，解决的办法是通过员工流动对组织进行改组。卡兹的组织寿命学说从组织活力的角度证明了员工流动的必要性，同时还指出人员流动也不宜过快，流动间隔应大于 2 年，这是适应组织环境和完成一个项目所需的下限时间。一般而言，人的一生流动 7～8 次是可以的，流动次数过多反而会降低效益。值得指出的是，这一理论是针对科学研究组织提出来的，企业不能简单套用。尽管这一理论对分析员工的必要性有一定意义，但也并不是说任何企业、组织中的员工一生都要流动 7～8 次。

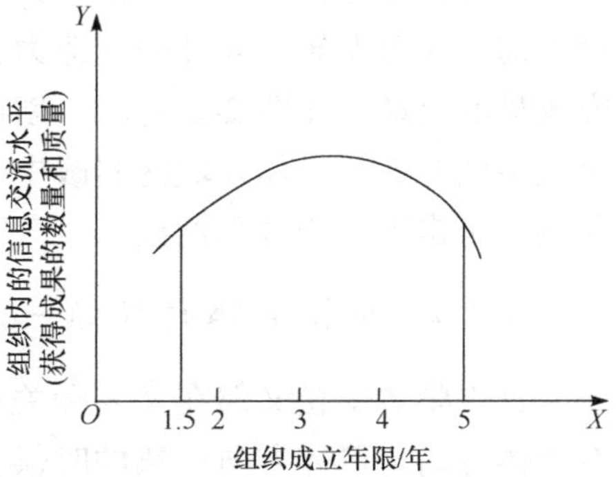

图 2-1　卡兹组织寿命曲线

1.1.3　库克曲线

美国学者库克提出了另外一条曲线，即库克曲线（图 2-2），它从如何更好地发挥人的创造力的角度，论证了员工流动的必要性。库克曲线是根据对研究生参加工作后创造力发挥情况所做的统计绘出的。图中 OA 表示研究生在 3 年的学习期间创造力增长情况；AB 表示研究生毕业后参加工作初期（1.5 年），首次承担任务的挑战性、新鲜感，以及新环境的激励，促使其加速成长；BC 为创造力发挥峰值区，这一峰值水平可保持 1 年左右，是出成果的黄金时期；随后进入初衰期即 CD 期，创造力开始下降，持续时间为 0.5～1.5 年；最后进入衰减稳定期即 DE 期，创造力

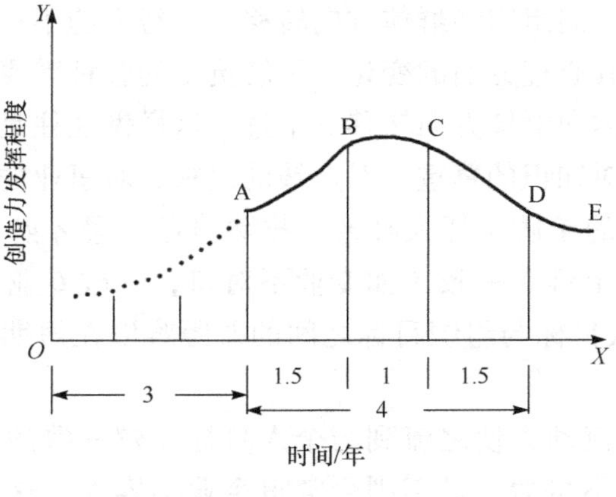

图 2-2　库克曲线

继续下降并稳定在一个固定值。如不改变环境和工作内容，创造力将在低水平上徘徊不前。为激发研究人员的创造力，应该及时变换工作部门和研究课题，即进行研究人员的流动。如图 2-2 所示，创造力较强的时期大约有 4 年（AD）。人的一生就是在不断开辟新工作领域的实践中来激发和保持自己的创造力的，即走完一个 S 形曲线，再走下一个 S 形曲线。

1.1.4 中松义郎的目标一致理论

日本学者中松义郎在《人际关系方程式》一书中提出，处于群体中的个人只有在个体方向与群体方向一致的时候，个体的才能才会得到充分的发挥，群体的整体功能水平也才会最大化。个体如果在缺乏外界条件或者心情抑郁的压制状态下，很难在工作中充分展现才华，发挥潜能，个体的发展途径也不会得到群体的认可和激励，特别是在个体方向与群体方向不一致的时候，群体的工作效率必然要蒙受损失，群体功能水平势必下降。个体潜能的发挥与个体和群体方向是否一致之间存在一种可以量化的函数关系，据此他提出了“目标一致理论”。如图 2-3 所示，图中 F 表示一个人实际发挥出的能力，F_{max} 表示一个人潜在的最大能力，θ表示个人目标与组织目标之间的夹角。

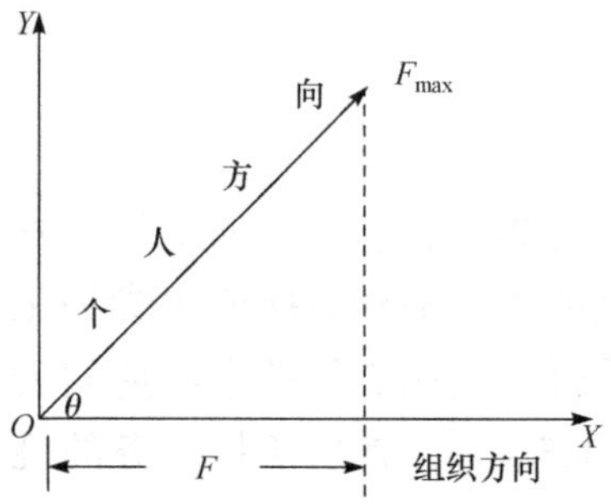

图 2-3 目标一致理论示意图

可用公式表示三者之间的关系：

$$F=F_{max}\cdot\cos\theta\,(0°\leqslant\theta\leqslant90°)$$

显然，当个人目标与组织目标完全一致时，$\theta=0°$，$\cos\theta=1$，$F=F_{max}$，潜能得到充分发挥；当二者不一致时，$\theta>0°$，$\cos\theta<1$，$F<F_{max}$，个人的潜能受到抑制。中松义郎认为，解决这一问题有两个途径。

第一，个人目标主动向组织目标靠拢，或者组织目标向个人目标方向靠近。个人要从实际出发，自觉限制或改变自己的行为方向，引导自己的志向和兴趣向组织和群体方向转移，并努力趋于一致。而组织则应积极关心员工个人生活和其心理方面的变化，了解员工的各种需要，对其进行业务方面的指导与支持，使个体向群体方向转移。不过，这样做往往是相当困难的，或者由于价值观上的差异（对知识的尊重、对金钱的追求、对事业的忠诚等）难于弥合；或者由于人际关系上的矛盾（任人唯亲、排除异己、忌才妒能等）难以克服；或者由于业务努力方向上难于一致（如专业不对口，一改专业就有可能丧失业务上的优势）。总之，个人目标与组织目标之间的差距难以在短期内解决，因此这条路的可取性不大。

第二，进行员工流动，使之流到与个人目标比较一致的新单位去。如果不流动，企业会觉得员工不尽力，员工则会觉得企业不容人，这时员工应该尽快实现流动，否则对员工和对企业都没有好处。当员工能够流动到一个个人的努力方向与组织的期望比较一致的企业的时候，员工就会如鱼得水，个人的积极性、创造性就能得到充分发挥，个人的行为就容易受到组织的认同和肯定，从而形成良性循环。

以上四位学者分别从不同角度论证了员工流动的必要性。但他们主要是从员工成长和创造力激发角度进行研究的。从宏观角度看，员工流动是社会化大生产的必然产物，是产业结构发展变化对人力资源合理配置提出的必然要求和解决途径。对我国来讲，农村劳动力的转移、专业人才的合理配置、企业和地区人员结构的优化，只依靠计划体制下的人员调配方式是远远不够的，必须冲破人才的单位所有制、部门所有制，实行员工的合理流动。

1.2　员工流动必然性的理论分析

企业员工的流动是实现人力资源优化配置的重要的条件和机制。人员不流动，思想就会僵化。因此，企业员工流动有其必然性。

1.2.1　从中国人口流动历史看员工流动的必然性

第一，人口流动是生存的需要。人类祖先最初居住在热带或亚热带的森林中，为了生存要不断谋取生活资料。由于火和御寒兽皮的使用，人们不再受气候和地域的限制，逐步从最初的发祥地流向当时能够生存的其他地方。近代以来，随着生产力水平的提高和人口数量的不断增加，以及人类追求财富和生存的各种欲望，特别是以哥伦布发现新大陆为标志，世界人口流动的规模进一步扩大，仅 1840～1930 年，就有 5200 万人从欧洲流往新大陆。①

第二，人口流动是稳定的需要。人口流动体现了公民的迁徙自由权及其相应的人身自由权，是一个逐步还权于民，尤其还权于农民的过程。所以，人口流动的过程实际上就是公民权利诉求逐步释放的过程，也是绝大多数人逐步受益的过程。因此，人口流动的过程就是一个国家民主政治发展的过程。只有在公民权利充分释放，以及让绝大多数人受益的过程中，才能提高国家及其政府的更高层次的以体现民主和人权为价值的执政能力和管理水平，实现国家及其政府的现代化转型，从而实现真正意义上的社会稳定，或是更高层次上的社会稳定。②

第三，人口流动是发展的需要。改革开放以来，我国城市经济高速发展，由此产生了巨大的劳动力需求，农村剩余劳动力以农民工方式流入城市，弥补了城市经济发展劳动力不足的缺陷，为我国经济腾飞发挥了极其重要的作用，也形成了人类历史上最大的劳动力流动群体。农民工是指户籍仍在农村，在本地从事非农产业或

① 陈勇. 2000. 当今永久性国际人口迁移现状及其特点. 人口与经济，（2）：44-50.

② 李昌庚. 2009. 人口流动与社会稳定关系的宪政思考. 南京晓庄学院学报，（2）：28-32，123.

外出从业 6 个月及以上的劳动者。资料显示，2008～2019 年我国农民工总量从 2.25 亿元增长到 2.9 亿元。从农民工总量占就业人员总量的比例来看，2008～2019 年的比率呈现出逐年增加的态势，由 2008 年的 29.83%增长到 2019 年的 37.53%。同时，2008～2019 年我国的国内生产总值（GDP）也呈现出逐年增长趋势，由 31.92 万亿元（2008 年）增长到 99.09 万亿元（2019 年），具体数据如图 2-4 所示。①可以看出，12 年间，农民工在全国就业人口总量中的占比均保持在 1/3 左右。因此有学者指出，中国城市的运行基本上是靠农民工支撑的，尤其是城市的生活性服务业，如环卫、家政、餐饮、宾馆及社区物业等领域。②可见，由农村流入城市的农民工群体为我国经济发展做出了历史性的贡献。

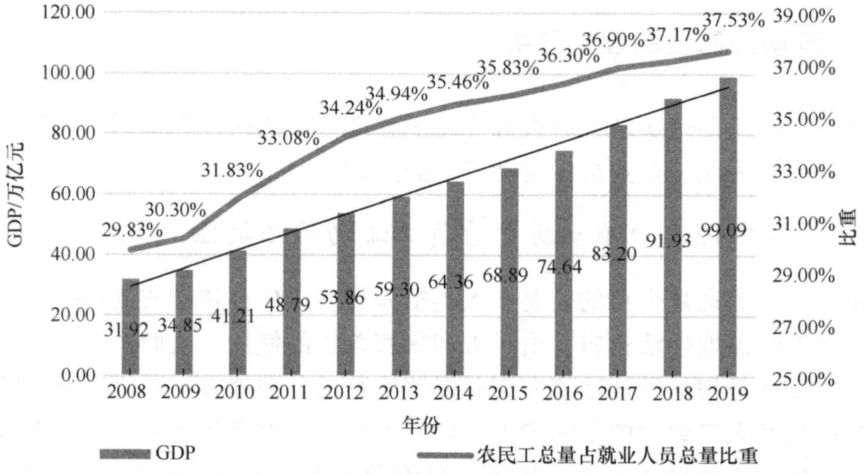

图 2-4　农民工总量占就业人员总量的比重与 GDP

随着我国城镇化速度加快，劳动人口流动具有从城市化到大都市圈化的特征。具体表现为以下两点。

（1）跨省劳动人口迁移。从改革开放前的东北集聚，到改革开放后的“孔雀东南飞”，再到 2010 年以来部分回流中西部，2015 年以后珠三角、长三角劳动人口再集聚。2014 年开始，东北三省劳动人口先后陷入负增长。

（2）从分线城市看，劳动人口流动整体放缓，但向一二线城市和大都市圈集聚更为明显，中西部核心城市崛起。在全域层面，一线、二线城市劳动人口持续流入，三线城市劳动人口略微流出，四线城市劳动人口显著持续流出。2018 年，一线、二线、三线、四线城市经济-人口比值分别为 2.3、1.6、1.0、0.6。③从重点城市看，近

① 国家统计局. 2020. 2019 年农民工监测调查报告. http://www.stats.gov.cn/tjsj/zxfb/202004/t20200430_1742724.html[2020-04-30].

② 黄祖辉，胡伟斌. 2019. 中国农民工的演变轨迹与发展前瞻. 学术月刊，（3）：48-55.

③ 任泽平，熊柴，闫凯. 2019. 中国人口大迁移：2019. https://news.hexun.com/2019-08-28/198366314.html [2019-08-28].

年来，深圳、广州、杭州劳动人口大幅增长，长沙、西安、成都、郑州、武汉、重庆等中西部核心城市日益崛起，北京、上海、天津、苏州、无锡等东部城市人口增长明显放缓，表明劳动人口更加向少数地区、向大城市大都市圈集聚。①

1.2.2　从国际人才竞争看员工流动的必然性

随着国际竞争、全球化趋势的加剧，国际人才竞争促进了全球人口与人才流动。中华人民共和国人力资源和社会保障部（简称人社部）原副部长、中国人才研究会会长何宪在 2019 年的“世界的中国：迁徙与交往 70 年”第三届全球人才流动和国际移民学术研讨会上表示，全球人才流动已成为当今全球化发展的重要特征，不仅人才流动的速度在持续提高，流动范围也在不断扩大。②根据中国与全球化智库（Center for China and Globalization，CCG）2013 年报告，世界各国境内的流动人口为 7.4 亿，国际流动人口为 2.14 亿。然而，在国际移民中，只有 1/3 左右的移民是在发达国家之间流动的，总数低于 7000 万人，其余 2 亿多移民大多是在发展中国家与发达国家之间迁移。③

随着中国国力的提升，中国对国际人才的吸引力进一步增大。培养、吸引国际化人才日益成为中国参与国际竞争的重要内容。2011 年 9 月人社部发布的《在中国境内就业的外国人参加社会保险暂行办法》，将在中国工作的外国人才纳入中国的社会保险体系，使参保外国人才退休后的待遇与中国公民一致。2015 年 12 月 31 日，国务院决定将“外国人入境许可”和“外国专家来华工作许可”整合为“外国人来华工作许可”。2017 年 10 月 12 日起，全国统一实施外国人来华工作许可制度；同年，开始实施针对境外国际人才的签证。2018 年中国机构改革后，针对国际人才的政府部门职能重组等措施，都日益彰显了为服务中国人才全球化的雄心。中华人民共和国科学技术部（简称科技部）部长王志刚表示，2018 年，中国累计发放外国人才工作许可证 33.6 万份，在中国境内工作的外国人已经超过 95 万人。中国已经与 160 个国家建立了科技合作关系，签署政府间合作协议 114 项，人才交流协议 346 项，参加国际组织和多边机制超过 200 个。④

国际人才竞争的本质是吸引人才跨国流动，国际理论界对国际人才流动的研究经历了 3 个阶段（图 2-5）。⑤

① 任泽平，熊柴，闫凯．2019．中国人口大迁移：2019．https://news.hexun.com/2019-08-28/198366314.html [2019-08-28].

② 任泽平，熊柴，闫凯．2019．中国人口大迁移：2019．https://news.hexun.com/2019-08-28/198366314.html [2019-08-28].

③ 中国与全球化智库．2013．世界移民报告 2013．http://www.ccg.org.cn/?s=%E4%B8%96%E7%95%8C%E7%A7%BB%E6%B0%91%E6%8A%A5%E5%91%8A2013&stype=1[2015-09-29].

④ 中国与全球化智库．2019．全球人才流动呈扩大趋势．https://www.thepaper.cn/newsDetail_forward_4176585 [2019-08-15].

⑤ 方涛，陈维政等．2019．中国与发达国家海外高层次人才竞争战略和移民政策比较研究．国家社会科学基金课题（项目编号：19BGJ005）．

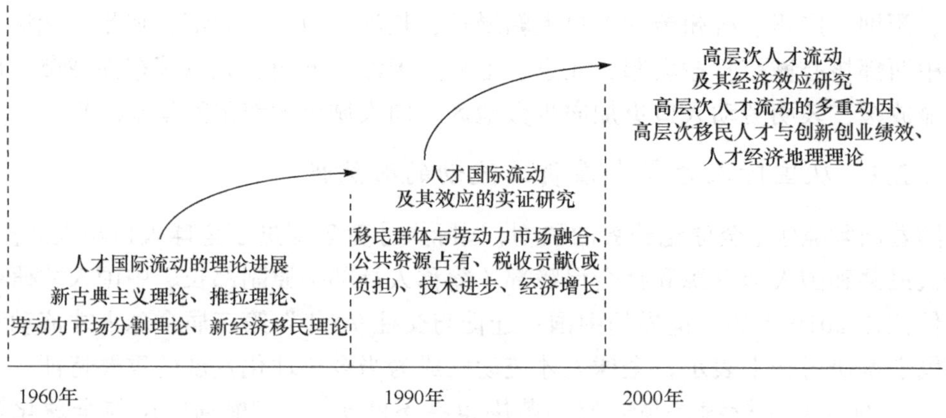

图 2-5　国际人才流动研究三阶段

第一阶段，人才国际流动的理论进展（20 世纪 60～90 年代）。

新古典主义理论提出，工资差距、不同国家的经济发展差异是人才流动的主要影响因素；推拉理论认为，人才的国际流动源于流出国推力与流入国拉力的共同作用；劳动力市场分割理论分析了不同市场劳动力供求关系的差异对劳动力流向的影响；新经济移民理论强调了相对收入而非绝对收入差距对国际劳动力流动产生驱动；等等。

第二阶段，人才国际流动及其效应的实证研究（20 世纪 90 年代）。

此阶段的研究聚焦于移民群体对流入国在劳动力市场融合、公共资源占有、税收贡献（或负担）、技术进步、经济增长等方面的影响效应，但这些研究并未取得一致结论。

第三阶段，高层次人才流动及其经济效应研究（20 世纪末至今）。

1997 年，麦肯锡在《好人才是值得争夺的》报告中首次提出了“人才战争”（talent war）的概念，开启了以高层次人才竞争为中心的专门研究。早期的研究者认为，经济因素是一般性人才流动的主要动因，而这一阶段的研究论证了除经济因素外，政策制度因素、移民政策、财政优惠、文化因素、社会综合环境因素构成了高层次人才流动的多重动因。其中部分研究重点评估了细分类型的高层次人才，如技术移民、企业家、专业人才、国际留学生等给流入国带来的创新创业绩效。还有学者结合了高层次人才流动动因和人才绩效构建了人才经济地理理论，也即 3T 理论（人才，talent；技术，technology；宽容，tolerance），论证了城市多元化是人才地理分布的影响因素，以及人才对高新技术产业分布与区域经济收入的正相关作用。

1.2.3　从人力资本属性看员工流动的必然性

“人力资源”一词是由当代著名的管理学家彼得·德鲁克于 1954 年在其《管理的实践》一书中提出的。他指出，人力资源和其他资源相比较而言，唯一的区别就是它是“人”，并且是经理必须考虑的具有“特殊资产”的资源。人力资本是通过对人力资源进行投资所形成的一种资本。人力资本体现在劳动者后天获得的、以其数量和质量为衡量标准的知识、技能、智能及体能等因素上。对于企业来说，人力资本是企业人力资源的全部价值，在企业里表现为人们所拥有的并能够用于工作的能力。所以也有人将人力资本称为一种资本性资源，且具有以下特性。

第一，精神能动性。人力资本是一种活的、能动的智力资源，它的载体是人，它可以通过人的积极性和开发性创造出超过自身价值的物质财富和精神财富，其效用受个人的心理、需要、动机、情感等精神因素的影响。

第二，时效损耗性。凝集在人身上的人力资本会随时间的变化而产生自身损耗，这种损耗包括人体衰老、知识老化两部分。然而，人力资本是一种活的、能动的智力资源，它可以通过一系列知识更新、经验积累、能力开发和个性完善的过程补偿以上损耗，从而减缓人力资本的无形损耗。

第三，环境依赖性。人是社会存在物，其智力和体力所凝集的人力资本受到所处的生存条件、工作条件、领导作风、人际关系等环境条件的重要影响。一般而言，人们对环境的抵御力和影响力是十分有限的，而环境对于个人有着决定性的影响。人才在不利环境中很难发挥聪明才智，很难实现人力资本的应有价值而取得突出绩效。因此，人才往往采取脱离较差环境，加入较好环境这一最简单、最经济的办法来与环境抗争。

以上人力资本特性决定了企业员工流动的必然规律：企业员工一般趋于流向能连续进行人力资本投资、具有良好的工作条件及工作环境、和谐的领导和人际关系、技术先进、人才价值较高、人力资本能较好地保值增值的地方、单位或部门。由此看出，企业员工流动是必然的。

1.2.4　从当前我国经济体制和经济增长方式根本性转变看员工流动的必然性

党的十五大提出，在我国实现第二步战略目标，向第三步战略目标迈进的关键时刻，必须解决好两大课题：一是建立比较完善的社会主义市场经济体制，二是保持国民经济持续、快速、健康发展。2017 年 12 月召开的中央经济工作会议进一步指出，中国特色社会主义进入了新时代，我国经济发展也进入了新时代，基本特征就是我国经济已由高速增长阶段转向高质量发展阶段，要围绕推动高质量发展深化供给侧结构性改革，推进中国制造向中国创造转变，中国速度向中国质量转变，制造大国向制造强国转变。①

建立完善的社会主义市场经济体制，就是要使市场在国家宏观调控下对资源配置起基础性作用。当今世界上存在四大主要资源，即自然资源、资本资源、人

① 黄新华. 2019. 深化供给侧结构性改革：改什么、怎么改. 人民论坛·学术前沿，（20）：54-62.

力资源和信息资源。因而，人力资源配置的市场化应当是建立社会主义市场经济体制的重要内容之一。换句话说，没有人力资源的流动，就谈不上建立市场经济体制，其他资源的合理配置就会失去人力资源的支撑。过去在计划经济体制下，劳动力的流动并不是他们自主选择的结果，实际上他们没有自我选择和决定的权力，他们只是被动地接受着政府的决定，而且一旦决定做出来，进行改变的可能性是很小的。劳动力流动的决策者不是市场也不是劳动力本身，而是政府。无论是政府发展计划所需要的劳动力流动，还是由于产业结构变化而需要发生的劳动力流动，都不是以市场交换为前提的，而是采用计划调配方式进行的。然而，在竞争的市场经济中，劳动力的流动是其自身权衡利弊后的结果。通过劳动力的流动，流动者能够得到更高的收入，获得更满意的工作，在工作中获得更多的成就感。

人力资源在进入市场和退出市场时可能会遭遇各种制约，尚未完全摆脱城乡之间、政企之间、部门单位之间配置的刚性状态。流动者有时受干部、工人、农民身份的限制，以及档案、编制、户籍关系等约束，择业自主对不少人还难以真正落实，人员流动规模和质量仍有较大的提升空间。人力资源配置上存在的壁垒在一定程度上阻碍了市场经济体制的建立。但企业员工的流动不仅是合理配置人力资源的必要条件，而且是我国在经济转型过程中不可逆转的趋势。

保持国民经济的持续、快速、健康发展的主要内容是要在优化经济结构、提高科学技术和对外开放水平等方面取得重大进展，真正走出一条速度较快、效益较好、整体素质不断提高的经济协调发展的路子。归结为一点就是，发展生产力关键在于实现劳动力与生产资料的最优结合，把巨大的人力资源充分开发出来。这就需要劳动力逐步以市场为导向，在布局、行业、产业、地域间随意流动，创造最大的价值和最高的效益；需要把掌握科技知识的劳动力流动到新兴产业和高科技产业中去，积极培养新的经济增长点；需要把大批高素质人才投入到经济建设的“主战场”中去并使之发挥作用。而且这一生产力发展的过程和劳动力流动的过程应当是永恒不断的良性循环，如此下去才能实现经济增长方式的根本转变。

1.2.5　从未来经济社会发展的必然趋势看员工流动的必然性

随着 21 世纪的到来，科技进步日渐成为经济发展的决定性因素，国际竞争已成为以经济为基础、以科技特别是以高科技为先导的综合国力的竞争。人类正在步入一个以知识（或智力）资源的占有、配置、生产、使用（消费）为最重要因素的经济时代，一个以智力资源而不是自然资源为首要依托，以高技术产业为支柱的经济时代。这是一个“科学技术是第一生产力”的时代，是一个“以知识为基础的经济”时代。就像在工业革命进程中造就和发展了产业工人阶级一样，这场新的革命进程正在造就和发展一个新兴的阶层—— 知识型劳动者。知识和技能水平越高，就业机会就越多，报酬也越高。失去工作者大部分是非熟练工人，而他们找到的新工作的工资通常都低于原来的工资。据预测，未来中国自动化的潜力为 51%，预计将有 3.95 亿人的工作岗位被替代。美国约有 47%的就业是可自动化的，其中主要伤害的对象是低技能、低工资的工人。[①]而新创造的就业机会 40%以上都存在于软件、计算机、电信、医疗保健和医药等以知识为基础的行业。就业机会的此消彼长、市场的激烈竞争使有创造力的高级知识型劳动者成为一些大公司、大企业争相雇佣的对象。因此，随着就业机会竞争的加剧，知识型劳动者数量将不断增加，人才流动性会越来越大，甚至不受国界限制。同时，经济竞争的日趋激烈，使信息技术广泛应用于各个领域之中，“虚拟企业”应运而生。虚拟企业可以通过计算机网络传输信息、远程工作，把散布于各个地点的工人和工作互相连通，从而迅速改变传统的工作性质和方式，它借助互联网寻找中意的求职者，求职者利用互联网找到合适的工作机会，这已是大势所趋，而且日渐普及，从而导致临时员工数量迅猛增加。《中国分享经济发展报告 2017》显示，我国互联网分享经济企业 2015 年提供服务总人数为 5000 万人，2016 年该人数超过 6000 万人。[②]以美团外卖骑手为例，2018 年美团外卖有 270 多万骑手，比 2017 年增加近 50 万人，同时 35%的骑手在其他工作领域有收入来源，如代驾、环卫、销售、维修等。新兴产业的发展有效带动了就业。[③]这样，人们的工作就会不断变动，人才流动也就实属必然了。

2　影响员工流动的因素

员工的高流动率一直是困扰企业的一大难题。美国马里奥特公司曾对两个旅馆业子公司进行了一次大型调研，结果显示，如果员工流动率降低 10%，那么顾客流失率就可以降低 1%～30%，营业额就可以增加 5～15 美元。调研结果又非常令人震惊地显示，如果将员工流动引起的损失按最低数额估计，员工流动率降低 10%，那么这两个子公司每年节省的费用可超过利润总额。

员工队伍的稳定会直接影响顾客的满意程度，员工在企业工作的时间越长，学到的知识和技能就越多，就越了解顾客的需要，越熟悉企业的经营情况和业务工作，也就越能为顾客提供优质服务。由于顾客并不直接接触管理人员，而是通过第一线员工的服务与企业接触并与这些员工建立起信任关系，因此员工跳槽后，顾客与企业的关系也会随之破裂，企业就必须再花费大量的时间、精力和经费来招徕

① 鲍春雷. 2017. 人工智能发展对就业岗位的替代是大势所趋. 中国人力资源社会保障，（12）：50.

② 国家信息中心分享经济研究中心，中国互联网协会分享经济工作委员会. 2017. 中国分享经济发展报告 2017. http://www.199it.com/archives/569406.html[2017-03-06].

③ 美团研究院. 2019. 城市新青年：2018 外卖骑手就业报告. https://www.sohu.com/a/289970616_133182[2019-01-18].

新顾客。[1]

员工流动不仅增加了企业的成本，使其必须为此付出高额的费用，同时也降低了企业产品的服务质量，给企业带来了不可估量的损失。因此，如何降低员工流动率是很多企业所面临的一个重要问题。要解决这个问题，首先要弄清楚造成高员工流动率的影响因素，针对问题采取措施才能有效果。

关于影响员工流动的因素，许多学者从不同角度进行了研究，著述很多。贝文认为，对于员工流动，比起外部的吸引力，公司内部因素的作用更能影响员工的流动，员工做出离开企业的决定是基于离开的愿望和流动的容易程度。崔喜认为，员工之所以跳槽，首先是因为他们觉得企业对他们不信任，他们对自己做的工作没有自主权；其次是因为工作条件差，而工作要求又很高；最后是因为报酬低。

汉姆和格雷夫斯也对该问题进行过研究，发现了几个与流动率密切相关的因素，包括性别、年龄、家庭负担、对工作的满意程度、对工作的期望、物质补偿、业绩和提升机会、工作的复杂程度、企业的激励措施等。根据美国财产与灾害保险业 1991 年进行的一次调查，对企业表示不满意的员工中有 30%表示会离开本企业。对企业表示不满意的员工离开企业的可能性是对企业表示满意的员工的 3 倍。这说明，员工对企业是否满意是决定其是否离开的重要因素之一。

大卫·肯尼迪和马克·福佛特认为，影响员工流动的因素包括明显因素和不明显因素，其中明显因素包括年龄、收入、工作性质、个人发展事业的决心、预期未来的发展前途、员工调动工作的态度。不明显因素包括性别、种族、婚姻状态、家庭人数、教育背景、工作任期、以前调动工作的经验。

让-玛丽·希托普指出，影响员工流动的因素包括工作报酬、工作的挑战性、培训和提升机会、社会经济状况、工作时间安排、工作责任、工作自主权、工作保障和职业发展机会。

玛格丽特·迪瑞则发现，影响员工流动的因素，除工作报酬、工作预期外，管理人员与员工之间缺乏交流及企业文化（员工流动文化）也是影响员工流动的重要原因。所谓员工流动文化，是指企业内关于员工流动的合法性和可接受程度的信念和价值观。[2]

在我国，理论界和实践界对员工流动都进行过不少研究，但很少形成具有普遍适用性的结论。在此，笔者试图从以下两方面对影响员工流动的因素进行梳理和说明。

---

① 邓桂枝. 2001. 国外学者论降低员工流动率. 外国经济与管理，（6）：25-27，43.

② 邓桂枝. 2001. 国外学者论降低员工流动率. 外国经济与管理，（6）：25-27，43.

2.1　影响员工流动的经济因素

企业和员工都存在于社会中，社会环境大背景的影响渗透在每一个地方。一个国家的总体经济状况对员工流动行为具有相当大的影响，如经济发展水平、通货膨胀收入水平、职业声望、社会保障制度等因素是尤其值得关注的经济因素。

2.1.1　经济发展水平对员工流动的影响

很显然的是，国家的经济发展水平和员工流动水平密切相关。在不同的经济发展时期、不同的地理区域，甚至不同层次的人力资源体系内，不但员工流动率会有所不同，而且其流动的形态也是不断发生变化的。

我国的人才流动大致经历了四个阶段。

第一阶段是 20 世纪 80 年代中期。人才流动有一定的自发性、盲目性，政府主导作用不强，只是一种提倡。这一阶段人才流动的直接影响是促进了相关制度的配套出台，如辞职辞退政策、招聘应聘政策、人才流动服务政策等都是在这一阶段建立起来的。

第二阶段是 20 世纪 80 年代后期。三资企业（中外合资经营企业、中外合作经营企业、外商独资经营企业）和乡镇企业等多种经济成分迅猛发展，加快了人才流动的速度，大量人才通过辞职、下海、停薪留职、兼职等形式快速流动。

第三阶段是 20 世纪 90 年代中期。此阶段的人才流动特点是以用人制度、分配制度和社会保障制度为重点，营造市场机制。

第四阶段是从 20 世纪末开始的。这次人才流动有着深刻的体制原因，是在加快市场化进程、加快国内人才和国际接轨、加快国内市场深层次开放的背景下产生的。这次人才流动有以下五个特点。

一是人才流动的频率加快，人才的竞争层次分明，即高端人才和中低端人才市场竞争，人才的结构性失业、摩擦性失业和初次就业交织在一起。过去的人才市场被叫作资源约束性市场，只有普通劳动力，供大于求，需求岗位不足；现在面临就业压力的则包括大学生、专业技术和管理人才等，人才竞争在高层次上表现出来的激烈程度是空前的。

二是人才是第一资源的观念深入人心。不论是国家、地方政府还是企业，都把人才战略放到空前重视的高度，这也是前所未有的。

三是人才国际化的问题，包括人才配置、人才资源、人才结构、人才培训的国际化，也包括人才素质的国际化及教育政策的国际化等，这些都引起了人们的广泛关注。

四是人才安全受到国家和社会的高度关注，包括竞业的法规，也包含吸引、稳定人才的政策。

五是不论单位用人还是个人求职，比起前几次的流动都更加趋向理性。

人才流动不能简单地从国有企业和外资企业的角度来谈，或者将人才自国有企业流向外资企业看作人才流失，将外资企业流向国有企业看作人才流动。在经济全球化的时代背景下，企业应提升总的人才竞争力和整个人才的管理水平，变革管理机制。在新一轮人才流动的浪潮中，中国的人才市场正在融入国际人才市场之中，由过去基于所有制特色的人才流动的市场，变为一个真正基于市场供求矛盾的人才流动的市场。

2.1.2　通货膨胀对员工流动的影响

通货膨胀对员工流动的影响一般通过以下几种方式得以体现：首先，刺激更多的员工进入劳动力市场去寻求第二职业，用以补充家庭经济收入；其次，为了维持现有收入不贬值，如果能够获得更高收入的工作，员工流动的概率会增加；最后，通货膨胀会导致地区间流动成本增加，员工向外地流动的频率会减少。

2.1.3　收入水平对员工流动的影响

收入水平是影响员工流动的最大因素之一。在低收入行业里，员工的流失率最高。另外，对行业之间员工辞职的变化情况进行分析发现，工资的稳定增长对于企业稳定员工来说具有很重要的意义。大多数求职者以高收入为第一考虑因素，其次才是工作有保障。但是，个体收入水平的高低在不同行业、不同企业、不同职业的社会关注度是不同的，它是个体职业选择的指挥棒。从微观层面上看，收入水平和个人的水平、能力、价值呈正相关，是个体衡量自身素质的一个重要参照点。

2.1.4　职业声望对员工流动的影响

职业声望是社会成员对职业活动的社会经济地位的主观评价。由于职业的多种要素均会影响社会成员对于职业地位的主观感觉，因此这种评价是社会成员对职业地位的一种综合判断。基于这种判断的主观推断性和参照点的不稳定性，对同种职业声望的评价可能在同一地区也会有不同的说法，在不同的地理区间差异则会更大。某种职业声望的社会评价和个人评价对员工择业心态及职业流动会产生一定影响。一般说来，职业声望越高的职业，越能吸引人们的选择，也越能吸引其他职业的就业者向这些职业流动。

2.1.5　社会保障制度对员工流动的影响

员工做流动决策时，必然受其所在国度的社会保障制度的影响和制约。一国社会保障制度的社会化程度越高、保障体系越完善、员工参与的机会越均等，员工流动时顾虑就越少，员工流动率可能就越高。而且，在社会保障制度稳定之后，员工流动率受社会保障制度变动而产生差异的可能性会降低。反之其员工流动率则较低。

2.2　影响员工流动的非经济因素

对于影响员工流动的非经济因素，可以从组织因素、工作因素，以及个人因素三方面进行探讨。

2.2.1　组织因素

（1）组织变革。组织或企业的改组、变更会带来很多连锁反应，其中就包含员工离职。企业无论是解散、合并还是分割，都会对离职率产生影响。同行业之间的合并可以成功地降低离职率。企业裁员会给留任员工造成很多影响，因此在裁员后尽快恢复留任员工士气并使其忠实依附于组织，对降低自动离职率极为重要。在裁员过程中，管理者的可信度、分配上和程序上的公正，以及对员工的适当授权，都可以增强留任员工对组织的依附，而这种对组织的高度依附可以减少员工的离职。

（2）组织特性与组织文化。企业的组织特性、组织文化和管理运行机制同样会对员工的离职行为产生影响。在我国改革开放初期，外资企业、合资企业不断涌现，由于其在薪酬福利等方面相对我国传统国有企业颇显丰厚，并有先进的管理运行机制，因此吸引了大批国有企业人员纷纷离职而进入这些外资企业、合资企业工作。这是较为典型的组织特性对员工离职的影响。

不同的组织文化也会对员工离职产生影响。当一个新员工进入组织之后，他的个人价值取向和预期与组织的文化及管理运行机制间要经历一个磨合匹配的过程。员工个人目标与组织目标若能很好地契合，可以降低员工离开组织的可能性。依据个人价值取向与组织文化的一致性程度可以预测员工的留任情况。二者一致性越高，留任的可能性越大。

（3）组织公正。雇佣关系和企业管理程序中的公平性问题都与离职有关。员工感到雇佣关系不公平时，会出现愤恨情绪和低组织承诺，从而增加员工的离职率。

（4）组织所处的行业类型。这主要体现在两方面。一方面，不同行业的离职率存在较大的差异。知识密集型行业、资本密集型行业、新兴的高新技术行业的离职率明显高于传统行业、劳动密集型行业。这是因为前者比后者更有发展前途，更有吸引力，能够提供更多的就业机会。在中国，金融投资、对外贸易、IT 行业、电子通信，以及教育界的离职率比纺织、化工、传统机械、建筑建材等行业的离职率要高得多。另一方面，行业的结构及其演变对行业内外劳动力的流动具有较大影响。行业结构的调整使得大量的劳动力从一个行业转向另一个行业，迫使大量员工离职；新兴行业的出现吸引或迫使其他行业的劳动力向其流动；在新兴行业内部，由于存在较高的风险以及对知识更新提出了更高的要求，离职率也是比较高的；进入衰退期的行业由于赢利能力有限，不能吸纳足够的劳动力就业，迫使相当一部分员工另谋出路。

（5）组织的规模、地位和绩效。组织的特征容易使员工产生预期效应。员工离职的重要原因之一就是其预期与实际情况差别很大，使得员工产生不切实际的期望和需求，而一旦期望和需求得不到满足，员工就会出现离职倾向。

组织的规模越大，给员工带来的安全感就越足，员工以能够进入大规模的组织而感到满足和自豪，一般不愿轻易离开组织。组织内的每名员工都有充当组织内符合其身份的某一特定角色的愿望，组织的规模越大，内部的发展机会就越多，员工能够充当的角色就越多，而较好的内部流动性可以提高员工的工作满意度，降低离职率。因此，离职率与组织的规模呈负相关。与此同时，也不能忽视组织规模扩大后的负面影响：内部沟通容易堵塞；信息流通容易失真；工作小组的团结容易受到影响；非人性化和制度化的约束增多；一旦组织受到挫折会产生联动和放大效应，使一大批员工被迫离职或主动另谋生路。这些都会极大地影响到员工的工作满意度和对组织的忠诚度。

组织在行业所处的地位越高，即组织在本行业市场中所占有的份额越大，员工的安全感就越足，离职就越不容易发生。组织地位越高，个人也越有发展前途，越能赢得社会上其他人士的尊重，从而自动降低员工的离职率。

组织的绩效越好，即组织的经济效益越高，越能为组织内的个体带来更多的实惠和好处，为他们提供更多的福利，使其收入增加，从而降低离职率。反之亦然。

2.2.2 工作因素

（1）工作态度。有关员工工作态度与离职关系方面的研究，多集中于工作满意度和组织承诺对员工离职的影响。员工的工作满意度和组织承诺各自具有显著而独特的特点，两者都能预示员工的离职倾向。员工工作后的实际状况（工作环境、薪酬福利等方面）与工作前的期望越符合，对于期望实现的满意度越高，离职倾向越低。

（2）工作性质。性质不同给员工带来的工作压力也不同，如近年来由于制造业技术水平提高，处于低技术水平的农民工面临较大的工作压力，从事制造业的农民工占比由 2008 年的 37.2%下降至 2019 年的 27.4%。[①]

（3）职业工种。职业不同，工作种类不同，其相应的工作环境、报酬等很多方面自然会有差别。这就造成不同行业、不同工种员工的离职率、离职原因不尽相同。

（4）工作中的人际关系。工作中的人际关系对离职率的影响十分突出，已引起很多学者关注并促使他们致力于此方面的研究。员工对领导者的满意度直接影响其

① 国家统计局．2020．2019 年农民工监测调查报告．http://www.stats.gov.cn/tjsj/zxfb/202004/t20200430_1742724.html[2020-04-30].

对整个工作的满意率，也影响员工的离职倾向和离职率。另外，得到晋升的员工对管理者的满意度显著高于未被晋升的离职员工。由此可见，员工对管理的满意度同样影响员工的离职率。

根据美国一项研究报告，员工如果以薪酬为理由向公司提出辞职，在员工离开公司 3～6 个月后的跟踪离职面谈中，薪酬这一主导离职原因已让位，对主管的不满则变成了主要原因。①

2001 年，在波音公司 200 名离职人员中，只有 40 人在离职时与公司进行了薪酬谈判，其中 27 人因公司加薪而留了下来，这 27 人中有 25 人在一年后离开了公司。许多人离开的一个重要原因是上司令人讨厌。②

诺维信集团科特尼·罗杰斯的调研显示，个人与主管的关系、组织诚信、个人和职业生涯的发展、奖励和薪酬与员工的满意度及留存率密切相关。③

有关资料表明，影响员工是否留在企业的三大主导因素为：与主管积极良好的关系、提高自身能力的机会，以及共享财务成果。对一家合资企业离职员工进行统计分析发现，在主动离职的员工中，85%的员工以个人原因为由向公司提出辞职，10%的员工以职业发展需要为由向公司提出辞职，5%的员工以薪酬为由向公司提出辞职。而这些离职员工中，绝大多数员工隐藏了离职的真正原因，即与其直接主管或间接主管的关系问题。④

"主管问题"是由主管领导能力、管理风格、个性特征、应对企业责任、与下属关系等因素而导致员工离职的综合称谓。

影响员工离职的"主管问题"集中表现在以下几个方面：主管的领导风格、管理风格和工作能力不能被下属接受；主管本身不以身作则，要下属做到的，首先自己没做到，在下属中缺少威信；主管不根据下属的实际能力和具体情况安排工作，从而使得下属对工作本身丧失了信心和热情；主管自己主意不定，所言不知所云，经常让下属做无用的工作；主管对下属的工作和困难缺乏支持和帮助；主管对下属缺乏必要的理解；主管任人唯亲、拉帮结派，对"异己"打击报复；主管只想要功劳、不敢承担责任，胆小怕事，将错误和责任推诿给下属，常常让下属当其"替死鬼"；主管缺乏横向合作的良好基础，导致下属工作得不到其他部门同事的支持和帮助；主管对下属封锁必要的信息，视信息为自己职权的象征；主管狐假虎威，其实色厉内荏，为求心理平衡，常常牵强附会，从而失去下属的信任。

美国著名的盖洛普公司在多年大量广泛调研基础上得出以下三点相关结论：第一，员工加入的是公司，离开的是经理；第二，75%的员工辞职，是辞掉了他们的

① 丁亚铭. 2003. 主管——一个被忽略的员工流动原因. http://eladies.sina.com.cn/2003-12-04/83106.html[2003-12-04].

② 丁亚铭. 2003. 主管——一个被忽略的员工流动原因. http://eladies.sina.com.cn/2003-12-04/83106.html[2003-12-04].

③ 丁亚铭. 2003. 主管——一个被忽略的员工流动原因. http://eladies.sina.com.cn/2003-12-04/83106.html[2003-12-04].

④ 丁亚铭. 2003. 主管——一个被忽略的员工流动原因. http://eladies.sina.com.cn/2003-12-04/83106.html[2003-12-04].

经理，而不是公司；第三，一个典型员工离职的原因中，多达 85%的原因是由其直接主管控制的。希望管理者从中有所感悟或得到一些启迪，并有勇气面对“主管问题”这一导致员工流动的根本原因。①

（5）培训。企业能否为员工提供有利于其自身发展的培训机会，也会对员工离职率有影响。员工在企业组织中需要不断地学习提高，这既有利于企业发展也有利于员工自身发展。当员工体会到自己在组织中会有良好发展时，他们很少会离开组织。②

2.2.3 个人因素

（1）年龄和任期。在同一组织中年龄越大、任期越长的员工，其离职率越低。留任者与离职者在经验和经历方面均存在不同，特别是资历和实践经验有所差异。当员工在一个组织中获得的经验越丰富，资历越深，他们就越倾向于留在组织中而很少离职。组织中的新员工的离职率往往比较高，新老员工与组织承诺和离职间有微妙的关系：年轻人组织承诺高，离职率也高；老员工组织承诺低，离职率也低。这就需要经常收集新老员工的离职数据，以减少离职预测错误的发生。

（2）性别与种族。忻依娅和梁巧转通过对 300 多名员工调研所获得的数据，运用 SPSS 统计分析软件对组织中两性离职人数与企业各层管理人员、普通员工的男女比率进行研究，得出以下结论：高层管理人员男女比率和低层管理人员男女比率对两性离职有显著的正影响；中层管理人员男女比率对两性离职有显著的负影响；整体男女比率对女性离职有正影响；领导性别仅对男性离职有负影响。③

（3）其他个人因素。员工的个人教育背景、早期生活影响、榜样作用等都会对员工的离职产生影响；员工个人需要的特殊性与离职倾向有关。某些员工为了出国留学或自费进修，会采取自动离职的方式，以保证有充足的时间来提高自己。随着社会文明与职业文化的进步，职业社会对胜任条件的要求越来越高，个人对成长的愿望越来越强烈，相应的离职现象会越来越普遍。

总之，员工离职是企业需要关注的重要问题之一，因为它可能带来一系列的连锁反应。但影响员工离职的原因比较复杂，有时只是某一个关键因素就足以导致员工离职，而更多情形下则是多个因素的复合作用导致的。企业只有主动关心员工的所需所想，了解员工的离职原因并积极采取相应措施来改进和提高管理策略和组织战略，努力将员工离职率降低，才会对企业和员工双方都有利。

---

① 丁亚铭. 2003. 主管—— 一个被忽略的员工流动原因. http://eladies.sina.com.cn/2003-12-04/83106.html[2003-12-04].

② 李蕾. 2008. 员工培训对员工离职决策的影响分析. 中国市场，（35）：46-47.

③ 忻依娅，梁巧转. 2004. 性别构成对两性离职影响的实证研究. 人口与经济，（3）：50-54.

思考题

1. 如何理解员工流动具有必要性？
2. 如何理解员工流动具有必然性？
3. 影响员工流动的经济因素有哪些？
4. 影响员工流动的非经济因素有哪些？

案例讨论①

用友软件：倡导员工流动

一、理想的员工流动率

软件行业的员工流动率为15%～20%，用友软件股份有限公司（以下简称用友）的员工流动率一般在15%左右。用友人力资源部的组织发展经理韩洪春告诉记者，对于用友来说，关键不在于多大的流动率，用友更重视的是技术骨干及中高层人员的稳定性。用友希望把员工的流动率控制在15%～20%，IT行业本身发展很快，流动率一向比较高，用友也希望通过这种流动注入新鲜血液，带来新的东西，同时，让留在公司的员工的才能得到发挥和提高。然而，如果骨干员工不稳定，公司业务将很难维持，企业就谈不上什么发展。

但是，对于用友这个大企业来说，几乎没有这一层的担心。首先，处于用友最高层的管理层是公司最稳定的中坚力量，核心力量保持稳定是用友持续发展的重要保障之一。其次，中层管理人员，包括部门经理和业务主管，他们的流失率要低于15%。最后，每个项目的技术骨干往往经受了很多锻炼，已经做到一定的位置，还有较大的上升空间，他们也是一个比较稳定的群体。而一般员工的离职不会给用友的业务造成太大影响，同时每年都会有一些不合格的员工被淘汰，有一些承受不了压力的员工离开，更有不少新的员工进入。

在用友看来，15%～20%的员工流动率是理想的。

二、辞人规矩：两次警示，四条原则

在用友，员工工作态度不佳或者缺乏工作积极性、主动性，技术、能力水平适应不了工作和新环境的要求，严重违反公司纪律，都有可能被辞退。

用友辞人的主要依据是业绩考核，如果连续两个季度考核不合格或者处于末尾的话，用友会考虑是否要辞退该员工。一般员工在第一个季度考核不合格或处于末尾时，直线经理就要和他谈话，寻找原因，希望他改进、提高，并提出预警；下个

---

① 小莫. 2003. 用友软件：倡导员工流动. 职业，（9）：34-35.

季度如果业绩仍不理想，经理须在季度中间与其沟通，如果其第二个季度考核还不理想，则有可能被辞退。另外，除了考核指标，还要考虑员工平时的表现，视具体情况来决定是否给予员工机会。而在这个过程中，人力资源部门会进行把关，敦促直线经理进行必要的面谈。

说起面谈需要注意的问题，韩洪春给记者讲了用友几年前发生的一件事。一名员工因为业绩考核不合格，直线经理找他面谈。碍于情面，而且考虑到对方的自尊心，直线经理没有开门见山地指出该员工的不足，而是通过表扬的方式来委婉地指出问题，导致该员工接收到了错误信息。第二个月，该员工考核再次不合格，被人力资源部门辞退。该名员工很生气，认为没有依据而且没有警示，重要的是没有给他改过的机会，于是把公司上上下下所有的高层经理、部门经理和业务主管折腾了一遍。

这件事情给用友人力资源部的启示很大。从此，人力资源部在员工面谈方面明确规定了几条需要坚持的原则：①明确对员工指出问题所在，不可含糊其辞或者过于顾及员工的面子，以免传递错误信息，造成员工误会；②就事论事，谈的是工作，不可涉及人本身如何；③提供事实依据，否则员工很难接受给出的结论；④一定要明确目的，面谈的真正目的不在于辞退员工，而是提醒他，希望他能够反省，并不断提高。

三、留人关键：机会、薪酬和文化

吸引和保留优秀人才是贯穿整个人力资源管理的问题，是一件日积月累的工作。用友不希望等到核心员工提出辞职的时候才去考虑如何挽留他们—— 那将为时已晚。他们希望平常的每一个小细节都可以为用友留住最优秀的人。

软件行业在国内是一个快速发展的行业，而用友又处于这个行业发展较快的位置，企业明朗的发展前景无疑是它最大的吸引力。用友软件开发规模非常大，主流产品的开发人数通常为200～300人，员工能在项目开发的过程中得到充分的锻炼。

用友员工的职业发展可以分为两种序列：一是管理序列，主要是部门经理、总经理等职能部门，从事行政和业务管理；二是纯粹的技术序列，即沿着“工程师—高级工程师—专家”方向发展。韩洪春称，用友员工的发展空间很大，每年都有10～20名员工被提升为项目经理，才进入公司两三年的硕士生，现在已经有人被提升为部门经理和项目经理。韩洪春认为，对这些骨干员工而言，提升后的任务和压力都大于提升前，受到的挑战也更多，但只要他们胜任了新职位，对他们而言，这本身就是一种提高和发展。

用友相对丰厚的薪酬待遇也很有吸引力，尽管薪酬在保留核心员工方面起到的作用已经不大，但用友仍然十分重视该方法。韩洪春指出，用友的薪资在业内处于中上水平。

用友的企业文化也是保留员工的一种方式，主要是通过内部宣传，让员工清晰地知道企业的远景规划、战略目标，让员工能够清晰地展望到未来。“留人的关键在于留心，如果员工对企业缺乏认同感，是很难留住他们的；即使这些员工没有流失，也很难在企业中发挥他们应有的作用。”韩洪春告诉记者，用友的文化重视发挥员工的主动性，只要不违反公司大的规定，在原则范围内，公司鼓励员工充分发挥个人能动性，而不会有人指责你应该如何、不应该如何。这和软件行业本身的特点也是相关的。

四、积极培养接班人

用友对待员工离职态度非常谨慎，因为优秀的接班人很难培养，但同时用友也一直非常注重培养接班人，每一个关键岗位都会有优秀的候选人。这种严格、谨慎的态度为用友带来的结果就是，用友很少因某一位技术骨干的离开而出现业务链的中断。

平时招聘新人的时候，用友会注意考察新人各方面的能力，以寻找到适合的接班人。新员工进入公司后还要接受各种各样的培训，给他们适当的锻炼机会，以适应岗位。而对用友而言，最可贵的就是，这项培养新人的工作已经实现流程化。但这种不断提拔新人的做法会不会给原有的技术骨干造成巨大压力而促使他们离职？韩洪春笑答：“我们就是要给他们压力，希望他们能够感受这种压力，不断地超越自己。”

讨论题

1. 用友软件股份有限公司为什么要倡导员工流动？
2. 你认为现代企业应树立怎样的员工流动管理观念？

第 3 章　员工流动过程管理

本章主要学习目的

1. 明确影响企业员工需求预测的因素。
2. 掌握企业员工需求预测的几种定性与定量的方法。
3. 了解员工招聘的三个阶段。
4. 理解员工内部流动的意义、目的和管理方式。
5. 区分流出管理的类型。
6. 了解影响员工自愿流出企业的因素。

引导案例[①]

部门经理的人事任命

H 公司是一家大型的集团公司，涉及贸易、房地产、制造业等不同领域，集团公司的经营模式是利润中心型，即公司总部掌握有较大的权力，在企业的运行中对子公司有权进行干预。

前些时候，贸易公司业务二部经理受命调到集团公司总部，业务二部的成员因关心自己未来的主管是谁，不免时有议论。有一次下班后在电梯口碰上业务一部几位同事，几个姑娘也就闲聊了起来。

业务一部小王："哎！你们业务二部的赵经理听说下个月要调去总部，那经理由谁来接任呀？你们这两年的业绩在我们贸易公司是最出色的，看来业务二部个个都是业务高手，这个经理就是肥水不落外人田吧！"

业务二部小田："大家也都这么想，这几年我们二部的绩效最受肯定，当然与赵经理的领导有关，不过最重要的还是二部全体员工拼搏的结果，当然我们二部的人都希望这个经理职缺能由内部的伙伴升任。"

小王："你看哪一位升任最合适？"

小田："我们二部有三位科长，除了林科长到任还不到半年，资历浅了点，其

① 姜秀丽，石岩. 2004. 员工流动管理. 山东：山东人民出版社：55-56.

他两位科长，虽然年轻，但都很优秀，不过坦白说我们都希望陈科长能升任。”

旁边的小柳也插了嘴：“对！陈科长学养俱丰，认真负责，他来带领我们业务二部，业绩肯定更好。”

期望归期望，但科长以上的人事任命权在总部，况且总部也从未垂询过，谁也没有底。

两周后，公布栏贴了一张“人事任命通知”，新任的经理是由总部派来的，姓李，听说还是最近才从外面招聘进来的。

三位科长落了榜也不便说什么，倒是其他的人直呼：“不会吧？”

企业员工流动主要分为企业之间流动和企业内部流动，也就是员工的流入、流出和内部流动三种形式。案例中部门经理上调，继任经理从外部招聘，人员流动方式不同，会产生不同的影响和效果。本章就是通过分析这几种不同的流动方式来讨论企业员工流动过程中的管理问题。

1　员工流入管理

企业员工流入管理在整个员工流动过程管理工作中占有举足轻重的地位。

首先，人力资源的流入是整个人力资源管理工作的基础。一方面，企业人力资源管理所包括的各个环节，从教育培训、绩效考核、薪酬福利、劳动关系到激励、流动等，在一定程度上都是以人力资源的进人工作为基础的。另一方面，人力资源的流入直接关系到企业人力资源的形成。如果企业所需要的人进不来，那么自然会影响到人力资源管理工作其他环节的效率，也为其顺利开展增加了难度。

其次，在人力资源管理工作中，人力资源的使用和配置是企业成功的关键。在人力资源的使用和配置中，人力资源的流动是关键。而在人力资源的流动中，人力资源的流入又是关键的关键。不论对新成立的企业还是对已经运营的企业来说，人力资源的流入都已成为一件常年性的工作。

对于新成立的企业来说，人力资源的流入与否关系到它的成败。如果企业招聘不到符合自己发展目标的成员，那么它在物质、资金和时间上的投入就会成为浪费，或在使用效果上大打折扣。企业最初的人员配置不好，企业就很难进入下一步的正常运营中。

对于已经处于运营的企业来说，人力资源的使用和配置是处于不断的变化之中的，而企业由于外在环境及自身的目标、计划及组织结构的变化，再加上一些自然原因而不断面临人力资源的流出，因此也就相应地会不断面临人力资源的流入。

最后，从招聘的成本来看，人力资源的流入对企业来说也具有相当的重要性。

某国内大型农机制造企业在调研中反映，如果流失一名年薪 20 万的技术人员，再招聘一名同等工作能力和素质的员工的隐性成本将达到 20 万。[①]如果在招聘和录用中出现失误，则会对企业造成极坏的负面影响和不可估计的损失。例如，一个工作团队中的一名成员缺乏人际交往技能及协作精神，他就会打乱整个团队的工作节奏，降低工作效率，阻碍企业的发展。很显然，所要招聘录用的人员的等级越高，上述“失误”的负面影响越大。为避免这样的失误，企业在员工流入过程中特别要做好员工需求预测和员工招聘两个方面的工作。

1.1 员工需求预测

企业对员工的需求是受多方面因素影响的，因而管理者在进行员工需求预测时，必须考虑到各方面的影响因素，并以企业的战略目标、发展规划和工作任务为出发点，综合分析，通盘考虑，对企业未来所需人员的数量、质量及时间做出较为准确的预测。

1.1.1 影响企业员工需求预测的因素

（1）企业外部因素。影响企业员工需求的外部因素主要是指企业赖以生存的外部社会经济环境。企业的外部社会经济环境主要包括经济形势、政治局势、社会秩序、政策法律、社会经济体制等。显然，这些因素不可避免地要对企业的各项活动包括人力资源活动等产生相应的影响。例如，在政治局势相对稳定、经济形势相对看好的情况下，组织尤其是企业的各项工作会相对顺利，生产经营活动会相对正常，并可能蓬勃发展，在此背景下，企业未来的人力资源需求会相应增加。相反，企业的未来员工需求则可能相应减少。再如，社会经济体制也会影响组织的人员需求。在计划经济体制下，企业的生产经营活动基本按计划进行，生产经营指标也由上级主管部门下达，这时的人力资源需求完全是一种指令性计划。企业需要增加员工，但没有权力自己进行招聘和选拔；企业不需要员工，计划和主管部门也还是可以分配人员进来。因此，这种员工需求并不反映企业的实际情况，并不是真正意义上的员工需求。而在市场经济条件下，企业生产经营活动完全市场化，市场需求的变化直接对企业的人员需求产生影响。市场需求扩大，则企业的人员需求相应增加；市场需求下降，则企业的人员需求相应减少。因此，这时的人员需求完全是一种市场变化和影响下的需求，也是一种真正的企业人员需求。

（2）企业内部因素。决定企业未来人力资源需求的内在因素主要包括企业的整体计划、员工发展目标、工作效率、现有员工的各种基本状况，如员工的素质状况和年龄结构等。企业的整体计划和员工发展目标更是决定企业未来人员需求的最主要的内在因素。如果该企业在未来要发展和扩展规模，那么它需要招聘一些具有特

---

① 孙维. 2019. 减税降费新形势下降低企业人工成本的挑战及对策. 地方财政研究，（3）：41-46，54.

定知识、技能或者经验的新员工；同样，如果一个企业预测其产品在未来需求会下降，则会导致其在招聘计划中减少人员招聘数。当然，其他内在因素的变化也会导致企业未来员工数量的调整和人力资源需求的变化。例如，员工工作效率的提高可能会带来两种截然不同的影响结果：在短期内会引起员工需求的下降，因为效率提高的结果将会是一名员工能够完成或胜任更多员工的工作；而在长期内则会引起员工需求的上升，因为随着员工工作效率的提高，组织的规模和水平会进一步扩大，从而带动新的岗位需求的出现等。再如，现有员工的年龄结构也会影响员工的未来需求，特别是年龄结构需求的变化：如果现有员工的年龄结构相对较小，年轻人较多，则组织在计划期内需要填补和补充的员工和岗位就不多，员工的年龄结构需求变化不大；如果现有员工的年龄结构相对老化，则组织需要在计划期内填补和补充较多的员工，员工的年龄结构需求变化则较大。

1.1.2　企业员工需求预测的典型步骤

人力资源需求预测分为现实人力资源需求预测、未来人力资源需求预测和未来人力资源流失预测 3 个部分。企业员工需求预测的典型步骤如下：①根据职务分析的结果，来确定职务编制和人员配置；②进行人力资源盘点，统计出人员的缺编、超编及是否符合职务资格要求；③将上述统计结论与部门管理者进行讨论，修正统计结论；④该统计结论为现实人力资源需求；⑤根据企业发展规划，确定各部门的工作量；⑥根据工作量的增长情况，确定各部门还需增加的职务及人数，并进行汇总统计；⑦该统计结论为未来人力资源需求；⑧对预测期内退休的人员进行统计；⑨根据历史数据，对未来可能发生的离职情况进行预测；⑩将⑧⑨两项的统计和预测结果进行汇总，得出未来人力资源流失。①

将现实人力资源需求、未来人力资源需求和未来人力资源流失汇总，即得到企业整体人力资源需求预测。

1.1.3　企业员工需求预测方法

企业在进行员工需求预测时，最常用的方法包括两大类，一类是定性预测的方法，另一类是定量预测的方法。

1.1.3.1　定性预测的方法

（1）经验估计法。经验估计法就是利用现有的情报和资料，根据有关人员的经验，结合本企业的特点，对企业员工需求加以预测。经验估计法可以采用“自下而上”和“自上而下”两种方式。“自下而上”是由直线部门的经理向自己的上级主管提出用人要求和建议，得到上级主管的同意；“自上而下”是由企业高层经理先拟定出公司总体的用人目标和建议，然后由各级部门自行确定用人计划。实践中，企业常

① 郑晓明. 2011. 现代企业人力资源管理导论. 3 版. 北京：机械工业出版社：87.

将“自下而上”与“自上而下”两种方式结合起来运用，先由企业提出员工需求的指导性建议，再由各部门按企业指导性建议的要求，会同人事部门、工艺技术部门、职工培训部门确定具体用人需求。同时，由人事部门汇总确定全公司的用人需求，最后将形成的职工需求预测交由企业高层经理审批。这种方式较为实用、简单，但缺点是不太精确，适于中小型企事业单位熟悉本单位情况的人事经理操作。

（2）德尔菲法。德尔菲法是20世纪40年代美国兰德公司开发的一种预测方法，这是一种使用频率很高的主观判断法，对于那些缺乏资料的预测尤为实用。其具体操作过程如下。首先，成立一个研究小组，将需求预测的专题概括为若干问题。其次，邀请20～30位专家，将问题表寄给他们，请他们回答，参与的专家处于互不知晓的状态。再次，小组收到专家寄回的问卷答案后，进行统计分析与归纳，将第一次回答的结果归纳成新的问题表，反馈给专家。一般经过两三轮的反馈后，意见趋于收敛。最后，根据专家提出的最后意见，总结前几轮的反馈结果，进行最后预测。

运用德尔菲法，专家不需要同时出席会议就可分析和解决问题，既方便了专家，又可以防止专家之间相互干扰，信息反馈有助于提高回答质量。人力资源需求预测邀请的专家可以是一线管理人员，也可以是高层管理人员或外聘专家等。

利用德尔菲法应注意以下的原则：

- 挑选的专家应该有代表性；
- 问题表设计应该措辞准确，不引起歧义，征询的问题一次不宜太多，列入征询的问题不应该相互包含；
- 进行统计分析时，应该区别对待不同的问题，对于不同专家的权威性应给予不同的权数而不是一概而论；
- 为专家提供充足的信息，使他们能做出准确的预测；
- 向高层领导和专家说明预测对组织的重要性，以取得他们的支持。

（3）驱动因素预测法。驱动因素预测法的原理是，某些与企业的本质特征有关的因素主导着企业的活动或工作量，进而决定人员的配置需求。影响人员需求的因素包括：

- 产量方面的变化（收入、生产或销售的单位或数量、完成的项目、交易等）；
- 所提供服务的变化（数量、质量、速度等）；
- 客户关系方面的变化（规模、时间长短、质量等）；
- 新资本投资（设备、技术等）。

综上所述，可以直接通过驱动因素的变化来进行人力资源需求预测，确定人员配置需求。扩张、新的购并、新的设备、组织重构或其他因素都可能直接影响未来的人员配置需求。例如，组织中的研究部门，根据特殊的项目计划确定人员配置需求，每个项目都有明确的工作计划和包含人力资源在内的资源需求。

驱动因素预测法是当今企业首选的方法，因为该方法透明、合理、慎重，管理者很清楚对企业具有直接影响的人员配置需求驱动因素，并能够根据自己的判断去进行调整。这种方法也考虑到对规划“模型”的快速调整，无论何时对计划进行更新，都可以在这个模型中对驱动因素进行评估、再评价和调整。它还将人力资源需求预测直接与经营和资本规划联系起来。不过这种方案合理应用的前提是驱动因素的影响可以测量，它更常用于预测对操作人员和事务岗位人员的需求，而很少用于预测对管理、专业或某些技术岗位人员的需求。

1.1.3.2 定量预测的方法

（1）回归预测法。这是从统计学中借鉴过来的一种方法。由于人力资源的需求总是受到某些因素的影响，回归预测法的基本思路就是要找出那些与人力资源需求关系密切的因素，并依据过去的相关资料确定它们之间的数量关系，建立一个回归方程。然后再根据这些因素的变化，以及确定的回归方程来预测未来的人力资源需求。使用回归预测法的关键是要找出那些与人力资源需求高度相关的变量，这样建立起来的回归方程预测效果才会比较好。

根据回归方程中变量的数目，可以将回归预测法分为一元回归预测和多元回归预测两种。一元回归由于只涉及一个变量，因此建立回归方程时相对比较简单；而多元回归由于涉及的变量较多，所以建立方程时要复杂得多，但是它考虑的因素比较全面，所以预测的准确度往往要高于一元回归预测。①

由于多元回归方程建立起来比较复杂，下面我们来看一个一元回归预测的例子（表 3-1）。

表 3-1 某企业近几年人力资源数量和公司销售额

时间	2013	2014	2015	2016	2017	2018	2019	2020	2021
人数/人	800	1 200	1 800	2 000	3 500	5 000	7 000	8 200	预测数
销售额/万元	1 500	2 500	4 000	5 000	9 000	16 000	24 000	30 000	计划数

根据 $Y=a+bX$ 这一回归模型，利用最小二乘法，可以得出 a、b 的计算公式：

$$a=\bar{Y}-b\bar{X}$$

$$b=\frac{\sum(X_i-\bar{X})(Y_i-\bar{Y})}{\sum(X_i-\bar{X})^2}$$

利用上述公式得：$Y=719.2+0.258X$，其中 X 为销售额，Y 为人数。

如果 2021 年销售计划额为 35 000 万元，则 2021 年人员需求预测为：

$$Y=719.2+0.258\times 35000=9750\text{ 人}$$

① 董克用. 2015. 人力资源管理概论. 4 版. 北京：中国人民大学出版社：170.

（2）趋势外推法。趋势外推法是根据过去和现在的发展趋势推断未来的一类方法总称，用于科技、经济和社会发展的预测。当预测对象依时间变化呈现某种上升或下降的趋势，并且没有明显的季节波动，又能找到一条合适的函数曲线反映这种变化，就可以用这种拟合方法。趋势模型的种类主要有多项式曲线外推模型、指数曲线预测模型、对数曲线预测模型和生长曲线预测模型（包括皮尔曲线预测模型和龚珀兹曲线预测模型）等。[①]

当企业人力资源需求量在时间上表现出明显趋势的情况时，就可以使用这类方法。以下用指数曲线预测模型进行举例说明（表 3-2）。

表 3-2　某企业 2009～2020 年人力资源数据

时间	2009	2010	2011	2012	2013	2014	2015
人数/人	90	100	120	130	135	140	150
环比发展速度/%	—	111.11	120.00	108.33	103.84	103.70	107.14
时间	2016	2017	2018	2019	2020	2021	
人数/人	180	190	200	230	260	?	
环比发展速度/%	120.00	105.56	105.26	115.00	113.04	?	

从表 3-2 中可知，该企业人力资源环比发展速度大体相近，建立指数曲线预测模型：

$$\frac{\hat{y}_t}{\hat{y}_{t-1}}=b$$

$\hat{y}_t = ab^t$，环比发展速度为一常数，该指数曲线预测模型可以转换成对数模型 $\lg\hat{y}_t = \lg a + t\lg b$，该对数的一阶差分 $\Delta(\lg\hat{y}_t) = \lg b$ 是常数，根据最小平方法的原理并使 $\sum t = 0$，推导求得：

$$\lg\hat{a} = \frac{\sum \lg y_t}{n} \quad \lg\hat{b} = \frac{\sum t\lg y_t}{\sum t^2}$$

并求反对数，可以得到 a、b 的估计值，得出指数曲线预测模型。

根据表 3-2 数据计算得出：

$$\lg\hat{a} = \frac{26.21168}{12} = 2.184306 \quad \lg\hat{b} = \frac{11.10536}{572} = 0.019415$$

求反对数得出：

$$\hat{a} = 152.8644 \qquad \hat{b} = 1.045719$$

① 韦滢坤．2011．我国城镇居民消费水平的分析与预测——基于趋势外推法和指数平滑法组合模型的分析．价格月刊，（3）：74-77.

所求的指数曲线模型：

$$\hat{y}_t = 152.8644(1.045719)^t$$

2021 年该公司人力资源的预测值（保留整数）为

$$\hat{y}_{2021} = 152.8644(1.045719)^{13} = 273(\text{人})$$

（3）比率分析法。比率分析法是通过计算某些原因性因素和所需员工数量之间的比率来确定人力资源需求的方法（表 3-3）。一是人员比例法。例如，某企业有 200 名生产人员和 10 名管理人员，那么生产人员与管理人员的比率就是 20，即 1 名管理人员管理 20 名生产人员。如果企业明年将生产人员扩大到 400 人，那么根据比率可以确定企业对管理人员的需求为 20 人，也就是要再增雇 10 名管理人员。二是生产单位/人员比例法。例如，某人每日可生产 500 单位产品。企业现有生产工人 100 名。如果企业明年要扩大产量，每日生产 100 000 单位产品，根据比率可以确定需要生产工人 200 名，也就是要再增雇 100 名生产工人。

比率分析法假定企业的劳动生产率是不变的，如果考虑到劳动生产率的变化对员工需求量的影响，可用以下计算公式：

$$N = \frac{W}{q\ (1+R)}$$

式中，N 为人力资源需求量；W 为计划期内任务总量；q 为目前的劳动生产率；R 为计划期内生产率变动系数。

表 3-3　比率分析法

时间	销售额/美元	员工数/人	调整 3%的生产率后实际用工数/人
2016	100 000 000	5 000	5 000
2017	120 000 000	6 000	5 825
2018	140 000 000	7 000	6 598
2019	160 000 000	8 000	7 321
2020	180 000 000	9 000	7 996
2021	200 000 000	10 000	8 626

资料来源：John M I. 1998. *Human Resource Management*. New York: McGraw-Hill, p.150

表 3-3 中最右侧栏显示的是调整 3%的生产率后的实际用工人数，计算方法是：当年销售额/（上年生产率 × 1.03）。

（4）马尔可夫分析法[①]。马尔可夫分析法是一种统计方法，该方法的基本思想

① 陈维政，程文文，吴继红. 2020. 人力资源管理. 5 版. 北京：高等教育出版社：44-45.

是，基于过去人员流动的概率，以此来推测未来的人员流动情况。下面，笔者以一家会计公司人员流动为例来加以说明。分析的第一步是制作一个人员流动矩阵表，表中的每一个元素表示从一个时期到另一个时期（如从某一年到下一年）在两个工作之间流动的员工数量的历年平均百分比（以小数表示）。一般以 3—5 年为周期来估计年平均百分比。如表 3-4、表 3-5 所示。

表 3-4　某会计公司人员流动的马尔可夫分析　　单位：%

职位层次	人员流动的概率				
	G	J	S	Y	离职
高层领导人（G）	80				20
基层领导人（J）	10	70			20
高级会计师（S）		5	80	5	10
初级会计员（Y）			15	65	20

表 3-5　某公司人力资源供给情况的马尔可夫分析　　单位：人

职位层次	初期人员数量	G	J	S	Y	离职
高层领导人（G）	40	32				8
基层领导人（J）	80	8	56			16
高级会计师（S）	120		6	96	6	12
初级会计员（Y）	160			24	104	32
预计未来各个职位的人数		40	62	120	110	68

表 3-4 表明，平均每年有 80%的高层领导人留在原工作岗位，有 20%离职；平均每年有 65%的初级会计员留在原工作岗位，有 15%被提升为高级会计师，同时有 20%离职。用这些历年数据来代表每一种工作中人员流动的概率，就可以推测出未来的人员流动情况。将计划初期每一种工作的人员数量与每一种工作的人员变动概率相乘，然后纵向相加，即得到表 3-5 的组织内部未来各个职位人员的数量。而且可以看出，未来高层领导人（G）不多不少，刚好合适；基层领导人（J）未来会缺 18 人；高级会计师（S）未来不多不少，正好；初级会计员（Y）未来会缺 50 人。根据这一分析预测结果，公司可以提前做好各类职位人员的培养和招聘的准备。

1.2 员工招聘

在企业中，员工是最重要的资源，当人员需求确定之后，就应该根据企业的需要积极搜索网罗人才，即进行员工招聘。

1.2.1 招聘的概念及意义

员工招聘就是企业选择合适的方法、途径寻找、吸引应聘者，并从中选出企业所需的人员予以录用的过程；是企业吸收与获取人才的过程；是获得优秀员工的保证，也是人力资源管理中的重要一环。它包括招募、筛选和录用三个阶段。

通常来说，在以下几种情况下需进行员工招聘工作：新组建一个企业；由于业务发展，规模扩大，企业人员不足；企业员工组成结构不合理，一方面需要裁减冗员，另一方面还需及时补充短缺专业人员；企业内部由于原有人员的调离、辞职、解雇、退休或死伤出现空缺职位；等等。

企业通过员工招聘工作，不断吸收新生力量，为不断适应环境变化和自身的发展提供可靠的人力保障。具体来说，做好员工招聘工作，有以下三点重要意义。

（1）可以获得企业需要的人员。新招聘进来的员工就像制造产品的原材料，他们的素质会直接对企业后续的生产经营活动产生重大的影响，如果招聘不当，企业招到的不是真正所需的人员，则不仅意味着时间、资金、人力的浪费，还可能影响员工的士气。因此，只有恰当的招聘，才能提高人员的使用效率，同时为提高员工满意度、增强企业凝聚力创造条件。

（2）可以减少不必要的人员流失。企业不仅要招聘到人更要留住人。招聘工作的好坏对能否留住有价值的员工是一个重要的因素。恰当的招聘过程能够注意到招聘双方信息的有效传递，招聘者对应聘者能够做出较为准确的评价。另外，招聘以企业的价值观为基础，并且通过各种测试、筛选，使应聘者能找到适合自己个性特点、发挥个人能力的岗位，从而保证人职匹配，尽可能地避免刚招聘进来的员工在短期内就离开企业。

（3）有助于树立企业形象。招聘过程是企业招聘者与应聘者直接接触的过程。负责招聘的人员作为企业的代表，其工作能力、招聘过程中对企业的介绍、面试的程序，以及招聘或拒绝什么样的人都会成为应聘者评价企业的依据。恰当有效的招聘过程有利于企业树立良好的形象，吸引更多的应聘者。

另外，从企业外部招聘的人员能给企业带来新的思想、理念和方法、技术，为组织增添新的活力；经常进行招聘活动能提升企业知名度，扩大企业在社会上的影响力。

1.2.2 招聘的原则

人员招聘是确保企业生存与发展的一项重要的人力资源管理活动。在招聘过程中，应遵循以下原则。

（1）公开原则。这是指把招考单位、种类、数量，招考的资格、条件，考试方法、科目和时间，均面向社会公告周知，公开进行。一方面给予社会上的人才以公平竞争的机会，达到广招人才的目的；另一方面使招聘工作置于社会的公开监督之下，防止“暗箱”操作等不正之风。公开招聘的程序是：由人力资源主管或企业其他领导负责成立招聘专门工作小组；确定招聘对象、招聘原则、录取标准；拟定招聘简章，并向社会公布。

（2）竞争原则。这是指通过考试竞争和考核鉴别确定人员的优劣和人选的取舍。为了达到竞争的目的，一要动员、吸引较多的人报考，二要严格考核程序和手段，科学地录取人选，防止“拉关系”、“走后门”、“裙带风”、贪污受贿和徇私舞弊等现象的发生，通过激烈而公平的竞争，选择优秀人才。

（3）平等原则。这是指对所有报考者一视同仁，不得人为地制造各种不平等的限制或条件（如性别歧视、年龄歧视等）和各种不平等的优先优惠政策，努力为社会上的有志之士提供平等竞争的机会，不拘一格地选拔、录用各方面的优秀人才。

（4）能级原则。人的能力有大小，本领有高低，工作有难易，要求有区别。招聘工作，不一定要最优秀的，而应量才录用，做到人尽其才、用其所长、职得其人，这样才能持久、高效地发挥人力资源的作用。

（5）全面原则。这是指对报考人员从品德、知识、能力、智力、心理、过去工作的经验和业绩等方面进行全面考试、考核和考察。因为一个人能否胜任某项工作或者发展前途如何，是由多方面因素决定的，特别是非智力因素起着决定性作用。

（6）择优原则。择优是招聘的根本目的和要求。只有坚持这个原则，才能广揽人才，选贤任能，为单位引进或为各个岗位选择最合适的人员。为此，应采取科学的考试考核方法，精心比较，谨慎筛选，特别是要依法办事，杜绝不正之风。

（7）效率原则。这是指根据不同的招聘要求，灵活选用适当的招聘形式，在保证招聘到的人员合格的条件下，用尽可能低的招聘成本录用高质量的员工。例如，某公司部门经理职位空缺，而在本公司又找不出合适的人选，公司内部人员推荐了一名应聘者，人力资源部门经过考核，认为该应聘者具备了任职资格和条件，在这种情况下，企业就无须再去组织耗费一定人力和财力的招聘活动，从而节约了招聘的经费，也避免了因职位长期空缺所造成的损失。

（8）守法与文化适配原则。人员招募与选拔必须遵守国家法令、法规、政策。除此之外，企业若要使自己招聘有效，还要遵循与企业文化相适配的原则，这也是当今企业招聘中十分重视的一条原则。一个企业的特定文化会对员工的工作、生活产生深刻的影响，这些影响包括正面的与负面的，决定正、负两面的关键在于员工本人的适应力，企业并不会因为某一员工而改变企业文化。所以，在招聘时，企业应当做策略性的工作分析，定义员工在特定企业文化中工作成功的关键性要素，包括收集完成工作所需的技术和能力的资料、分析工作所处的文化背景、用更多的时间倾听过去在该岗位或相关岗位上的优秀员工的建议、定义员工在该岗位工作成功的特定行为和态度。这些成功的因素有助于建立起招聘岗位的理想候选人的轮廓，使其不仅能够在该岗位上表现突出，而且能够和企业保持长久的雇佣关系。

1.2.3　招聘的过程

员工招聘的过程实质上就是企业中员工流入的过程，企业对于员工流入过程的管理主要包括招募、筛选、录用3个环节。

1.2.3.1　员工的招募

1）招募的渠道

招募渠道主要有两种，一是内部渠道，二是外部渠道。这两种渠道又各自包括了多种不同的渠道形式。

（1）内部渠道。也就是从企业内部的人力资源中识别出最为合适的人选，主要包括人力资源的职业生涯开发系统和职位公告。人力资源的职业生涯开发系统就是针对特定的工作岗位，在企业内部选出最合适的若干候选人，为他们打通职业通路。另外，企业还会对这些候选人进行教育培训，有的企业还与高校或科学研究机构合作，建立了自己的教育机构，为人力资源的职业生涯发展提供系统的保证。这种渠道不仅有利于留住企业的核心人才，如掌握本企业产品核心技术或具有较强创新能力的研发人员，而且有利于企业建立起人才蓄水池，确保当某个重要职位突然出现空缺时，能及时填补上合格的人，以免企业因重要职位上人员的突然离职而使工作陷入被动，从而造成损失。

职位公告是一种向员工通报现有职位空缺以进行内部招聘的方法。职位公告中会详细描述工作职位、薪酬、工作日程和必要的资格条件等，所有符合要求的员工都可以申请该职位。企业筛选这些申请者并对最合适人员进行面试。职位公告这一方式可以给企业的人力资源提供一个开发自己职业生涯的平等机会，由于能够看到晋升的希望，因此可以激励他们努力提高自己的绩效；另外，它还可以使企业拥有一个更广的选择范围从而择优而用。

（2）外部渠道。也就是企业通过各种途径从外部招聘工作候选人以填补企业的空缺。通常在以下几种情况下企业会使用外部渠道：第一，当企业需要一个通过内部开发不可能获得发展的人员时；第二，当企业需要填补空缺人员能给组织带来新的看问题的方式和解决问题的方法时；第三，当企业需要临时性的半熟练和非熟练工人时。外部渠道又主要包括以下一些途径。

其一，网络招聘。由于互联网的迅速发展，企业青睐于在网上发布招聘信息甚至进行简历筛选、笔试、面试。企业主要通过两种方式进行网络招聘：一是在企业自身网站上发布招聘信息，搭建招聘系统；二是与专业招聘网站合作，如中华英才网、前程无忧、智联招聘等，利用专业网站已有的系统进行招聘活动。

此外，随着社交软件的风靡，企业也纷纷采用微博、微信等模式进行用人信息的发布。例如，在普通账号朋友圈发布企业的招聘活动、需求岗位等信息；在企业微信公众号和微博号上发布校招行程、校招岗位、企业介绍等资讯；甚至还有企业已经实现了在微信上进行一对一的交流，为求职者解疑或进行微信面试等。

网络招聘没有地域限制，受众人数大，覆盖面广，而且时效长，在较短时间内能获取大量应聘者信息，但随之而来的还有大量的虚假信息和无用信息，因此网络招聘对简历筛选的要求比较高。①

其二，广告。这是指通过广播、电视、报纸、网络或行业出版物等媒体向公众传送企业的就业需求信息。利用广告可以使企业在相对较短的时间内将信息传达给大量受众，从而保证求职者的数量让企业有较大的选择余地。这是最可能广泛地通知潜在求职者工作空缺的办法，但不同的广告媒体所能达到的效果截然不同，企业应根据所要招聘的职位类型做出相应的选择。

在使用广告方式作为招募渠道时应注意以下问题：

- 通过市场调研，选取收效最佳的广告媒体；
- 广告设计要突出企业标识；
- 要使用令人鼓舞与印象深刻的广告语；
- 广告内容应根据拟录的职位说明书编制；
- 广告应明确招聘的岗位、人数及所需任职资格，并注明待遇等。

其三，就业服务机构。这是指专门进行人力资源搜寻、筛选，并向企业提供各类所需人才的中介机构，企业通过与合适的专业机构进行接触，并告知所需工作职位的资格条件，往往就可以较快地招聘到合适人选。利用这种途径可以节省大量筛选人员的前期工作，从而减少工作量，缩短招聘周期，工作效率较高。并且，就业服务机构往往会对候选人进行前期培训，这大大节省了企业的培训成本。不利因素是需要一定的费用，而且企业对应聘者的情况不够了解，不一定有所需岗位的合适人选。因此，企业在选取这一招募渠道时，应尽量选择信誉较高的服务机构。

其四，猎头公司。这是指专门为企业招聘中级或高级管理人员或重要的专门人员的私人就业机构。由于人才的短缺，且这些人才主动求职的愿望相对较低，并且他们已经有很好的工作，因此运用公开的招聘方法难以吸引他们。而猎头公司拥有自己的人才数据库，并经常主动去发现和寻找人才，还能够在整个搜寻和筛选过程中为企业保守秘密。因此，如果企业要征召一些核心员工，猎头公司的帮助是必不可少的。

企业在确定与猎头公司合作时，应该注意以下几个问题：第一，选择猎头公司时要对其资质进行考察，尽量与背景及声望较好的公司合作；第二，在与猎头公司

---

① 陈维政，程文文，廖建桥，等. 2019. 人力资源管理与开发高级教程. 3 版. 北京：高等教育出版社：149.

合作时，要在开始时明确双方的权利和义务，并就一些容易发生争议的问题达成共识，如费用、时限、保证期承诺、后续责任等；第三，要让猎头公司充分了解企业对候选人的要求，确立对理想候选人的技能、经验和个性的理解；第四，猎头公司所推荐的人与原来工作的公司应该已经解除聘用关系，特别是涉及企业技术的开发人员，必须小心；第五，如果与一家信誉好、服务质量满意的猎头公司合作愉快的话，今后类似的招聘工作就可以继续与之合作，避免与过多的猎头公司合作。

其五，员工举荐。这是指当企业职位出现空缺时，由员工向组织推荐合格的朋友或同伴来申请加入企业的一种方式，这种方式目前越来越受到重视。员工举荐的求职者一般比通过其他方式招聘到的人员表现得更好，而且在企业工作的时间更长。这可能是因为员工对企业的空缺职位和候选人都比较了解。另外，还因推荐会涉及他们的信誉，所以他们会努力推荐高质量的求职者。被推荐者也会顾念员工的面子，一般表现不会太差。员工举荐是所有招募来源中最好的一种，目前也被中外许多企业广泛应用。

其六，校园招聘。大中专院校的学生，特别是一些名校或紧俏专业的学生，由于他们具备最新的知识、较高的素质和能力，并具有较强的可塑性，往往是各大企业的争夺对象，对他们的获取一般都通过校园招聘的途径。校园招聘的具体做法有多种，有的企业在自己所需类型的毕业生的教育机构附近选择办公地点；有的人力资源部门给他们要从中招聘人员的学校提供未来需求的预测；有的靠委派关键的管理人员来协助招聘，并分配时间、设备和人员给这些学校，并与学校建立持续的联系；还有的利用校园访问和暑期工作来发现有才能的人，并在学生在校时就提前将其预聘。校园招聘往往能为企业获取大量优秀的管理和专业后备人才。

2）内部招聘与外部招聘的利弊分析

内部招聘的优缺点。优点：企业对员工了解全面，准确率高；可鼓舞员工士气，激励员工积极进取；应聘者可更快适应工作；使组织培训投资得到回报；选择费用较低。缺点：来源仅局限于企业内，水平有限；容易造成“近亲繁殖”，出现思维和行为定式；可能会因操作不公或员工心理原因造成内部矛盾。

外部招聘的优缺点。优点：人员来源广，选择余地大，有利于招到一流人才；新员工能带来新技术、新思想、新方法；当内部有多人竞争而难以做出决策时，外部招聘可在一定程度上平息或缓和内部竞争者之间的矛盾；人才现成，节省培训投资费。缺点：新招人员不了解企业情况，进入角色慢，较难融入企业文化；对应聘者了解少，可能招错人；内部员工得不到机会，积极性可能受到影响。

综上可见，内部招聘与外部招聘各有利弊，具体使用哪种方式要根据企业的战略规划、招聘岗位、上岗速度，以及经营环境等综合考虑。例如，通用电气数十年一直从内部选用首席执行官（chief executive officer，CEO），而国际商业机器公司（international business machines corporation，IBM）、惠普（Hewlett-Packard，HP）等公司多从外部征召 CEO。可见，各企业应视自己的实际情况选用合适的渠道。

1.2.3.2 员工的筛选

1）筛选的程序

对人员进行筛选将直接决定企业最后所雇佣的人，因而这是招聘过程中最关键的一步。

（1）决定筛选的日期。产业特性、劳动力市场特性和经济环境等因素对人力资源供给均会产生较大的影响，如每年的 4、5 月份，各类学校都有大批的毕业生找工作，这就是组织进行筛选活动的最好时机。

（2）报名。应征者在报名时一般需要填写申请表，包括姓名、性别、年龄、婚姻状况、家庭状况、文化程度、经历、健康状况、社会关系及个人的兴趣爱好等。而报名的形式有直接报名和间接报名两种。

（3）资料审查。即初步的审查，过滤掉明显不合要求的应征者，以节约招募成本。

（4）考试。考试是一种较客观的筛选方式。有些企业除要测试知识能力外，还要进行智力与心理测试。

（5）面谈。经过考试淘汰大多数不合格者之后，就可以进行招募面谈了，其目的在于弥补客观考试的不足，获得一些在许多笔试中无法得到的信息。

（6）体检。体检因工作性质而异，可以是全身检查，也可以只是外表的扼要检查。

（7）领导决定。因为部门领导必须对其经营绩效负责，所以有必要赋予其最终决定人选的权力。

2）筛选的方法

（1）笔试。又叫知识考试。这是指通过纸笔测验的形式对被试的知识广度、知识深度和知识结构进行了解的一种方法。它可以进行团体测试，具有效率较高的优点，但笔试最薄弱的环节是命题方法，主要表现为命题的随意性，试题质量不高。因此，笔试一定要有命题计划，即根据工作分析得出的有关岗位工作人员所需要的知识结构，设计出具体的、科学的测试内容、范围、题量、题型等。

（2）心理测验。在筛选员工时，为了能够准确判断应聘者的气质、思维敏捷性、才能等，常常采用心理测验的手段。心理测验是指在控制的情境下，向应聘者提供一组标准化的刺激，以所引起的反应作为行为的样本，从而对其个人的行为做出评价。其中行为样本就是一组具有代表性的行为，这种行为既不是反射性的生理行为，也不是内部的心理活动，而是一种外显的、间接的行为。心理测验通常由受过专门心理测试训练的人来进行或委托给心理学研究机构的专业人员来进行。常见的心理测验包括智商测验、情商测验、气质类型测验、特殊能力测验、能力倾向测验、人格特征测验、职业兴趣测验、价值观测验、笔迹测验等。

（3）面试。面试是人员筛选中传统且重要的一种方法。几乎所有的人员筛选过程都会使用面试，而且常常在一个招聘筛选程序中不止一次地使用。狭义地说，面试就是面谈的意思，指通过主试与被试双方面对面的观察、交流等双向沟通方式，了解被试素质、能力与求职的动机的一种选拔技术。广义地说，面试考官通过与被试直接交谈或置被试于某种特定情景中进行观察，从而完成对其适应职位要求的某些能力、素质和资格条件的测评的一种方法。因此，广义的面试也包括情景模拟和现场测评等方法。面试有五大要素，即被试、主试、测评内容、实施程序、面试结果。与笔试相比，面试的优点是考察内容深入、广泛、灵活，持续时间较长，有效防止舞弊，可测试多方面能力；但缺点是随意性较强、实施过程不规范、评分客观性和一致性较差，所以对主试一定要加以规范的训练才行，否则会导致两个被试评分结果大相径庭，有失公平。面试的种类有很多。根据面试的结构化程度可分为结构化面试和非结构化面试；根据对面试的控制方式可分为一对一面试与多对一面试，连续性面试与一次性面试，计算机面试与人工面试。

（4）情景模拟。情景模拟是现代人才测评中最具特色、最复杂的一项技术。它是根据被试可能担任的职位，编制一套与该职位实际情况相似的测试项目，将被试安排在模拟的、逼真的工作环境中，要求被试处理可能出现的各种问题，来测试出其心理素质、实际工作能力及潜能的方法。这种方法一般由专家来指导进行，成本较高，通常在高级管理人才选拔中使用较多。

情景模拟法综合运用了各种人员测评技术，但这些技术并不是情景模拟法的主要组成部分。情景模拟法的一个重要特征就是在情境性的测验中对被试的行为进行观察和评价。情境性测验通常是将被试置于一个模拟的工作情境中，采用多种评价技术，由多个主试观察和评价被试在这种模拟工作情境中的行为表现。情境性测验有各种各样不同的形式，其中最普遍使用的情境性测验主要有无领导小组讨论、文件筐或公文处理测验、角色游戏、演讲、模拟面谈及案例分析等。

1.2.3.3　员工的录用

通过对职位候选人的选拔评价，可以得到关于他们的胜任表现的信息。根据这些信息，可以做出初步的录用决策。最终的录用结论应由用人部门的主管、人力资源部门的专业人员及企业管理者共同讨论决定，同时还应遵循以下程序和原则。

1）员工录用的程序

（1）职前训练。通常来说，新员工刚进入企业的时候，往往会因环境陌生而出现心理紧张的感觉，以致其无法正常发挥出原有的能力水平。因此，职前训练的内容虽然依工作内容、训练对象的学历及岗位要求不同而有所不同，但其训练的目的均是帮助员工尽快适应新环境。

（2）试用。试用的目的一方面是使主管了解新员工的工作能力、潜力、工作态度及其个性特征，另一方面也使员工可以了解工作的内容和企业的要求，建立良好的人际关系。试用期一般根据工作性质与员工工作能力而异，可为 1～3 个月，最长不超过 6 个月。

（3）考核。新员工试用期满之后，由主管对其进行试用期考核，以确定其表现的绩效是否符合组织要求。若不合格，则延长试用期；若延长期考核仍不合格，则解职。

（4）正式任用。若试用期考核合格，组织则批准对新员工予以正式任用。人力资源部门把正式入职的员工信息录入员工信息管理系统，与新员工预先约定时间到公司正式入职。

（5）让新员工填写档案登记表，并与新员工签订劳动合同，办理各种福利转移手续。

2）员工录用的原则

（1）因事择人与因人任职相结合。因事择人强调人员录用必须按照岗位的特性，根据工作的需要来进行。因人任职指结合每个人的能力特点、个性差异来安排相应的职位。把因事择人与因人任职相结合，可以大大提高人力资源的利用率。

（2）平等竞争原则。对所有报考者，应当一视同仁，不要人为地制造各种不平等的限制。对合格人员应该采用竞争录用，择优录用。

（3）慎用过分超过任职资格条件者的原则。在坚持平等竞争、择优录用原则的同时，还必须谨慎录用那些过分超过任职资格条件的人。一般而言，任用一个知识、经验、技能和素质水平远高于工作要求的候选人，未必是一件好事，因为若录用后其要求（包括工资待遇、工作条件与环境等）过高，那么其流动的可能性也会相应增大。这里讲的是"慎用"，并非简单不用，而是要与候选人的工作动机和素质等因素密切联系，进行判断和决策。

（4）重工作能力原则。在合格人选的基本条件差不多的时候，以往的工作经验和工作绩效应是主管决策时所看重的条件。也就是说，在其他条件相同或相似时，工作能力优先。

（5）工作动机优先原则。在合格人选的工作能力基本相同时，候选人希望获得这一职位的动机强度是主管决策时所注重的又一个基本点。个体的工作绩效一般取决于个体的能力和积极性两个因素。如果两个人的能力基本相同，积极性却很不相同，那么两个人的工作绩效则必然不同。

阅读资料①

帕金森定律

官场上有一个著名的帕金森定律很能说明人员配备上的误区。帕金森说，假设

① 郑晓明. 2003. 现代企业人力资源管理导论. 北京：机械工业出版社：225-226.

有个当官的甲，他觉得自己劳累过度，那么究竟真是他的工作任务太重，还只是他自己的主观感觉？应当指出，若甲的感觉确是来自他的体力不支，他便只能在以下三种补救方法中选择一种：方法一，他辞职；方法二，要求同事乙来帮助；方法三，要求增加助手丙和丁。按人们的习惯，恐怕甲必定会选择方法三。

因为，如果他辞职，则他个人会失去应有的养老金等利益；如果他请来与自己同等级别的乙，等到日后他的顶头上级退了休，岂不是在自己晋升的道路上树立了竞争对手？因此，甲宁可选择级别比自己低的丙和丁来归他领导，何况丙和丁的到来等于提高了他的地位。他可以把工作分为两份，分别交给丙和丁掌管，自己成了唯一掌握全面情况的人。那么，他能不能只选丙或丁其中一人来分担他的工作呢？那是不行的。因为，如果只选丙或丁其中一人，那么，此人几乎充当了原本就不想要的乙的角色；此人将成为唯一一个可以顶替甲的人。所以要找助手就必须找两个或两个以上，这样他们可以相互制约，牵制对方的提升。有朝一日，当丙也抱怨工作疲劳过度时（毫无疑问，甲必然会想到），甲就会与他商量，再给他配上两名助手戊和己。鉴于丁与丙的地位相当，为了避免矛盾，甲只能给丁也配上另两名助手庚和辛。于是在补充了四名助手之后，甲的晋升就十拿九稳了。如今，甲过去一个人的工作由七个人在做。“金字塔在上升”—— 这是帕金森定律的结论。

2　员工内部流动管理

员工一旦进入企业，他们就有可能在企业内部进行流动（包括内部调动、岗位轮换、晋升、降职），以适应企业的需要和满足自己的职业生涯发展需要。

2.1　内部调动

内部调动是指员工在企业中横向流动，在不改变薪资和职位等级的情况下变换工作。一般说来，这样的流动并不意味员工的晋升和降职，但却与员工的职业生涯发展密切相关。例如，平调可能是为了使员工获得进一步晋升所需的经验而做的特别安排，也可能是对员工的一种变相的升职或降职处理。值得注意的是，企业应对调动有明确的管理规定，包括企业要求调动时，应该给员工多长的时间准备、企业支付调动费用的条件及支付方式和支付金额；员工提出调动时，应提前多长时间通知企业，企业应该在什么时间范围内批复员工的调动请求。这样，企业和员工就可以将调动造成的损失降到最低，并且可以使企业避免由调动可能带来的法律诉讼问题。

调动可以由企业提出，也可以由员工提出。

企业提出调动主要有三方面原因。第一，调动可以满足企业调整组织结构的需要。在当今激烈竞争的环境中，企业的发展或变革经常会带来组织结构的调整，需要设立某些新部门，或是撤除一些老部门。当组织结构发生变动时，企业会对员工进行非提升性的调动，为了留住有价值的员工，企业会将那些原工作部门被撤销的员工安置到其他的工作岗位上去。第二，为了使企业中更多的员工获得激励。传统的企业等级呈现为金字塔结构，高级职位总是比低级职位少，这样就会使很多员工没有晋升的机会。对于那些工作出色但又得不到提升的员工来说，日子久了会因得不到激励而丧失工作热情，甚至消极怠工，不思进取，给企业带来较大的负面影响，尤其是一些核心研发人员若颓废不前，则影响更大。这时，企业会利用工作调动来为他们提供实现工作多样化，从而实现自我发展的机会。现在，越来越多的企业在进行组织的扁平化改革，通过减少管理层级来提高工作效率，在这种情况下，具有丰富多样的实践经验成为获得提升的必要条件，内部调动不仅可以通过实现员工工作的多样性来激励他们，而且还帮助他们为提升做准备。第三，内部调动可以使晋升渠道保持畅通。对于企业的一些有价值的员工来说，如果晋升通道被一些生产率虽然很高，但却不可能被提升的员工堵塞，且不及时疏通，那些有价值的员工可能会另谋高就。因此，为了保持晋升渠道的畅通，企业就可能会对那些不具备晋升潜质，但对企业仍然有价值的员工进行内部调动。

个人提出调动的原因有很多。例如，员工结婚、生育、生病等都可能导致工作地点的变动；又如，员工出于个人偏好产生调动的愿望，这些偏好有的是对工作地与居住地之间距离的偏好，有的是对居住环境的偏好，还有的是对气候的偏好等；再如，员工出于工作方面的原因（包括为丰富个人工作的内容、从事自己更感兴趣的工作或者在更适合自己的工作时间工作等），提出调动工作的要求。如果企业不能满足员工的这些要求，员工就可能会辞职。

另外，内部调动也是处理劳动关系冲突的有效方法。在员工关系中，一些员工与管理者之间、员工与员工之间都存在由于各种原因（如个性、年龄、兴趣等）不能和谐相处的情形，而同时处于冲突中的双方对企业而言都是不可或缺的，这样通过工作调动而使冲突的双方或一方分离开不失为解决冲突的一种有效方法。

2.2 岗位轮换

岗位轮换是指企业员工在企业各个部门之间进行流动。岗位轮换是由德国克虏伯兵工厂的一名工人首先提出来的。他认为，如果让在流水线上工作的工人定期轮换岗位，可以使他们对工作保持新鲜感，这样就会提高生产效率。但是这一建议在刚实施时并没有取得意想的效果。之后一名技术工人提出应让所有工人的轮换错开，不能让他们在同一时期一起轮换。在企业采纳了他的建议后，岗位轮换才真正提高了生产效率。岗位轮换后来成为一个可以在组织各个部门之间、不同类型员工之间实施的员工流动方法。

一般情况下，企业培养了一名员工（无论是操作工人、管理者还是研发人员）后，为了保持相对的稳定，提高劳动生产率，总会竭力使他们留在相应岗位上，不做大的变动，希望员工一辈子都从事这项工作，从而为企业节约大量的培训费用，使员工具有较高的熟练程度，保持较高的劳动生产率。然而这种想法是错误的，企业中的许多员工正是由于岗位本身的问题而变得生产率低下，或因此而离开企业。岗位轮换是一种有效地依靠员工在企业内部的流动来创造价值的方法。国内外许多企业都采用了这种方法。例如，为了让员工保持最佳的工作状态，英特尔公司经常让员工进行岗位轮换。2002年在该公司的6.7万名员工中，有10%的员工进行了内部轮岗。这种做法让该公司始终保持一种“流动”状态，因为公司一直在超速运行，其产品开发升级仅用6个月。每个身处其中的员工也被要求有极强的适应力，如果做不到这一点就无法在公司里生存。①

2.3 晋升

晋升是指企业员工由于工作业绩出色和组织工作的需要，沿着组织等级，由较低职位等级上升至较高等级。对员工来说，晋升是一种积极的成就，可以使他们具有更高的职业工作地位并承担更重要的责任，同时也可以为他们带来更高的薪资福利。所以，一般来说，合理的晋升管理可以对员工起到良好的激励作用，有利于员工队伍的稳定，避免人才外流。另外，合理的晋升制度的制定和执行，还可以激励员工为达到明确、可靠的晋升目标而不断进取，致力于提高自身能力和素质，改进工作绩效，从而促进企业效益的提高。可见，晋升管理工作直接关系到企业队伍的积极性和士气，其重要意义不可忽视。

有效的晋升管理应遵循以下三个原则。

第一，晋升过程正规、平等和透明。正规，指的是晋升的过程应遵循一定的制度和程序，让企业成员普遍知道这些制度和程序；平等，指的是给组织的所有成员以平等的晋升机会，并且在执行和判断晋升条件和标准时应该一视同仁；透明，指的是将空缺职位及整个选拔过程公之于众。

第二，晋升选拔重视能力。在许多企业中，晋升选拔时论资排辈，这样做虽然容易操作且有利于提升员工对组织的忠诚度，但会使年纪轻、资历浅的员工受到压制，使他们的才能和生产效率得不到发挥和提高，甚至会导致他们的跳槽。在企业员工构成趋于年轻化的情况下，仅以资历作为晋升选拔的标准就更不可取，而应该重视能力，适当考虑资历，做到不拘一格降人才。晋升是对组织成员特别有效的一种激励工具，以能力为重的晋升选拔标准更有利于年轻员工的快速成长，更能激发

① 吴单. 2008. 英特尔用工作调换保持员工最佳工作状态. 企业改革与管理，（10）：88.

他们的积极性，促使他们努力提高自己的才干，争取更高的生产率。

第三，对能力的评价要注重对员工技能、绩效、经验、适应性及素质等因素的综合考察。企业在做出晋升决策时，必须对员工的目前工作绩效及发展潜力做出评价。如果企业做得规范，则对员工过去的工作绩效进行界定和衡量是相对容易的，因为工作分析很清楚，工作职责和目标也是确定的，只需运用一两种绩效评估对员工的工作绩效进行记录即可。但对员工发展潜力的评价就需要综合考虑他的资历、适应性及能力等各方面因素了。一个技能很强的人不一定有从事管理工作的经验和心理素质，一个有经验并且具有很强技能的人不一定善于领导别人。所以，对员工晋升资格进行评价时需要借助一些测试方法来评价该员工的可提升性，判断其在各方面的发展潜力，尤其是在管理方面的潜力。这样对候选人的技能、绩效、经验、适应性，以及素质等因素做出综合的评判，有利于下一步晋升决策的确定。

尽管晋升有许多好处，但其也有不利的一面。这主要是由于不当的晋升常常会成为企业管理层与员工之间矛盾的根源。一方面，管理层既要满足员工的晋升需要，同时又必须保证被晋升的员工有相当高的工作效率；另一方面，员工渴望能够在晋升决策中参与意见，尤其是对他们的直接上级的选择，因为这些人选直接关系到他们的发展前途。另外，在员工的晋升管理中，还要注意能干不一定是晋升的条件。能干是指善于完成目前的工作或任务。有时，组织往往把晋升当作奖励能干的一种措施，实践证明，这其实是一个错误的认识。因为能干的人是适合于从事目前工作的人，一旦晋升，很可能就把一位能干的人变为一位不能干的人了。例如，某企业有一位明星推销员王某，每年的销售额和销售利润都雄踞榜首。当该企业销售部经理要退休时，总经理任命王某为销售部经理，原指望他以自己丰富的销售知识和卓越的销售技巧带动其他推销员，但事与愿违，王某一点儿不善于管理，半年下来，整个销售部业绩明显下降，众多推销员怨声载道，王某自己也十分苦恼，总经理不得不撤换了他。

通常，晋升的具体条件至少应包括三点：①有一定的管理才能；②晋升后发挥的作用比原来更大；③有利于调动大多数员工的积极性。

在本章的引导案例中，涉及一个人员出缺如何递补的问题。虽然这并没有一个绝对的标准，但是在一个业绩不错的部门或科室里，能够升任的人选应该比较容易物色，所以应以内部晋升为第一考虑。企业应制定一套规则作为晋升的执行标准，依制度行事，公平竞争，可以省去困扰的人情关系，更可消除没必要的猜测。从内部晋升，对下属来说比从外部空降的可接受度要高。

2.4 降职

降职是一名员工在组织中向更低职位的移动。相应地，员工的工作责任降低了，收入也降低了。管理者常常利用降职来代替解雇，因为降职是一种比处罚重比解雇轻的措施。这一方法与晋升相反。晋升是员工在企业中职位等级的向上流动，而降职是向下流动。降职大多是对一名工作多年的员工进行处理时使用的。这名员工有可能过去多年的工作绩效一直令人满意，但后来由于多种原因其工作效率开始下降，不再适合做这种工作，或不再愿意长时间地按要求工作。

企业在使用降职政策时会十分谨慎，因为一个人在被降职时往往会情绪激动，感觉愤怒、尴尬、自卑和失望，其工作效率下降得更明显，这可能会给其他同事带来消极影响。用来减轻由降职引起的精神创伤的方法是建立试岗期。在试岗期间，允许被调整职务的员工尝试新的工作岗位，如果他不能胜任，就将其退回原岗位，这时该员工就不会被看成是降级了。有的时候，由于公司裁减或组织结构扁平化的要求，一些职位会被撤销，那些原本在其职位上有价值的员工就会面临不能在原来职位继续留任的情况，如果公司不希望失去这些有价值的员工，就可能将其安排到一个较低的职位，但保留其原来的薪资待遇。

3　员工流出管理

企业员工向企业外的流动比流入更为复杂。从定义上看，员工流出是指，一个从企业领取货币性报酬的人中断作为企业成员关系的过程。从流出的形式看，员工的流出有改变工作单位而不改变职业的流动；有跨行业的流动，既流出了原企业又流出了原行业；向企业外的流动还可以伴随地区之间的流动。从员工流出企业的意愿来看，有非自愿流出、自然流出和自愿流出之分。本部分就是按照从员工流出企业的意愿这种划分方式对企业员工的流出进行讨论的。

3.1　非自愿流出

顾名思义，非自愿流出就是指由于各种原因，由企业一方先提出让员工离开，而并非员工自己主动提出流出企业的情况。非自愿流出包括解雇、人员精简和提前退休。

3.1.1　*解雇*

尽管企业通过员工规划对企业员工的现状和未来进行了尽可能详细的了解和预测，通过人员招聘与甄选对员工的素质、潜能进行了大量的鉴别工作，并在员工进入企业后通过绩效考评和教育培训等活动对改进员工的素质、技能，以及工作绩效进行了大量的努力，但是还会由于市场变化的偶然性或者一些员工无法达到要求的绩效水平而进行裁员（也即解雇一些员工）。由于是非自愿流出，所以解雇政策的实施有可能会带来一些危险。首先，危险可能源自经济方面，如一些解雇行为可能会引起被解雇员工的控告。其次，危险还可能源自人身方面。这是因为职业常常是一个人全部的经济来源，当被解雇时，他们受到的压力较大，遭受的打击也很大，可能会引发一些极端的行为，如暴力冲突，造成极大的人身伤害。因此，企业在采取解雇措施时应格外小心，并通过遵循一些原则来尽量避免不良后果的出现。

第一，保证公平。企业往往愿意留下那些有价值或者说是绩效更好的员工，同时这也是对被解雇员工的工作绩效的极端否定，这是他们不愿看到更不愿接受的事实。但是，如果企业让他们明白自己被解雇的真实原因，并且这种原因是基于公平的评价或筛选，那么他们可能更容易接受一些。公平包括三种：结果公平、程序公平和人际公平。对于解雇管理来说，三种公平都需要有一定的制度做保障。

第二，采取缓解措施。除了某些极端的情况，因员工绩效不佳或过失而导致的解雇不该突然发生，应该在他们有被解雇的苗头出现时事先提出警告，而且这种警告有时要不止一次地提出。这样，一方面可以缓解员工被解雇时的激愤情绪，另一方面当存在问题的员工最终被解雇时，他们控告企业的机会也就大大减小了。另外，企业还可以通过其他一些方式，如为被解雇的员工提供一些再就业的咨询，或者推荐他们到别的地方就职等来缓解解雇带来的不良后果。

3.1.2 人员精简

人员精简是一个包括人事裁减、招聘冻结、组织重组和兼并的术语，它是在广泛的实际运用中获得认可的，而不是因理论界精确构建的模型而被认可的。人员精简是企业管理方为降低成本而采取的一系列行动，重点领域可能是降低劳动力成本、货币成本，也可能是时间成本或技术成本。通常，人员精简主要是裁减企业的劳动力规模。

企业对人员精简管理的特征主要表现在其特殊的目的性、人事政策性、效率性和对工作过程的影响方面。

（1）目的性。人员精简是企业有目的地采取一系列改善企业绩效的行动，这些行动会影响企业劳动力的规模、企业的经营成本和工作过程。它们不是由外部原因引发的，这与由经济危机、丧失市场份额、收入减少而造成的企业衰退是不同的。人员精简与由绩效不高和环境变化而引发的裁员是不同的。

（2）人事政策性。人员精简常常与人事方面的减员政策相关联，但又不仅仅是人事的减员。人员精简是通过一系列的人事减员政策来达到预期目标，如工作调动、岗外安置、退休刺激、临时解雇等。人事减员可能涉及全公司，也可能仅仅发生在公司的某些部门，并影响到公司的其他部门。而人员精简并不涉及人事的减员，如由于组织开始生产新产品，或者创立了新部门，劳动力规模却没有扩大。所以，组织虽然扩大了生产，却没有增加就业，这实际上就等于在没有进行人事减员的基础上实现了人员精简。

（3）效率性。人员精简的核心作用是提高企业的效率。通过人员精简，企业控制了成本，增加了收入，培育了竞争力，从而提高了效率。因此，企业经常在衰退的时候把人员精简作为一种防御战略，以克服财政危机；而在激烈的竞争中将其作为一种前导性的、提高企业绩效的进攻战略。

（4）对工作过程的影响。人员精简总是会对工作过程产生影响，当劳动力规模减小后，工作量并没有变化，而从事这些工作的员工的数量却减少了，因此员工需要完成的工作和完成工作的方式都要受到影响。如果在人员精简过程中管理不当，那么就可能出现工作负担过重、疲劳过度、低效率、工作冲突和士气低落等负面影响。如果管理得当，则可能出现工作绩效改善、生产率上升等积极影响。当人员精简活动包括组织重构或岗位淘汰的时候，工作过程的变化就大了，即使该工作不是人员精简活动的重心，其工作过程也会或多或少地受到人员精简的影响。

3.1.3　提前退休

提前退休是指员工在没有达到国家或企业规定的年龄或服务期限之前就退休。提前退休常常是由企业提出来的，目的是提高企业的运营效率。一般来说，提前退休者的退休金根据提前时间的长短而逐年减少。提前退休是当今许多企业在面临市场激烈竞争时，为使自身重现活力而采取的用于管理员工流出的一种很流行的选择。

对企业而言，提前退休不仅可以在企业面临大量裁员抉择时缓解裁员压力，并且能够为年轻员工的晋升打开通道。但是对于这种做法也有一些人持反对意见。一些学者认为，提前退休是对传统退休制度的破坏，它剥夺了国民的工作权利和自由意志，退休年龄的提前使大量有用的劳动力脱离劳动力市场，不但浪费了大量有用的人力，而且使国家经济遭受损失。在人的寿命普遍增加的当今社会，一名员工在身强力壮、学识积累和经验日益增加的时候，被强迫退休，无疑是“化有用者为无用者”，增加政府的负担。[①]

3.2　自然流出

自然流出的形式有多种，如退休、伤残、死亡等，这里只讨论第一种情况，因为后两种情况多是偶然性的，且占比较小。

企业大部分员工是以退休的方式离开企业的。退休是建立在员工达到一定年龄

① 金延平. 2003. 人力资源管理. 辽宁：东北财经大学出版社：208.

并为组织服务了一定的年限的基础上的，员工可以根据企业的内部政策及当地政府的一些规定来享有退休金。企业做好退休管理也有着极其重要的意义。首先，一个良好的退休计划可以使退休者顺利完成从工作状态到赋闲在家的各方面转变。其次，它对现有的在职员工也能起到一定激励的作用，使他们安心工作，无后顾之忧。最后，更重要的是，良好的退休计划还可能成为企业外部人才加盟进来的引力。

一般来说，退休常常会带来强烈的感情波动。因为对大多数员工来说，退休是他们生活的一个重大的转变，一下子从长期的工作状态转变为赋闲在家无所事事，心理上和生理上都会产生巨大的变化，使他们感到不适应。虽然退休是他们职业生涯的顶点，退休后不用再为工作上的问题操心忧虑，可以放松下来，好好享受一下自己一生职业生涯积累下来的劳动成果。但是，事实上，他们中的大多数人都会有一种归属感和自我价值迷失的感觉，而这种迷失的感觉会让他们无所适从。企业的退休管理一般都是针对他们这些情况开展的。具体来说，主要有两方面：一是为退休者提供与退休相关的信息，如退休后的分配、住房、家庭关系处理、态度调整和有关的法律事务方面的信息；二是为员工提供心理支持，有些企业还会将原来的退休者请回来，让他们为面临退休的员工介绍经验并解答即将退休者的疑问，有些企业还会提供一些关于健康、心理、休闲的咨询。美国曾进行的一项调查显示，大约30%的企业已经制订了正式的退休准备计划，最常见的退休准备计划的基本做法包括说明各项社会保障福利、休闲咨询、财务与投资咨询、健康咨询、生活安排、心理咨询、公司外第二职业咨询、公司内第二职业咨询等。另外，企业鼓励退休员工进行兼职工作也成为当今社会的一种趋势，作为正式退休的一种变通方法，这种做法在员工的职业生涯管理中可予以考虑。①

3.3 自愿流出

员工的自愿流出，对企业来说是一种损失，因此它又被称为企业员工的流失。

按照员工与企业之间的隶属关系来划分，员工的流失可分为两种：一种是指员工与企业彻底脱离工资关系或者说员工与企业脱离任何法律承认的契约关系的过程，如辞职、自动离职；另一种是指员工虽然未与企业解除契约关系，但客观上已经构成离开企业的事实的行为过程，如主动型在职失业。主动型在职失业是指员工个人在保持在职的条件下对失业不太在意的一种情况。主动型在职失业这种做法在国有企业员工中采用得较多，这些员工一般都在积极从事着第二职业，并不在意因失去这份工作而带来的收入减少。

① 葛玉辉，宋志强. 2011. 职业生涯规划管理实务. 北京：清华大学出版社：193.

3.3.1 流失员工的特点及影响

流失员工多是一些已经或将来能够为企业形成竞争优势的企业人才。从总体上看，他们往往能够创造、发展企业的核心技术，建立和推动企业的技术和管理升级，扩大企业的市场占有率和提高企业的经济效益。随着国外企业的渗入，对人才的争夺愈加激烈，那些流失员工则变成了市场争夺的对象。那些掌握一定资源的员工为了能够充分发挥自身的优势而加快了流动的步伐，一旦他们发现当前的工作环境不再适合自己的发展或待遇不公就会另谋高就。

流失员工承担的工作很多是依赖知识而不只是外在条件或工具，他们在复杂多变和不完全确定的环境下进行创造性的工作。

流失员工可能使企业面临巨大的损失。一些有价值员工的流失可能意味着大量行业信息和科技成果的流失，或者一个产品、许多用户，甚至一片市场被带走，或使原来的生产和研发计划不能实施、商业秘密泄露、其他员工积极性遭受挫败等。上述任何一种情况的发生都可能会给企业带来无法估量和难以追回的损失。

员工的流失不论对社会、企业还是流出者来说都是至关重要的，它不仅是个人动机或行为的具体体现，而且通过个人动机或行为过程间接地反映出企业内部或外部诸因素对其个人行为过程所产生的影响，并反过来对社会、企业及个人都会带来一定的后果。在这里，我们主要讨论对于企业来说，员工的流失所产生的不利影响。

第一，无形资产的流失。企业间竞争激烈，企业的生存与发展有赖于各类员工尽心尽力，发挥其聪明才智，团结一心，精诚合作。其中，优秀的技术人才能确保企业的技术优势，增强企业的核心竞争力；既懂技术又精通市场的销售人员能确保企业的市场优势，提高产品的市场占有率；而高水平的管理人员则能确保企业稳定发展，协调各方面工作，指明企业的发展方向。如果这些人员流失，势必会给企业带来巨大的损失。

第二，员工流失使企业成本增加。为了补充和弥补员工流失所造成的空缺及损失，企业不仅要支出大量的费用，耗费一些人力、物力、时间和投入，招聘急需的人员，还要对新进人员进行培训，使其熟悉并掌握工作内容，诸如此类都会使企业成本大大增加。

3.3.2 影响员工流失的因素分析

员工流失是多种因素综合产生的结果，一般可以分为外部宏观因素、企业因素和个人因素三种。只强调其中的任何一种因素都会导致对员工流失的偏颇理解。但是如果从企业的角度来看，企业因素可以由企业来控制和把握，个人因素可以由企业来施加影响，但宏观因素是企业不可控制的。因此，在我们以提高企业经营效率为出发点进行研究时，可以看到，宏观因素虽然有着不可忽视的影响，如经济状况不佳、就业机会不多会导致企业的员工流失率下降，但是它的不可控性使得它对企业的实际管理不具备可操作性。因而，这里仅在以企业效益为目标的基础上讨论员工流失的企业因素和与个人因素。

1）企业因素

（1）工资水平。可以说工资水平是决定员工流失的所有因素中最重要的影响因素。工资的稳定增长有助于稳定员工队伍，但有时工资的下降也会在一定意义上稳定员工队伍，如在特殊时期发生的工资的轻微下滑，往往被员工认为是经济周期萧条阶段到来的标志，从而使其从追求较为满意的工资待遇转变为期望稳定工作。

大多数的自愿流出者是为了谋求比原来薪水更高的新工作，当存在较高的通货膨胀和较大的工资增长压力时，员工对高收入的追求将更显著。对工资水平的研究不能仅停留在问题上，因为它不能揭示企业中可能存在的工资分配上的不公平性。要看到工资和员工投入之间的关系，以确定工资水平是否公平。

（2）职位工作特点。职位工作特点的重要性显而易见，较好的职位设计可以让员工拥有更高的工作满意度，从而降低其离职率。这包括工作任务的多样性、挑战性，工作时间的灵活性，职位的自主权和责任等。

（3）企业管理模式。在员工流失问题研究上取得卓越成就的美国专家普莱斯研究发现，如果员工愿意参与企业的决策活动，到企业的群体中去获得信息，那么企业集权化越高，员工流失率也就越高；企业内成员之间的相互融合程度及信息交流的畅通程度越高，员工流失率越低。①

（4）企业对员工流失的态度。一个企业可以把自己企业中的员工划分为两种：一种是可以被储备起来的员工，或者说应该被储备起来的员工；一种是可以流动的员工。那种充分利用被储备的员工进行经营活动的企业则可以被称为“储备型经营企业”；而那些利用员工流动进行经营的企业则可以被称为“流动型经营企业”。在后一种企业中，企业所需要的员工大多数是由短期劳动力市场提供的，企业以“租赁经营”的形式来雇用这些员工，流动率较高。在我国，有相当多的外商投资企业就是采取的这种雇用策略。

2）个人因素

（1）工作满意度。工作满意度是由个人对本职工作的期望与其工作实际状况之间的差距程度决定的，包括个人在工作价值观上的感知差异和个人对其工作多方面因素的综合感觉。一般而言，工作满意度和员工流动呈负相关。但值得注意的是，单独用整体的工作满意度不能说明问题，员工对工作的满意度还需更细致地划分，应充分考虑员工对工资、晋升、职位内容、工作中的合作者、上司工作条件等六个方面的满意度。此外，仅仅考虑与员工职位工作相关的满意度是不够

① 吴宏. 2000. 企业雇员流失的原因，后果与控制措施探讨. https://www.docin.com/p-816649867.html[2000- 10-18].

的，还应该看到员工感知到的企业外的职位机会对其满意度的影响。

（2）职业生涯抱负。某一职位能否实现员工的职业生涯抱负也影响着员工是否会产生流动意向。例如，一个软件设计者虽然现在对其职位工资、公司、同事和晋升机会都很满意，但是现在的职位却不能实现他的梦想——开设自己的软件设计公司，因此他也可能会流出企业。相反，一个接受了管理培训的人，也许对这一职位所能提供的工作安排、工作内容等都不满意，但是由于他看到了更长远的改善机会和将来的职业生涯机会，而没有选择从企业中流出。

（3）对企业的忠诚度。员工对企业的忠诚度至少有3个特征：很坚定地相信并接受企业的价值观和目标；自觉地为了企业的利益而付出努力；具有很强烈地保持该企业员工身份的愿望。对企业的忠诚度与员工流失之间呈负相关。

（4）对寻找其他职位的预期。不同的员工对于企业外面的职位机会的感知是不同的，有的员工能够比较充分地获得各种各样的信息，有的员工则缺乏这方面的才能。员工对寻找其他职位机会的预期会直接影响他的流动意向。因此，企业应该加强这方面的管理，引导员工正确认识其现任职位工作的价值和未来的发展机会。

（5）压力。美国学者舒勒在他著名的关于工作压力的文章中把压力定义为一种动态的条件。在这种条件下，个人面临着一种机会、一种限制或者一种要求，他必须进行他希望进行的工作，但是他不知道进行这一工作或解决这一问题的方法，而他却知道这无论如何都将导致重要的结果。[①]由此可见，压力可能带来员工的流失，企业可通过这方面来把握员工的行为。

（6）员工所属的劳动力市场。如果一个人的工作属于全国性的劳动力市场，那么他就可能在较大的区域范围里寻找工作机会。互联网、全国性的报纸职业广告、各地招聘会、就业机构等都可能使员工离开工作岗位。如果一个人属于地方性劳动力市场，那么他就很难在其他地区寻找到更好的工作。

应该说明的是，上述这些因素并不能显示某个具体员工是否可能流出和为什么流出，而是在说明它们在问题上存在一定的关系，对于这些因素的分析，只能是在把企业看作一个整体的前提下，而对每一个独立的员工个体而言，这样的推断是不可取的，应具体问题具体分析。

由于控制员工流失涉及企业人力资源管理的每一个环节，因此要减少员工流失，实际上需要对各环节都进行有效的管理。员工流失是企业人力资源管理质量的最直接反映。企业发生高流失率是员工不满的客观反映，是企业缺乏稳定性的表现。鉴于这个问题的复杂性和多面性，本书第四章将进行专门讨论。

---

① 孟令熙. 2004. 公立高中教师流失类型分析及对策研究. 天津市教科院学报，（3）：27-30.

思考题

1. 企业员工流入管理在整个员工流动过程管理中占有何种地位?
2. 比较员工招募的内部渠道与外部渠道的优缺点。
3. 员工录用过程中应注意哪些原则?
4. 对于员工的退休管理,企业能提供什么样的服务和帮助?
5. 企业在进行员工的解雇管理时,应注意哪些问题?
6. 有效的晋升管理应遵循的原则是什么?
7. 自愿流出企业的员工具有哪些特点?

案例讨论①

思科系统公司招聘人才的独特策略

思科系统公司 1984 年成立,总部在美国加州圣何塞,是一家标准硅谷模式的高科技公司。思科系统公司的创业资本是高技术专利,公司很快实现了财富的积累,也聚集了大批高技术人才,截至 2019 年 7 月底,思科系统公司在全球共有 75 900 名员工。2019 年,《财富》将思科系统公司列为美国 100 佳工作场所的第 4 名。

思科系统公司在招聘人才方面具有独特的策略。

(1)思科系统公司的大门始终对优秀人才敞开。思科系统公司的招聘广告是"我们永远在雇人"。对于优秀人才,思科系统公司永远有兴趣。思科系统公司在互联网领域发展得非常快,以致整个业界人才的供应跟不上思科系统公司成长的速度。

(2)让所有员工都成为猎头代理。思科系统公司的招聘方式是全面撒网,报纸招聘广告、网站、猎头公司、人才招聘会等都用上。面对思科系统公司每年以 60%的增长速度对人才张开的巨口,这些方式都显得不够得力。思科系统公司经常到 IT 界专门的人才会议中做人才资源收集工作。对思科系统公司来说,最有效的谋划是用猎头公司,成本虽高,但是面对大量高技术人才缺乏的状况,思科系统公司还是有大概 40%的员工是猎头公司找来的。思科系统公司还有大概 10%的应聘者是通过员工互相介绍进来的。思科系统公司有一项特别的鼓励机制,即鼓励员工介绍他人加入思科系统公司,方式有点像航空公司累积旅程。思科系统公司的规定是:介绍一个人来面试就给一个点数,每过一道面试关又增加一个点数,这些点数最后累积折合成海外旅游。如果员工最后被公司雇用,则介绍者还会得到事成的奖金。

① 佚名. 2019. 招聘与筛选试卷 A.案例分析:思科招聘人才的独特策略. https://max.book118.com/html/2019/0128/7104026044002004.shtm[2019-01-28].

这是思科系统公司创造性的做法，目的是让所有员工都能成为猎头代理，把合适的人介绍到公司来。

（3）进入学校培养员工。思科系统公司的发展速度要求员工能够自己很快独当一面，所以对应届毕业生使用得比较少。思科系统公司从1999年开始在一些大学设立虚拟的网络学院，通过提供一些设备和课程，让学生熟悉互联网环境，而且为学生提供一个笔试的思科网络工程师认证，让学生对互联网有个基本的了解。思科系统公司从通过笔试的学生中挑选一部分做见习员工。另外，思科系统公司也在学校开始一些助理工程师的培训，这些学生毕业后再经过半年到一年的培养，就可以成为思科系统公司正式的工程师了。

（4）人人都需要有领导的特质。思科系统公司除对应聘者有基本条件的要求外，还要求其有领导的特质。因为在思科系统公司，每一名员工都是一个单兵作战的单位。例如，思科系统公司的系统工程师不是简单做产品规格，他们可能还要到客户那里去做报告，这就需要其有较好的表达能力。所以思科系统公司在招聘时会考虑应聘者的综合素质，需要其有领导的特质，要求其对工作和客户的需要都能有敏锐的反应。思科系统公司的业务不是做一次性买卖，而是与客户建立一种长久的关系，公司需要员工能够感觉得到客户的需求，这样的敏感度和成熟度必须反映到每名员工身上。

（5）对应聘者严格把关。到思科系统公司应聘主要是通过面谈。招聘的大致经历是先挑选简历，然后用人部门直接安排时间与应聘者面谈，应聘者进入思科系统公司一般最少要跟5～8个人交谈，任何职务都要经过这个过程。

思科系统公司曾经给员工推出一项培训，让招聘者学会专业的面谈技巧，所有的招聘经理都要学习这个课程。如果这个课程你很早就学过，那么以后还要复习，目的是让招聘者保持敏感度。在面试的过程中，应聘者需要通过很多项目的交谈，每个招聘者都要有一份面谈记录，他们面试完应聘者后还都会有一个评价记录。思科系统公司实行的是全体通过制，如在8个负责招聘的人中如果有一个人说no，那么应聘者就没有机会被录用。

（6）广泛征求应聘者的意见。思科系统公司非常重视面谈的开始和结束，招聘者不仅要懂得问什么问题，还要给应聘者提供一个愉快的环境，不要让应聘者等太久。招聘者有一个责任是在面试程序结束后做总结，所有招聘者面试结束后都会问那些应聘者，有什么环节他们做得不好，希望应聘者对此次面试提出意见。如果多个应聘者对招聘者在同一问题上的意见一致，那么思科系统公司内部会针对应聘者提出的问题做修正。另外，思科系统公司还会对那些应聘者进行电话跟踪，并附给他们正式表格，让应聘者谈谈对上次面试的看法，以起到对自己的招聘工作有一个监督作用。

讨论题

1. 思科系统公司招聘人才的策略的独特之处主要体现在哪些方面?
2. 思科系统公司招聘人才的策略对我国企业员工流入管理有何启示?

第 4 章　员工流动的结果与调控

本章主要学习目的

1. 了解员工流动对社会产生的影响。
2. 了解员工流动对企业产生的影响。
3. 了解员工流动对个人产生的影响。
4. 明确对员工流动进行调控的重要意义。
5. 掌握员工流动调控过程的几个重要环节。
6. 了解员工薪酬福利管理应遵循的原则。

引导案例①

未来，何去何从？——A 证券公司 C 营业部员工流失的风波

A 证券公司公司 C 营业部作为行业领头羊的分支机构，无论在经营理念上还是人才培养上都首屈一指。2011 年以前，尽管证券行业的人才流失率居高不下，但在 C 营业部每年仅有不到 5%的员工流失，远远低于同行业水平。人员规模呈现净增长态势，因其独具特色的人才管理模式，学历结构也逐步优化。

为扩大人才储备，C 营业部曾独辟蹊径。在 2011 年之前就挑选了当地最好的大学和其他省内的一些重点大学开展校企合作，合作院校的学生就可以利用暑假或大四实习的机会到 C 营业部实习，学习各种业务知识，完成岗前培训等。同时，C 营业部会定期支付实习生补贴，待到完成学业正式加入公司的时候，就可以直接上岗工作。这种合作方式可以说对学校、对 C 营业部，以及学生都是多赢之举。

许皓毕业于与 C 营业部有校企合作关系的重点大学，经济学兼法学双学士学位。2011 年上半年，他参加了 C 营业部校园宣讲会，于是应聘来到了 C 营业部。许皓所应聘的岗位是理财顾问助理，但是根据公司人才培养规划，所有新入职员工必须

---

① 何波，王朝全. 2013. 未来，何去何从？——A 证券公司 C 营业部员工流失的风波. 中国管理案例共享中心 https://www.cmcc-dut.cn/Cases/Detail/1110[2013-03]

先到前台营销服务系统从事客户开发和服务工作 3～6 个月以后才能申请转到理财顾问助理岗位。

虽然认为公司这样的安排让自己很不甘心，但是想到公司人才培养规划有一定的合理性，也就决心好好干。接下来许皓满怀激情正式投入工作，一次在公司 OA 平台上发表的一篇关于微博推广的文章，备受公司领导和同事的赞赏。进公司不到一个月，就获得了上台为全公司同事培训的殊荣，名噪一时。

就因此事，许皓和其他几位表现优秀的新员工分别被派往郊县从事客户拓展工作，初定周期为 3 个月。其实许皓并不愿意去郊县，但是他听说不愿意接受这样的工作安排会被认为是“不安分对象”。想想自己还是个新人，而且公司在以后的晋升和调岗的时候会优先考虑郊县实践过的员工，于是他告诉自己 3 个月忍忍就过去。面对繁重的试用期业绩考核指标，他不得不每天走街串巷，开展营销工作，发放宣传资料。白天疲于拓展客户的他到了晚上根本没有精力去研究自己喜欢的股票，这种状况一度让许皓很难适应，考虑到只有 3 个月的体验时间，狠下心咬紧牙关挺挺也就过去了。

3 个月后，公司按照承诺将许皓一行人调回了总部。但是许皓却慢慢发现，公司当初制订的职业规划有变化，股票行情越来越不好，客户拓展也越发艰难，这使得许皓的工作激情受到了相当大的打击。过了 3 个月工资补贴期后，许皓的待遇也很低，扣完保险后每月只能拿到 1500 元。是继续努力工作还是离开，许皓心里已开始盘算。

半年期限过去了，许皓的营销业绩虽不是最突出，但是也算完成了试用期考核指标。根据公司之前给大家安排的职业规划，他是可以申请转到中台公共服务系统做理财顾问助理，但是对此公司好像没有一点这方面的打算。于是，许皓找到人力资源部经理张婷。

“婷姐，因为我应聘时的岗位是理财顾问，现在我也完成了公司安排的营销系统的考核业绩，我是否可以申请转到财富管理中心，担任理财顾问助理一职了？”许皓期待地看着张婷。

张婷面对许皓感到很尴尬，因为这个职业规划是她对所有新入职员工宣导的。但是目前公司由于行情不景气，正在开源节流，各部门人员也在准备缩减，若是大批量增加理财顾问助理一职，将会出现人员编制臃肿，造成更多的财务负担。但是这个怎么对许皓开口呢?

“许皓，你的工作成绩不用多说，肯定是得到公司领导认可的。根据公司目前的人才状况，可能暂时不会进行人员调动。你知道的，理财顾问助理也是要做营销的，你在营销部门再锻炼一下，让自己营销功底再扎实一点。况且，名下客户资产在我们公司是实行终身提成制的，就这个而言，对你很有益的。” 张婷向许皓解释道，希望能够得到许皓的谅解。

许皓听后倍感疑惑，继续专心从事自己不喜欢的营销工作，还是混着走等待发展机会？难题又摆在了许皓的面前，该如何做抉择呢？许皓沉思，两者他都不愿意，难道当时自己选择错误了？

1 个月后，许皓终于选择了离开公司。

一个企业的生存和发展，很大程度上在于对优秀人才的吸引、激励和保留。不能成功管理员工的流动，很难保障企业的成功。本章侧重讨论员工流动对社会、企业及个人产生的影响，以及企业应该怎样调控员工的流动。

1　员工流动的影响

当今的国际竞争环境越来越具有动态性，市场和技术迅速变化，组织内的员工流动也越来越多。而员工的流动会给社会、企业及流动者本人带来或积极或消极的影响，即员工流动的结果会导致正面或负面的效应。

1.1　员工流动对社会产生的积极和消极影响

在讨论员工流动对社会产生的积极和消极影响时，笔者将员工流动分为主动型员工流动和被动型员工流动两大类。

1.1.1　主动型员工流动对社会产生的影响

所谓主动型员工流动，就是员工出于自己的意愿，与企业彻底脱离工资关系或者说与企业脱离任何法律承认的契约关系的过程，如辞职、停薪留职等。

（1）对社会的积极影响。劳动力向新的和有扩张性的产业的转移对经济发展而言是必需的。一般说来，主动型员工流动对于总体经济的持续发展具有积极的推动作用。这种流动的结果是人力资源自发地实现了有效配置，提高了人力资源的使用效率，在实现个人效用最大化的同时，还实现了社会效用最大化。主动型员工流动是促进产业结构调整的催化剂。因为在一个没有流动壁垒的社会结构中，员工流动的流向和规模会受到不同部门或产业的劳动生产率所决定的利益诱因值的大小影响。员工往往在高收益的诱导下，从效益低的部门或产业流向效益高的部门或产业。大量劳动力从一个部门或产业流出，很可能说明前一个部门或产业劳动力配置过多，造成部门劳动生产率的下降。这样的劳动力流动会将该部门低效率的劳动力输送到急需劳动力并具有高效率的部门或产业中去，从而提高整个社会的劳动力使用效率，达到劳动力的最优配置。

主动型员工流动还可以刺激企业或部门之间对人才和科学技术的竞争，使全社会形成一种善待人才的良好风气，从而改善总体用人环境。另外，员工的流出和流入，可以促进人员之间的科学技术交流，促进不同部门人员之间的思想和文化的交流，从而增强员工的适应性，消除部门间技术及文化壁垒，有利于社会总体公民文化生活及科学技术水平的提高。再者，一部分员工的主动流出，会带动或从反面刺激那些墨守成规、不思进取的员工，促使其不断进步。

（2）对社会的消极影响。决定流出的员工主要站在自身的角度看问题，寻求自身利益最大化。不过，社会发展总需要有一些不能单纯用经济利益来衡量的部门，如公益部门、国防部门、基础科学研究部门等，这些部门犹如市场经济运行中的一些“奇点”，但这些部门恰恰是保持社会长期稳定发展的基石，这些部门的员工流出可能给社会造成一定的消极影响。因此，若人们只重视眼前利益而忽视长远利益，就会使国家的长远利益受到损害。另外，员工的主动流出不仅会增加劳动力管理成本，还会加大由暂时职位空缺而导致的成本损失。再者，如果员工流动后所从事的职业与原来不一致，从社会范围讲，为重新培训员工所耗费的教育成本也是相当大的，社会范围的人力资本收益就会有所降低。

过高的流动率会使一些行业的发展受到影响，最明显的例子就是那些“夕阳产业”，如纺织业等常常因发展前途不乐观而造成员工流动，而员工的流动又反过来使这些行业的发展受到更大的打击。此外，员工流动还会产生许多连带的负面影响，如由高级技术人员的流动而导致的企业技术资料和商业秘密的泄露，这样的案件在我国已经发生多起，并且数量呈上升趋势。

1.1.2 被动型员工流动对社会产生的影响

所谓被动型员工流动是指员工被迫性流动（如解雇和结构性裁员等）和自然流动（如退休、伤残、死亡等）。

（1）对社会的积极影响。首先，对待那些工作积极性不高或不能胜任工作的员工，企业将其解雇，从全社会角度讲，会增加懒惰者或不称职者的危机感，形成优胜劣汰的良性竞争环境。任何企业、组织中都会存在一些投机取巧、工作涣散的员工，如果对其听之任之，不但会滋长员工自身的惰性及懒散作风，而且对积极工作、表现良好的员工也是一种变相的惩罚，犹如“鞭打快牛”，会影响他们的工作热情度和主动性，从而导致社会效率的下降。其次，从被迫流出者个人的角度讲，对那种能力不足或由于自身个性特征难以人职匹配，自己又缺乏流出勇气的员工来讲，这种强迫性流出可以缓解其由于不适应工作而带来的心理压力及负担，也许换个工作环境或职位会给其身心健康带来积极的影响。只有这样，才会提升社会全体公民的生活质量，提高全社会的劳动生产率，真正体现出适才适用。对于那些自身条件比较好，但由于惰性或身体弱点而不努力工作的员工，使其被迫离开企业会从反面给予其一定的教训，从而令其奋发努力，并在未来的新单位或新职位上吸取教训，克服自身缺点，为社会做出更多的贡献。

（2）对社会的消极影响。一方面，在解雇员工时，如果采取的方式方法不当，会给员工的身心健康带来不利的影响，甚至被解雇者可能会因精神遭到打击而产生消极厌世的情绪，或产生报复社会的想法，最终导致在公共场所滋生是非，更有甚者可能会走向犯罪的深渊。由此可见，解雇员工的方式方法不当会引发许多矛盾，破坏社会稳定，产生一系列负面影响。另一方面，因企业产业结构的调整而进行的大规模裁员，其社会影响尤其严重，因为大量的劳动力渗入劳动力市场，寻求再就业的劳动力不得不对自身的知识及技能结构进行调整，这就需要社会增加再就业的培训成本。另外，劳动力市场不可能一下子为一大批的再就业大军提供足够的用人需求，这就不可避免地要增加社会的负担。政府不得不努力为失业者创造就业机会，以减轻社会负担或减少社会矛盾，尽可能地消除造成社会不稳定的因素。有时政府创造的就业机会是重复劳动或低效劳动，这无疑是对社会财富和人力资本的浪费。

1.2　员工流动对企业产生的积极和消极影响

1.2.1　员工流动对企业产生的积极影响

第一，实现对低素质员工的替代。这里主要指员工流出企业的情况。如果流出企业的是低素质人员，而流入企业的是高素质人员，显然就会对企业产生积极的、正面的影响。长期以来，人们对流出者所做的贡献很少进行研究并做出评价，或者常常将流出者和流入者的贡献综合起来考虑，这样就很难估算出流出者与流入者之间谁的贡献大。为了估算流出员工的贡献率，人们提出了员工的贡献大小与工作年限相关的假设。比较传统的观念认为，员工的最初贡献率比较低，随着工作年限的增加，其对企业的贡献率也会逐渐加大，最后趋于稳定，也就是呈 J 形。对于大多数职业来说，工作年限与贡献率的关系基本上呈现 J 形。但是，对于高强度或非常耗费体力的工作，以及技术或知识结构变化较快的职业来说，通常是最初阶段贡献率较低，随着工作年限的增加其贡献率会不断增加，到达中年时贡献率达到顶峰，以后贡献率则呈现下降的趋势，呈倒 U 形。还有一些职业如服务性行业，员工在初始工作期间内贡献最大，随着年龄的增加其对企业的贡献率逐步下降，即呈下坡形。因此，在估计流失者贡献大小时要在具体分析流失者所从事的职业的基础上做初步的判断。当然，仅凭借工作年限来判定员工的贡献率是不够的，但可以将此作为估计流失者贡献率的参考依据之一。（图 4-1）。

第二，提高企业的创新性、灵活性和适应性。新员工的流入不仅给企业带来了新鲜血液，还给其带来了新知识、新观念、新方法、新技能等，有利于改进和提高企业的工作效率。另外，员工的自愿流出为企业提供了降低成本的机会。许多企业正是从员工自愿流出开始研究企业机构设置的合理性，重新考虑或改革企业的发展

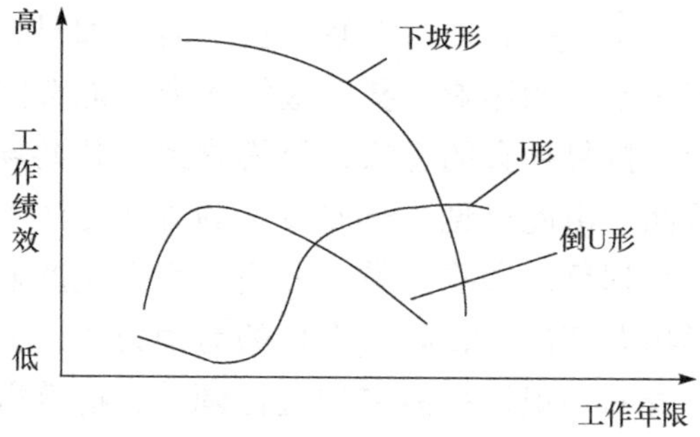

图 4-1　工作贡献率曲线示意图

战略，以便更大限度地挖掘企业内的人员潜力，提高企业总体运营效率的。例如，通过撤销或合并因员工流失而产生的空闲职位，对工作进行重新设计，或由此而促进新的自动化的工作设备的引进。员工的流动还可以增加员工的职业生涯发展机会和员工接受各种培训的机会，从而提高留下员工的士气。

第三，减少冲突。员工流动在一定程度上能够减少企业内部的矛盾冲突。有时员工会因感觉到在原企业中有许多不可调和的矛盾冲突而自愿流出企业，这于企业和流出者本人都不失为一种很好的解决冲突的良策。虽然组织管理者有许多解决矛盾冲突的措施，如各种调解、仲裁手段，但很多现实存在的矛盾冲突很难全部解决，特别是当矛盾双方由于所持价值观不同而产生分歧、矛盾时，则更难通过一般的调解或仲裁来解决，这时将矛盾的一方调离往往是最有效的解决办法。

第四，可以减少其他形式的消极行为。那些想要辞职却由于缺少选择机会或由于家人、亲朋的限制而不得不继续维持现有工作的员工，他们在工作中总会以一定的行为方式发泄自己的不满情绪，如消极怠工、经常缺勤或不注意设备的保养维护，甚至搞一些破坏。对于这些员工采取分流或劝其离开的策略会对企业有积极的作用。

1.2.2　员工流动对企业产生的消极影响

第一，成本损失。一方面，对于企业来说，由于流出者和流入者的素质存在差异，因此在不同的流动情境中，企业的成本是不同的。低素质者流出，高素质者流入的情境是最利于企业的，这时员工流失的成本最低；相反，高素质者流出，低素质者流入则是最不利于企业的，这时流失成本最高。另一方面，不论流出者与流入者之间存在怎样的素质差异，对于企业来说，更替员工都是要花费成本的。前人对这方面进行了一些定量的研究，如美国学者古斯塔福逊估计，美国贝尔公司每年更换一名员工所花费的成本损失将大于 1000 美元；莫布雷和霍尔研究发现，在化纤行业中，仅更替新员工的入门培训费用，平均每一名员工的更替成本就高达 985 美元；墨伟斯和罗勒研究发现，银行职员每更替一个出纳员的成本就超过 2500

美元。著名的人力资源会计研究者弗莱姆霍尔茨推出了一系列粗略测量更替成本的模型，包括初始成本测量模型和更替成本测量模型两部分，如图 4-2、图 4-3 所示。[①]

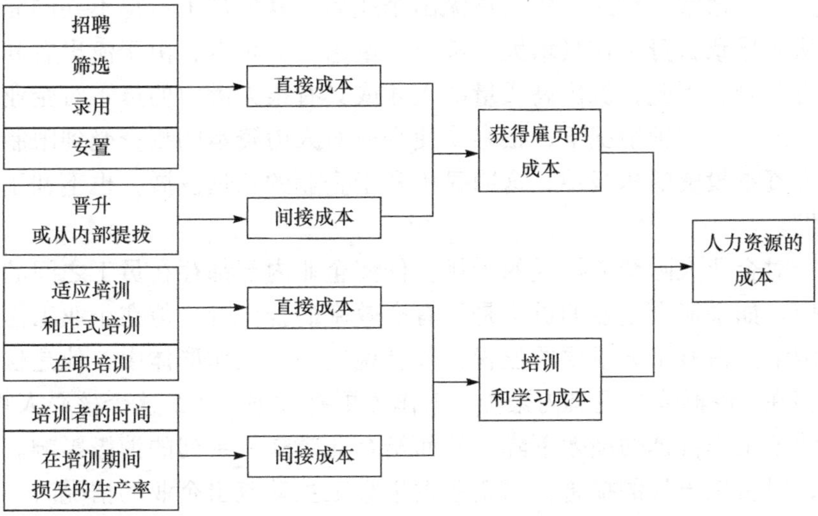

图 4-2　对人力资源初始成本的测量模型

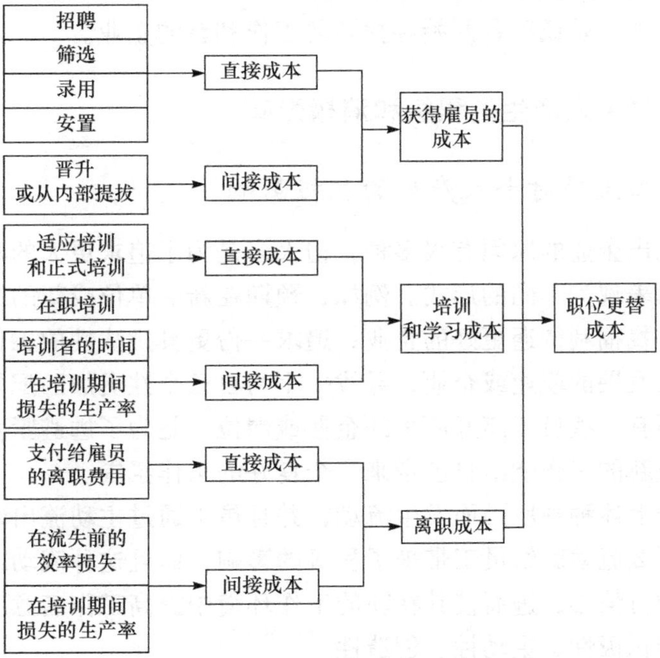

图 4-3　对人力资源更替成本的测量模型

① 张玉娟，李柱. 2009. 员工流失成本计量研究综述. 财会通讯，（34）：33-35.

第二，对工作绩效的干扰。如果流出企业的员工具有特殊的技能或者在原来的岗位上占有重要的地位，其流出后给企业造成的损失要比因其流出而产生的职位空缺造成的损失更大。而且这种损失的影响常常会延续到接替其职位的员工能充分胜任其工作为止。通常，在原来的人员流出企业后，其他员工不得不共同完成辞职者的工作，从而导致自身工作量增大，甚至不堪重负。再者，由于流出者和流入者的人力资本有差异，因此，流出高质量的人才或具有很大潜力的员工对企业造成的损失将是长久的。在这种情况下，很容易使企业对人力资本的投资受到限制，甚至打击企业人力资本投资的积极性，这明显不利于企业的长远发展，也不利于社会的人力资源开发。

第三，对企业人际交流模式的干扰。任何企业内部都存在员工之间的人际交流及相互合作。如果流出企业的员工是具有高效率的合作者，他在企业工作或人际交流的关系网络上占有十分重要的位置，或者说在一个工作群体中，他是核心人物，由于他的存在，该群体才更具内聚力，工作才更有效率，那么这个核心人物的离开，势必会导致该工作群体的绩效下降，从而给企业带来一系列的消极影响。

第四，对员工士气的损害。当企业发生员工主动流出企业的情况时，很可能会刺激更大范围的人员流出，特别是看到流出员工得到了更好的发展机遇或因流出获得更大的收益时，留在企业的人员就可能会人心思动，工作积极性也可能受到影响，甚至有些人也可能开始或准备开始寻找新的工作和新的企业。

1.3 员工流动对个人产生的积极和消极影响

1.3.1 员工流动对个人产生的积极影响

员工主动流出企业的原因有很多种，但大多是为了追求更大的收益，这些收益因流动者不同而表现为不同的形式。例如，预期在新的单位或新的岗位上获得更高的薪酬；试图寻找福利待遇更好的企业；追求一份更具挑战性的工作；寻求更有利于自身职业生涯发展的职业或企业；寻找一个与自己个性更加匹配的职位或工作；等等。当然，还有一些员工离开原来的企业或岗位，是为了逃避紧张的人际关系，期望新的单位或新的工作能给自己带来一个良好的工作氛围。

如果是基于上述种种原因而发生流动，并且员工通过主动流出确实获得了自己预期的收益，那么流动就给员工带来了积极的影响，而且这种流动或职业变更会增加流动者个人的自信心，进而使其在新的工作环境中提高工作满意度，提高工作绩效，以及工作的积极性、主动性、创造性。

需要引起人们注意的是，在人的职业生涯中不仅要包括个人的工作这一要素，还要包括个人生活及家庭生活两个基本要素。缺少三者中的任何一者，一个人的职业生涯都是不和谐、不圆满的。个人生活包括自身的物质享受及精神享受，如休闲娱乐、发展个人兴趣爱好、与工作无关的社交活动、个人的一些偏好等，如果流动者十分注重自己的个人生活是否丰富多彩，而原来的工作无法保证这点，那么他就会放弃原来的工作，流出企业，流动到能够帮其实现个人生活追求的企业或岗位上去。从这个角度讲，流出会给员工个人带来积极影响；另外，如果员工流出是为了与家人生活在一起，或是为了使居住环境更好，那么这种流出对于流动者个人的影响也是积极的。

1.3.2　员工流动对个人产生的消极影响

当一名员工决定离开原来的企业而流向另一个企业时，往往是对新企业充满了较高的预期，至少也是权衡利弊后感觉利大于弊才做出流动的决策。然而在决策中，流动者个人往往只考虑自己的预期，忽略了将来要发生的实际影响究竟如何。而通常实际影响又总是和预期影响有所差别，有时甚至差别很大，因而在缺乏对新企业足够了解的前提下做出流动的决策就成了盲目流动，其影响对于流动者个人来说自然是消极不利的。同理，即使不是单纯地为了工作而流出，假设是为了提高个人生活或家庭生活质量，如为了寻找更舒适的生活环境，为了解决孩子的入托或上学问题等，也常常会因为对未来估计过高而产生失望，这对于流出者个人来说同样是极为不利的。

另外，流出会使流出者失去许多工资以外的收益，如在原企业的资历、工资以外的收入及相关的津贴等。对于跨地区流动的流出者，有时会由于流入地的房产或其他消费的价格较高而得不偿失。同时，员工流出对于其个人来说通常是一件令人焦虑和感到压力很大的事情。如果流出者对于这些没有很好的应对办法，心态调整不好，那么结局往往事与愿违。当员工流出企业后，原来所形成的工作中的社交网络随之失去，进入新的企业需要构建新的人际网络，有的人很难一下子就适应新环境，极容易产生情绪低落、心理不适、不知所措等不良心理。随着双职工家庭比例的上升，一个人的流出还会影响其配偶的工作或职业生涯的发展，影响到子女的教育、老人的抚养等诸多方面。

此外，对员工来说，在其一生的职业发展进程中，在一段时期的流动频率相对较高是正常的。但是如果流动频率过高则会损害其长远的职业发展。出于对员工忠诚度的怀疑，一个企业是不会把一个流动频繁的员工晋升到较高职位的，同样也不会放心地在这名员工身上进行大量的人力资本投资。

2　员工流动的调控

在当今经济发展与企业竞争中，人力资源的开发、利用与管理显得越发重要，人力资源成为企业中最重要的一种资源。人力资源的培育、开发与利用不仅成为经济增长的决定性因素，而且是直接构成企业核心竞争力的关键性战略资源。随着竞争环境变得越来越具动态性，加上市场和技术的迅速变化，企业中发生的人力资源流动也越来越多。对于员工流动的管理及调控也成为人力资源管理中越来越重要的任务。

让什么样的人进入企业、如何让员工在企业内有效地流动、如何对人员进行精简、如何挽留核心员工，所有这些都涉及对员工流动的调控问题。对于员工流动的调控涉及企业的各个部门，有的企业设立了专门的部门或人员对招聘、筛选、录用等环节进行管理。在大型企业或集团中，专门负责员工保留和人员精简的部门也开始出现，这些管理实践对从理论上系统深入地讨论员工流动的调控提出了要求。

随着企业规模的扩大，其对员工的需求也会增加，因此就要通过招聘、开发和晋升有能力的经理和技术专家来不断扩大企业的人力资源库存。但是在成熟的产业中，日趋激烈的竞争反而可能要求减少员工的数量而对人力资源质量提出了更高的要求。每名员工的个性和禀赋不同，企业将他们合理搭配组合在一起可针对不同的环境需要做出相应的战略决策。同时，企业也不得不越来越多地面对人员需求减少的局面，因此就要求企业通过解雇、提前退休、精简机构、部分裁员等多种调控手段来管理员工的流出。而对那些对企业有价值的核心员工，企业又要想方设法地减少他们的流动倾向，把他们挽留下来。

一个组织若要对环境的变化及时做出反应，就应该对员工流动进行恰当的调控及管理，以使员工流动能够与企业的战略决策相匹配。当企业需要员工的时候，企业应该能通过员工的流入或员工的内部流动来满足需要，如果没有合适的熟练工人和经理，可能会造成战略性的失败。而当企业发展不需要富余员工的时候，企业也应该能通过恰当的员工流出来消除富余，否则也就可能造成消极影响。

总之，企业对员工流动的调控涉及企业人力资源管理的每一个环节，调控工作做得好坏，直接关系到人员流动是否具有合理性、有序性。本部分将重点讨论对调控员工流动特别重要的人力资源管理的环节和领域。这些环节和领域包括工作内容的丰富化及挑战性、薪酬福利管理、职业生涯规划与开发。

2.1　工作内容的丰富化及挑战性

工作内容的丰富化是指企业给员工授权，让他们对自己工作的计划、组织、执行、控制和评价等环节承担更多的责任和义务。工作内容丰富化的方法于 20 世纪 40 年代起源于 IBM。20 世纪 50 年代，对此方法感兴趣的公司数量增长较为缓慢。然而，20 世纪 60 年代，在美国电话电报公司、德克萨斯器械公司和帝国化学公司的实践取得成功及被广泛宣传以后，世界上许多公司对它的兴趣不断提升。这种方法的理论基础是赫兹伯格的双因素理论。赫兹伯格认为，当工作中没有保健因素时，人们就会对工作感到不满；当保健因素增强时，人们的不满情绪就会消除，但是并不产生对工作的激励；而当涉及工作内容本身的激励因素（包括工作的自主性、责任和成就等方面）增强时，才会提高人们对工作的激励水平（积极性），获取更高的工作成绩与更好的工作效果。①

工作内容的挑战性是指工作具备这样一些特征：这些工作能够为员工提供使用自己的技术和能力的机会、能够为他们提供多样化的任务、有一定的自由度和自主性，并能为他们工作的好坏提供反馈。一位在飞机制造公司工作的员工曾经说过这样一番话："我现在工作 20 元/小时，但是每天都在做同样的事情，太没有意思了。当机身从生产线下来之后，我们就围绕着它，用 4 个螺栓将它固定起来，用扳手将螺丝拧紧，然后再拧紧下一个螺丝，接着在宁夏一个。就这样，一个小时我可以拧 25 个螺丝。一天 8 个小时周而复始。这样的工作我已经做了两年了。如果在这样做下去，我想我会得病。"两个月后他辞职了，在汽车修理厂工作，"我现在 15 元/小时的工资，我觉得现在的工作更有意思，因为每辆汽车的故障往往是不同的，我必须设法找出故障所在，并且要用各种不疼痛的方法来处理，我的剧的很有挑战性。我现在工作的时候很有乐趣，觉得一天的事件很快就过去了。"②

这名员工的话揭示了工作内容的挑战性所具有的价值。当然，挑战性的强度不同，所带来的影响也是不同的：挑战性低的工作使人感到厌烦；但挑战性太强的工作又会使人产生挫败感；只有在中度挑战性的条件下，大多数员工才会感到愉快和满意。

由上我们可以看出，科学合理地安排工作对于员工流动的调控，或者说对保留员工、稳定员工有着很重要的作用。企业中各级管理者应了解自己员工的专业特长，让其做擅长做的事，尽可能地做到人职匹配，并且对于员工的能力水平做到心中有数，以便量力分工，使其能力得到充分而恰当的发挥，如可让企业中成就感比较强的员工做一些能增加其责任感、反馈及时、风险适度，即挑战性相对较大的工作。

员工对于工作内容的感觉和评价是影响员工流动的一个十分重要的变量，而工作诊断调查表（job diagnostic survey，JDS）是了解员工对于工作内容的感觉和评价的最佳工具。哈克曼（Hackman）与奥德海姆（Oldham）提出的工作特性模型（job characteristics model，JCM）是用于确定工作内容特性，理解这些特性与员工激励、员工绩效、员工满意度之间关系的一个最重要的理论（图 4-4）。由于员工是根据工作内容的意义、反馈、丰富程度、挑战性强度来判断职位价值的，因此企业如果在职位设计的时候能够考虑这些因素，就能相应地提高员工对于职位的满意度，从而减少流动意向，降低流失率。③

① 陈维政，余凯成，黄培伦. 2015. 组织行为学高级教程. 2 版. 北京：高等教育出版社：134-135.

② 周文，刘立明，黄江瑛. 2005. 工作分析与工作设计. 长沙：湖南科学技术出版社：109.

③ 〔美〕斯蒂芬·P. 罗宾斯，蒂莫西·A. 贾奇. 2017. 组织行为学. 15 版. 北京：清华大学出版社：274-278.

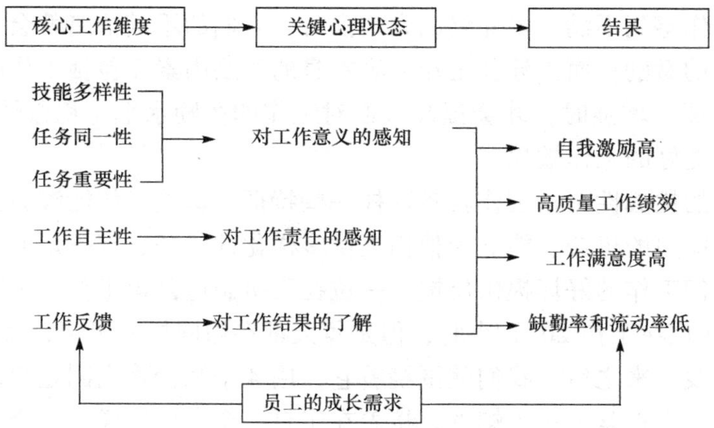

图 4-4　工作特性模型

那么，管理人员是如何来丰富员工工作的呢？以下几点是基于工作特性理论的建议。如图 4-5 所示。

（1）任务组合。管理人员尽量先理清现有的零散工作任务，把它们组合在一起，形成一种新的、内容更多的工作单位，这样做会增强技能的多样性和任务的同一性。

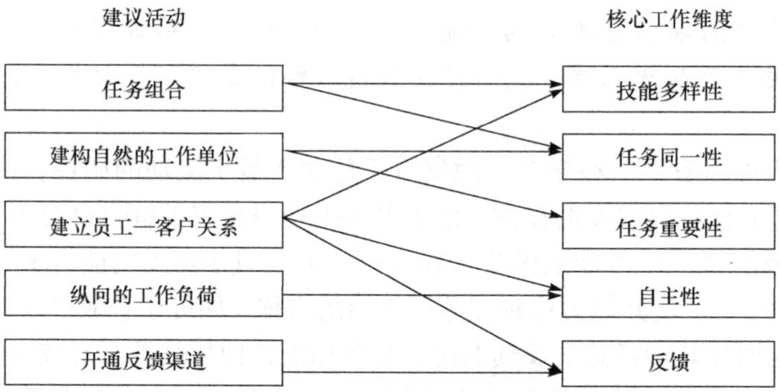

图 4-5　工作丰富化的指导原则

（2）建构自然的工作单位。其意思是，让一名员工负责一个独立而有意义的工作整体，这样做不仅会加强员工的“工作主人翁”意识，还会促使员工认识到自己的工作很有意义，很重要。

（3）建立员工-客户关系。客户是员工所生产的产品或服务的使用者（可能是“内部顾客”，也可能是公司外的顾客）。管理人员应该尽可能地建立员工与客户之间的直接关系，这样会增强员工技能的多样性、自主性及反馈程度。

（4）纵向的工作负荷。这样做能够使员工拥有一些以前属于管理人员的责任与控制权，在某种程度上，可以弥合工作中“执行”与“控制”之间的鸿沟，并使员工的工作自主性增强。

（5）开通反馈渠道。通过加强反馈，员工不仅能了解到自己的工作做得如何，而且能了解到自己的工作绩效是在提高、下降，还是保持不变。理想的情况是，员工在工作过程中就能直接了解有关绩效状况的反馈，而不是不定期地从管理人员那里得到有关信息。

2.2　薪酬福利管理

薪酬与福利是构成工作报酬的一个重要方面，也是人力资源职能中考核与奖励的重要内容。它是企业对员工为企业付出的工作给予的相应的物质性回报。薪酬福利管理是影响企业员工流动的重要因素，因为它是员工从事工作的物质利益前提，与员工实际利益密切相关，并且直接影响和决定员工的工作态度及工作行为。所以，了解有关薪酬福利的基本原理和方法，建立科学合理的薪酬与福利制度，也是有效调控员工流动的一个重要方面。

2.2.1　薪酬管理

薪酬是指员工在从事劳动、履行职责并完成任务之后所获得的经济上的酬劳或回报。狭义来说，它是指直接获得的报酬，如基本工资（或称基本薪资）、绩效工资（或称奖金）、成就工资（如红利、利润分享、股票期权）、津贴（如工作津贴、岗位津贴）等。广义来说，薪酬还包括间接获得的报酬，如福利。企业能否制定出具有竞争力的薪酬制度，对于能否吸引、维系和激励优秀人才为组织服务，能否调动员工的积极性、主动性，能否提高员工的工作满意度和在组织中的归属感，以及能否促使员工完成组织的目标等都是至关重要的。

一个完整的薪酬结构，应该同时具有三方面的作用。第一是保障作用。这主要是通过基本工资来体现的，员工所获薪酬数额至少要能够保证员工及其家庭生活与发展需要，否则会影响员工的基本生活，影响社会劳动力的生产和再生产。这种保障作用有助于员工在工作中获得安全感，从而发挥积极性。第二是激励作用。一个合理而又具有竞争力的薪酬结构能够吸引人才，激发其潜能，提高其工作效率，增强其对企业的忠诚心、责任心、义务感和归属感。第三是调节作用。调节作用是指工资的差异可以起到调节员工配置的作用，使各地区、各部门、各企业、各岗位之间实现员工合理流动，促进人力资源的优化配置。一方面，企业可以通过调整内部工资水平来引导员工的内部流动；另一方面，企业可以利用工资的差异自外部来吸引自身急需的人才，直到引导人员流向最需要的部门，提高人力资源的利用率。薪酬中福利部分的调节作用主要是指通过提供各种形式的福利待遇，使员工对企业有一种信任感和依恋感，形成良好的组织气氛，这有助于员工同企业结成利益共同体。

2.2.2　福利管理

事实表明，目前福利在薪酬中的地位越来越重要，也越来越受到重视。因为在现代企业中，员工的满意度和生活质量问题直接关系到企业的长期生存与发展，而与这些最密切相关的就是福利问题。对于企业来讲，虽然福利没有工资那样明显而直接的影响力，但它可以为员工的工作和生活提供方便、解除员工的后顾之忧、丰富员工的物质生活和文化生活、增强员工的满意度和安全感、增强员工对企业的归属感和信任感，使企业能够吸引和留住优秀的人才，使企业的凝聚力与竞争力得到提高，有利于企业的稳定与发展。福利已不再是管理者对员工的小恩小惠，它所体现出的作用是间接而隐含、深远而巨大的，企业管理者越来越认识到完善的福利系统对吸引和保留员工的重要性。在员工流动调控过程中，福利发挥着重要的作用，因而管理者应注意根据员工的需要，设计福利的内容。表 4-1 列出了企业中常见的员工福利种类。

表 4-1　企业中常见的员工福利种类

法定福利	法定社会福利	养老保险	国家和社会根据一定的法律和法规，为解决劳动者在达到国家规定的解除劳动义务的劳动年龄界限，或因年老丧失劳动能力退出劳动岗位后的基本生活而建立的一种社会保险制度
		失业保险	国家通过立法强制实行的，由用人单位、职工个人缴费及国家财政补贴等渠道筹集资金建立失业保险基金，为因失业而暂时中断生活来源的劳动者提供物质帮助以保障其基本生活，并通过专业训练、职业介绍等手段为其再就业创造条件的制度
		医疗保险	为了补偿劳动者因疾病风险造成的经济损失而建立的一项社会保险制度。通过用人单位与个人缴费，建立医疗保险基金，参保人员患病就诊发生医疗费用后，由医疗保险机构对其给予一定的经济补偿
		工伤保险	劳动者在工作中或在规定的特殊情况下，遭受意外伤害或患职业病导致暂时或永久丧失劳动能力以及死亡时，劳动者或其遗属从国家和社会获得物质帮助的一种社会保险制度
	住房公积金		国家机关和事业单位、国有企业、城镇集体企业、外商投资企业、城镇私营企业及其他城镇企业和事业单位、民办非企业单位、社会团体及其在职职工，对等缴存的长期住房储蓄
	法定假期	公休假日	劳动者工作满一个工作周之后的休息时间
		法定节假日	在法定节日休假
		带薪年休假	职工在年休假期间享受与正常工作期间相同的工资收入
	其他假期	病假	在员工因病无法上班时，组织仍然继续给他们支付薪酬的假期。一般来说，这个由企业自行决定，并且这个假期长短取决于他们在企业中的服务年限
		探亲假	探亲假的享受对象是组织中与配偶及父母不在一个区域的员工
		婚假	达到法定结婚年龄的员工可以享受婚假，晚婚者可以多享受一定的假期
		产假与配偶生育假	达到法定生育年龄的女员工可以享受产假，而男员工可以享受配偶生育假以照顾分娩的妻子

续表

企业补充保险计划	企业补充养老金计划	由于各方面的原因，法律所规定的养老金水平不会很高，很难保证劳动者在退休以后过上宽裕的生活。在我国，企业年金是指企业及其职工在依法参加基本养老保险的基础上，自愿建立的补充养老保险计划
	团体人寿保险计划	在多数情况下，企业会为全体员工支付全部的基本保险费，承保金额相当于员工两年的薪酬收入。以群体名义购买团体保险可以以较低的费率购买到相同的保险
	健康医疗保险计划	减少当员工生病或遭遇事故时本人或其家庭遭受的损失
员工服务福利	员工援助计划	企业针对诸如酗酒、吸毒、赌博或压力等问题向员工提供咨询或治疗的正式计划
	咨询服务	包括财务咨询、家庭咨询、职业生涯咨询、重新谋职咨询及退休咨询等
	教育援助计划	针对那些想接受继续教育或完成教育的员工实施的一种很普遍的福利计划
	儿童看护帮助	企业向员工提供或帮助员工查找儿童看护服务的成本和质量方面的信息，或为已经购买了儿童看护服务的员工提供补贴。多项调查显示，提供儿童看护帮助的企业，员工缺勤现象大大减少，生产率也会有一定程度的上升
	老人护理服务	与儿童看护类似，老年护理计划的目的是帮助员工照顾完全不能自理的年迈的父母
	饮食服务	让员工以较低的价格购买膳食、快餐或饮料。在公司内部，这些饮食设施通常是非营利性的。即使不提供全部就餐设施的企业，往往也会提供饮水或自动售货机服务以方便员工。那些不提供饮食服务的组织可能要为其不完善的工作设施支付补偿性的差别工资，或提供饮食补助
	健康服务	大多数情况下，健康服务包括为员工提供健康场所和器械及为员工举办健康讲座等

资料来源：刘昕. 2017. 薪酬管理. 5 版. 北京：中国人民大学出版社：296-305

2.2.3　薪酬福利管理的原则

有效的薪酬福利可以将员工的利益与企业的目标和发展有机地结合起来，有利于合理调控员工的流动。企业在进行薪酬福利管理时，要遵循以下几个原则。

（1）接受性原则。薪酬制度只有被员工广泛认可和接受才会有效，否则无论其技术方面做得多么出色也是无用的。因此，要让员工明白现行的薪酬决策是怎样做出的、工资结构为什么设计成某种形式、企业为什么要对工资结构做出某种调整、为什么某种决策方案是最适合本企业实际的等。企业可以采用让员工参与到薪酬决策中来，以及运用有效的方式与员工进行沟通等方法来使员工认可和赞同薪酬系统。同时，企业要根据不同岗位的特点，制定不同的工资结构，针对不同的工作性质和员工不同的特点和喜好选择支付薪酬的内容结构。否则，企业就很难吸引和保留忠诚的、优秀的员工。

（2）公平性原则。薪酬确定的公平性极大地影响着员工的流动倾向和流动行为。公平性主要表现为外部公平性、内部公平性与个人公平性。在很多情况下，即使员工所得报酬不多，但是在相比之下让其觉得公正和公平，员工也会一如既往地努力工作。运用美国心理学家亚当斯提出的“公平理论”就可以很好地解释工资报酬分配的合理与公平性是如何对员工产生积极性影响的。该理论认为，公平感的产生源自社会比较的过程，即人们总是自觉或不自觉地将自己的投入（教育、知识、时间、精力等）和回报（工资、福利、晋升等）与别人的投入和回报进行横向比较，或与自己过去的投入和回报进行纵向比较，然后才有公平与否的心理感受。感受到公平的员工会觉得十分满意，而感受到不公平的员工则会心理不平衡，内心产生焦虑，于是会设法改变这种境遇。例如，降低自己的努力、改换比较对象、寻求自我安慰、产生流动倾向，甚至可能离开组织。一般说来，确定组织的整体工资水平、工种或职位的工资水平时应保证组织内报酬和外部劳动力市场相比是公平的；制定组织内部工资等级结构和工资体系时应保证报酬在组织内部是公平的。①

（3）激励性原则。有效的补偿和报酬系统能够刺激员工努力工作，提高绩效，减少流动倾向，降低流动率。由于各职务对企业的重要性、任职资格条件、工作环境等不同，因此较为平均的做法会影响某些重要岗位或核心员工的积极性。如果企业内部员工的报酬与个人努力、个人对企业的贡献之间的匹配性不强，没有起到很好的激励作用，就会引起员工的不满，甚至使其产生流动倾向。因此，要避免平均主义分配。薪酬分配要适度向高职位、关键员工、市场供给短缺人才倾斜。同时，要适当拉开薪酬的差距，对绩效高的员工要给予其更高的薪酬。

（4）个性化原则。企业想留住优秀的人才，福利应当是个性化的。因为人本身就是有个性的，某种福利对张三很有吸引力，但对李四可能丝毫没有意义，如“牙医付款方案”，是为人才支付一定比例的牙科费用。张三的牙齿非常不好，当然他就特别喜欢此项福利，而李四的牙齿很好，因此对李四而言，这项福利就没有太大的意义。企业在制订福利方案时，应结合人才的偏好，这种偏好往往会受到性别、年龄、身体健康状况、兴趣爱好、婚姻状况等因素的影响，如不清楚这些影响因素，则可能会出现费力不讨好的结果。

《财富》杂志公布了“2018 年美国最适宜工作的 100 家公司”名单。通过分析发现，上榜公司要么给予员工超长的休假、免费的旅行、待产假，要么拥有丰厚的奖金或具有远见的管理层。名列榜首的赛富时（Salesforce）为员工提供了高达 550 万美金的新人推荐奖金，也帮助 18 个月内未获得晋升的优秀员工找到新的挑战；名列第二的是韦格曼斯食品超市，作为一家百年老店，该公司在员工忠诚度方面投入了很大精力，曾于 2017 年在员工发展方面投入了 5000 万美元（以及 500 万美元奖学金）；名列第三的是终极软件公司，作为一家上市人力资源软件公司，它为所有员工的 k401 计划供款的比例高达 40%，并且报销所有医疗和牙科费用。②

---

① 陈维政，余凯成，黄培伦. 2015. 组织行为学高级教程. 2 版. 北京：高等教育出版社：144-145.

② 刘进龙，汪皓. 2018. 2018 年美国最适宜工作的 100 家公司. http://app.fortunechina.com/mobile/article/302615.htm[2018-02-23].

2.3　职业生涯规划与开发

2.3.1　职业生涯、职业生涯规划与开发的内涵

职业生涯是指一个人一生连续担负的工作职业和工作职务的发展道路。也有人将其定义为：以心理、生理、智力、技能、伦理等人的潜能开发为基础，以工作内容的确定和变化、工作业绩的评价、工资待遇、职称职务的变动为标志，以满足需要为目标的工作经历和内心体验的经历。

职业生涯规划是指对人们职业生涯的规划和安排，包括个人的职业生涯规划和企业的职业生涯规划。前者是指员工个人为了实现在目前和将来的工作中得到成长、发展和获得满意的结果的愿望和要求，会不断地追求理想的职业，并希望在自己的职业生涯中能顺利地成长和发展，以此来制订自己成长、发展和不断追求满意的计划；后者是指企业为了不断地提高员工的满意度并使其能与企业的发展和目标吻合起来而制订的，协调有关员工成长、发展与企业需要和发展目标相结合的计划。

职业生涯的开发是指，为达到职业生涯所设计的各阶段的事业目标所进行的知识、能力和技术等方面的开发性（教育、培训）活动。同样的，职业生涯开发活动也要从个人和企业两个角度来进行。对于员工来说，职业生涯开发就是指为实现自己的职业目标而积累知识、开发技能的过程；对于企业来说，职业生涯开发是指企业在帮助员工制订职业生涯规划，建立各种适合员工发展的职业通道之后所做的针对员工职业发展的需要而进行的适合的教育培训，并向员工提供实现个人专长的契机等方面的工作。

通过职业生涯规划和开发，一方面，员工既可对自己目前所拥有的技能、兴趣及价值观进行评估，又可相应地考虑企业的变化与需求，使自己的特长技能及发展方向符合企业发展的需要；另一方面，企业依据员工的学历、资历、职位等实际条件，为员工在企业中的发展制订计划和线路，并随着企业的发展与变化，帮助员工设计切实可行的计划方案，培养员工多方面的技能，使员工能够适应企业未来发展的需要。因此，职业生涯规划与开发可以促进企业和员工的发展，降低员工的流动率和流动倾向。

2.3.2　职业生涯规划与开发的原则

职业生涯的规划与开发是一种个人和企业对前途的共同瞻望，是彼此依存的承诺。个人对职业生涯的规划与开发，一般要通过挑选职业、挑选企业、挑选工作岗位来实现，要求企业对个人事业的成功发展做出有效的安排，从而使员工个人感到满意、快乐，并且适应个人在成长发展的过程中对心理的激励和各种需要的满足。企业对员工的职业生涯规划与开发的主要内容是建立职业阶梯，并针对员工各自的才能制订培养计划，以适应各种工作岗位的需要，提高企业的工作效率。有效的职

业生涯规划与开发要求个人与企业之间相互配合，其配合程度集中表现为所设计的职业生涯对个人和企业的需要及利益的满足程度，为保证其有效性，应坚持以下原则。

（1）正确认识职业生涯设计的效果。职业生涯的制订能带来降低员工流失风险、增强员工满意感的效果。美国第一银行通过提供一种办法帮助员工明确他们的职业梦想，并且制订计划来助其实现梦想。该公司的“机会之门”计划是 1998 年制订的，目的是增强员工工作满意感、减少人员流失、强加被提拔员工的数量。该计划收到了很好的效果。第一银行的内部晋升增加了 50%，员工态度也有了很大的改善。当美国第一银行再次进行员工满意感调查时，发现员工在职业发展机会方面的满意度提高到 25%以上，而且参加了“机会之门”计划的员工比起那些没有参加该计划的员工，更有可能留在公司。①

当然，职业生涯设计也有其消极影响。如果员工期望过高，超出企业所能满足的阈值，就会产生消极影响。如在任何企业中，高层的职位总是有限的，当达不到目标时就容易失望，或是为了达到个人目标排挤他人，导致企业分裂，降低企业绩效，最终人才流失，造成消极后果。因此，作为企业的领导者应该尽量引导职业生涯规划与开发工作的积极效果，避免消极后果的出现。

（2）制订职业生涯规划要留有余地，执行过程中要具灵活性。一个人的时间和事业均是十分宝贵的，必须进行有效安排，因此要制订好职业生涯规划。当着手设计未来的时候，应该给自己留有余地，尤其是当对未来的打算并不是很有把握的时候，这样做尤为重要。在实施过程中，可以根据当时的环境和提供的机会而做出灵活选择。

（3）在实施职业生涯规划与开发中，要给予员工择业的权利和自由。每个人都享有择业权。所谓择业权就是个人拥有自主选择职业、工种和单位的权利和自由。个人在做职业生涯规划时，一定是计划从事能够发挥自己优势才能的事业，而且要倾注毕生的精力献身于该事业。因此，作为企业和社会应当给予员工选择自己真正想做、又能做得更好的职业的权利和自由，即自由择业。当然，这种择业权绝不等于个人想到哪里就可以到哪里工作，想干什么就干什么，而是要受到员工素质和社会需求的约束。

为有效开展职业生涯设计与开发工作，必须为所有成员提供平等就业和就职的机会。现代社会在提供就业机会上，应讲求公开、公平、公正的原则。如果不这样，制订职业生涯规划只会是一纸空文，毫无价值。目前在我国尚存在重男轻女、地域歧视、任人唯亲等不良现象，这些问题在某些地方还很突出，与社会文明不符，应予以纠正。

---

① 赵曙明，张正堂，程德俊. 2018. 人力资源管理与开发. 2 版. 北京：高等教育出版社：187-188.

2.3.3　三类不同员工的职业生涯规划与开发

企业在为员工制订职业生涯规划时，应当根据不同员工的特点采取相应的、有效的职业生涯规划方法，一般可以按照新员工、中期员工和老员工三类人员进行操作。

（1）对新员工的职业规划方法：提供一个富有挑战性的最初工作。大多数专家都认为，企业能够做的最重要事情之一就是争取做到为新员工提供的第一份工作是富有挑战性的。例如，在一项以美国电话电报公司的年轻管理人员为对象的研究中，研究者发现，这些人在公司的第一年中所承担的工作越富有挑战性，他们的工作也就显得越有效率、越成功，即使是工作五六年之后，这种情况依然存在。提供富有挑战性的起步性工作是帮助新员工取得职业发展的最有力却并不复杂的途径之一。①

（2）对中期员工的职业规划方法：提拔晋升，使其职业道路畅通。这一措施主要适用于有培养前途、有作为的员工，应为其安排富有挑战性、探索性的工作和新的工作任务。对于处于职业中期的员工，企业依然要充满信任，大胆地将富有挑战性的工作和新的工作交给他们。例如，可以实施工作轮换。一方面，可以使员工在一次次的新尝试中了解自己的职业兴趣和职业锚，更准确地评价自己的优势和不足；另一方面，可以使员工经受多方面的锻炼，拓宽视野，培养多方面的技能，满足各个方面和各个层次的需求，从而为将来承担更重要的工作打下基础。

（3）对老员工的职业规划方法：到职业后期阶段，员工的退休问题必然被提上议事日程。大量的事实表明，退休可能对员工本人及企业的工作产生一定的影响，为了减少和避免可能的影响，对员工的退休事宜应加以细致周到的管理实为必要，包括做好细微的思想工作、退休后的计划安排，以及退休之际的职业规划衔接等。

2.3.4　培训与开发的重要意义

随着世界经济的迅速发展，企业的技术、市场和为社会提供的产品和服务也会发生变化。为了适应这种变化，员工要不断地学习新的技能。企业通过为员工设计良好的个人发展计划和职业发展路径，会促进企业和员工的发展，降低员工的流动率和流动倾向。对于那些注重学习和愿意获得新技能、追求改善工作职位而努力表现的员工来说，企业为其提供的培训和开发机会，是增强其工作满足感的重要因素。因此，加强对员工的教育、培训、培养以适应时代的需要，是企业发展的重要战略步骤，也是防止员工流失的关键性步骤之一。

1960 年，美国经济学家舒尔茨在《论人力资本投资》的报告中指出，经济增长

---

① 吴彬. 2013. 如何开发新员工的工作能力. 商品与质量：学术观察，（11）：185.

的主要源泉，除靠增加劳动力和物质投资外，更主要的是靠人的能力的提升。人力资本的概念是把对劳动者的培训和开发看成是一种投资，企业投入的财力和时间等换来的是员工工作效率和生产力的提高，员工离开企业的可能性越小，企业在该员工身上投入所得的回报就越高。一般说来，有效的培训所产生的收益要大于培训所花费的成本。对于那些技术迅速变化的企业来说（如高新技术企业），员工的培训和开发尤为重要。①

从某种意义上讲，培训与开发是员工职业发展的助推器，能提高员工的职业适应性和工作绩效，增强员工对企业的忠诚度，降低流动率和流动倾向。现代人力资源管理理论认为，员工作为企业中的一员，不仅要为企业目标的实现而努力，以推动企业绩效的提高，同时企业也要帮助员工完成各自的职业发展计划，通过培训与开发活动使员工的人力资本价值得以增值，使员工的职业能力得以增强。换句话说，培训与开发应该带来的是企业与个人的共同发展。从实际效果来看，无论是知识、技能的培训，还是素质、管理潜能的开发，无论是现在导向的，还是未来导向的，尽管企业会从中受益，但是员工自身的知识、技能等人力资本无疑也得到了增值，其适应各种工作岗位和职业的能力得到了增强，工作绩效得以提高。从企业角度来说，在实施培训和开发的过程中，也绝不能忽视员工的个人职业发展，这样才能进一步增强企业的凝聚力，创造更好的育人、留人氛围，进而更好地提高企业的绩效。因此，企业在职业生涯规划与开发及调控员工流动过程中，都要充分利用好培训与开发这个“助推器”。

随着我国经济的发展，企业对培训的重要性和必要性也有了更加深刻的认识。而随着认识程度的提高，企业对培训的积极性也大大提高。参见表 4-2。

表 4-2　2011～2014 年国内大中型工业企业培训参与率变化　单位：%

项目	2011	2012	2013	2014
组织培训的企业占抽样企业总数比例	27.0	47.0	82.0	100.0
国有企业组织培训占比	20.0	48.0	82.5	100.0
民营企业组织培训占比	35.0	45.0	80.0	100.0

资料来源：谭媛，张允允. 2015. 近四年大中型工业企业培训状况调研报告之二：整体培训与个性需求. 中国培训，(4)：49-51

思考题

1. 企业为什么要对员工流动进行调控？

① 〔美〕西奥多 · W. 舒尔茨. 1990. 论人力资本投资. 吴珠华等译. 北京：北京经济学院出版社：152.

2. 工作内容丰富化对于员工流动调控的意义何在？
3. 有效的职业生涯规划与开发应遵循哪些原则？
4. 一个完整的薪酬结构应同时具备哪三方面的作用？
5. 为什么说加强员工的教育培训是控制员工流失的关键性步骤？

案例讨论①

案例一：东风汽车股份有限公司的“员工职业生涯规划”

毛家宏是东风汽车股份有限公司铸造分公司的一名青年员工，他在公司人力资源部门的鼓励下，几经培训，岗位成才，先后有十几项技术成果应用于生产实际中，由他设计的“多功能游标高度尺”获国家专利。前不久，他荣获“全国五一劳动奖章”。毛家宏的成功，是东风汽车股份有限公司实施“员工职业生涯规划”工程的一个生动写照。

在东风汽车股份有限公司，像毛家宏一样沐浴着“员工职业生涯规划”工程春雨的员工正在茁壮成长。2000 年 5 月 3 日，3 名工人班组长进京参加中国铸造学会在清华大学机械系联办的“铸造技术及管理专业”高级技能进修。之后，首批 21 名赴清华大学攻读工程硕士的业务、技术骨干启程，6 名优秀班组长前往华中科技大学进行本科学历培训。至此，被东风汽车股份有限公司称为“员工职业生涯规划”的工程拉开帷幕。如此“创意”，源于东风汽车股份有限公司对人才现状、人才结构、人才预测及如何盘活内部人才的深刻反思和认识：企业间的人才竞争，事实上就是一个发现人才，吸引人才，培养人才，进而合理有效管理、使用人才的过程，更是市场配置人力资源规律的体现。

去年春节前后，东风汽车股份有限公司在北京等地高校“招风引凰”遭遇“寒流”。现实使其感受到了一种潜在的危机。反思中，东风汽车股份有限公司转变观念，决定把眼光放在盘活和开发内部人力资源上，为企业可持续发展提供强劲动力。

然而，如何科学合理地选配人力资源，以开掘员工最大潜能，使之在最佳的位置上实现人生价值，从而避免人才的浪费？经过集思广益，具有东风汽车股份有限公司特色的“员工职业生涯规划”工程“出笼”。东风汽车股份有限公司将依据企业发展需求并结合个人理想为员工设计未来。十步之内，必有芳草。这一双向交流设计，旨在给每一个员工成长成才创造机会、提供空间的举措，被员工称为“人生的又一个春天”。

“君子用人如器，各取所长。”此后，东风汽车股份有限公司面向全体员工下发

① 傅祥友. 2001. 为员工设计灿烂的明天—— 东风汽车股份有限公司的“员工职业生涯规划”. 企业管理，(12)：36-38；苏敬勤，朱方伟，王淑娟. 2012. 中国第二届 MBA 管理案例评选百优案例集锦. 第 3 辑. 北京：科学出版社：114-126.

了“员工培训问卷调查表”，调查的主要内容包括个人现状、个人发展目标、希望就读的学校和专业、目前迫切需要学习的内容等，以确保员工在企业内找到自己所能、市场所需的结合点。一石激起千层浪，调查表在员工中引起强烈反响，人力资源开发部门很快收到2000多份反馈单。伯乐在寻找千里马，千里马也在追寻伯乐。

在东风汽车股份有限公司人力资源部采访时，笔者见到了那一份份凝聚着员工火热心愿的调查表。透过填写整洁和面对自己未来认真思考过的文字，可以看出员工通过参与职业培训来设计自己明天的高涨热情。东风汽车股份有限公司财政部的范雯在调查表中写道：“希望在中南财经大学攻读工商管理硕士（master of business administration，MBA）”，并建议公司给业务骨干、忠诚企业的青年员工更多的深造机会。经过统计、分析、归纳，东风汽车股份有限公司制订了明确的员工培训计划表。

依据计划表，公司“员工职业生涯规划”工程中的人才培训工作有序推进。东风汽车股份有限公司首先与清华大学达成了《清华大学——东风汽车股份有限公司全面合作协议书》，2000 年 3 月底落实了论文博士、工程硕士培训等具体事宜。4 月 17 日，又向公司各基层单位下达了《2000 年东风汽车股份公司与清华大学联合培训人才工程安排》的通知。经过员工自愿报名、单位考核推荐、人力资源开发部门筛选、培训学校审定，各个层面的参训人员逐步被敲定。员工职业培训是一个长期的、系统的工作。为此，东风汽车股份有限公司坚持“两条腿走路”，一是请进来，二是送出去。聘请高校权威教师来东风汽车股份有限公司举办知识讲座，选派骨干员工去高校培训。同时，强化与高校的联合，建立长期的人才成长双向基地，即东风汽车股份有限公司利用高校科学研究开发优势对员工进行培训，高校也可将公司作为自己研究生的社会实践基地。东风汽车股份公司还将“借船出海”，选出科学研究课题，请著名高校的研究生来揭榜。

据东风汽车股份有限公司人力资源开发部门透露，东风汽车股份公司正在紧锣密鼓地与湖北汽车工业学院、东风高级技工学校及武汉的高校联系，实施全方位、不同层次的人员滚动式培训，以大手笔拓展个体成才空间，富积企业人力资源。毫无疑问，东风汽车股份有限公司员工迎来的将是一个绚丽多彩的明天！

一位西方管理大师曾说过：“企业即人。”他深刻地道出了企业和个人命运之间的相连关系。

个人命运和企业命运相背离，是企业失去赖以生存的土壤——人才的主要因素之一。东风汽车股份有限公司实施的“员工职业生涯规划”工程抓住了这一问题的关键。

正如东风汽车股份有限公司总裁李绍烛所言，企业健康地生存和可持续发展，核心竞争力是人才。人才不在于拥有，而在于使用和培养，谁善于使用和培养人才，谁就能在市场竞争中赢得主动权。

因此，东风汽车股份有限公司确立了“养用结合”的人才战略。

2000 年 4 月，东风汽车股份有限公司颁发了《员工培训管理办法》，其中对于员工培训的基本原则做了明确规定：一要坚持职业道德教育与业务培训相结合的原则；二要坚持全员培训、紧缺人才加紧培训、优秀人才优先培训、重点人才重点培训的原则；三要坚持以生产经营为导向，以岗位培训、继续教育为重点，以技能培训为核心，学以致用的原则。

三大基本原则将个人需求和企业发展需求紧紧相连，将个人命运和企业命运融合在一起；在为员工的前途负责的同时，也在为企业的未来着想。在此大前提下，东风汽车股份有限公司开始构建具有自身特点的多层次、多方位、多形式的全员培训体系，即开展高、中、低不同层面的培训，培训辐射到每一个角落、每一个岗位。

职业培训不再是个人行为，而是自始至终肩负着企业的重托。以下是笔者耳闻目睹的一个小故事。2000 年 7 月 14 日，东风汽车股份有限公司开办“市场及营销培训班”，计划 80 人参训。结果场面火爆，大教室显得小了、挤了。为什么员工一听到这样的课心就“热”？他们称，获得了适用的新知识、新方法，对自己以后的工作有指导作用。职业培训，这种必不可少的人本投资，增强了企业技术创新能力和竞争力，改善了企业现有员工的知识结构和能力结构，为企业的可持续发展提供了人才保障。东风汽车股份有限公司首批赴清华大学培训的学员钱军饱含深情地说：“企业给了我圆梦的机会，实现了学生时代为之奋斗的目标，我力争早日学成归来，为公司的发展添砖加瓦。”

前不久，东风汽车股份有限公司派人前往北京看望了在训学员。据钱军介绍，在训学员学习的积极性很高，几乎每天学习到深夜 12 点以后。来自东风汽车股份有限公司铸造分公司的郭全领借在食堂进餐之机，向在读的本科生购买高等数学课本。不少学生被他们的勤学精神所感动，主动把一些课本借给他们。

如何使送出去的人才愉快而归？东风汽车股份有限公司人力资源部负责人说：“我们正在进行薪酬分配制度的改革，将对技术高、贡献大的员工的薪酬分配实行倾斜政策，真正体现尊重知识、尊重人才、向有贡献人才倾斜的分配理念。可以说，我们为人才的发展营造了良好的氛围，相信他们是不会舍得走的。”

在“双赢”人才涵养战略思想的指导下，在新世纪来临之际，东风汽车股份有限公司在西子湖畔的浙江大学，成功举行了“秉求是、力创新、迎接新世纪”大型企业形象展示活动。

在精心营造的“世纪看我行”的文化氛围中，东风汽车股份有限公司总裁李绍烛以“WTO 与新世纪中国汽车工业”为主题向浙大学子做了精彩的演讲。活动期间，企校双方就员工培训等问题进行了洽谈，并就一些问题达成共识，一些临近毕业的学生主动找到公司人力资源部门领导询问公司人才发展战略。企校联合培养人才渐入佳境。

2001 年，东风汽车股份有限公司“员工职业生涯规划”工程依据公司新项目和新事业发展的需要，与多层次有效培训结合起来，以岗位培训为重点，新任班长培训率 100%，新录用员工岗前培训率 100%，中层管理干部、高知轮训率 95%。

案例二：大家为什么离我而去？——TF 房地产公司老板的困惑

2009 年开春后的一天，邹强正好来到绿水湾施工现场查看工程进展。看着二期工程马上封顶并且已经取得了预售许可证，邹强眼前不禁油然升起这样一幅画面：不久的将来就在这片热土上，一幢幢高层居民楼拔地而起，房屋质量无可挑剔，小区规划舒适而且富有创意，物业员工彬彬有礼，服务周到，业主们幸福安居，绿水湾项目在业界将成为精品工程典范……

一阵阵手机铃声把邹强从梦幻中召回现实：工程即将到期而项目经理提出辞职另谋高就；水电暖等专业工程师人员不足；销售人员没有配齐且没有受到系统训练；销售部经理人选不定，现在群龙无首。得到这些信息，邹强心想：看来人力资源部不作为已经不是一天两天了，这个问题需要开会解决。

公司重大问题一般都会经过一级班子讨论通过。公司一级班子由董事长、总经理加 5 个副总经理组成，即包括财务副总经理、工程副总经理、开发副总经理、成本管理副总经理、营销副总经理。虽然人力资源部直接向总裁汇报，但是公司一直未设人力资源副总经理，人力资源部部长只是一个部门经理，部长张翔不是一级班子成员，所以只能列席会议。会上，张翔对近期招聘工作进行了汇报：

首先，对于普通岗位的招聘工作，各个用人部门都不愿意要没有经验的大学生，认为他们来了顶不上什么用，要手把手地教他们，既浪费时间又浪费资源，且认为大学生是一股极其不稳定的力量。

其次，目前公司严重短缺的人才是四大核心业务部门关键岗位人员，即工程部、成本管理部、销售策划部和开发部。所缺乏的人员分别是工程部的项目经理、土建工程师、水暖工程师、电气工程师，成本管理部的土建、水暖、电器预算和决算员，材料部门的采购员，开发部跑各种政府关系和各种许可证如房屋预售许可证的前期手续员，以及销售策划部的销售策划和销售人员。总共缺编 30 人，其中工程部 5 人，销售策划部 17 人，成本管理部 3 人，开发部 2 人，财务部 3 人。公司需要的人员是具有行业经验的成熟的技术、管理专业人才，不是马上从市场上招聘就能招来的。眼下正是房地产市场开工旺季人才争夺战的焦点，很多房地产公司都在高薪挖人，而我们目前给出的薪酬标准不具市场竞争力，无法与同行业的其他公司媲美。所以挖到这部分人才难度很大。可惜的是 2008 年底 30%的大裁员使我们公司流失了许多优秀人才。

听到这，邹强马上说："对于这部分管理、技术人才公司要不惜重金悬赏；对于普通职员可以采用'姜太公钓鱼，愿者上钩'的招聘策略。人才遍地都是，主要看薪水是否到位。总之，我们要扩大范围长期打广告，相信一定会有人愿意干的。人力资源部先不要考虑其他的事，在短期内招到人才是硬道理！"

由于时间紧迫，一级班子会议匆匆结束了。可是张翔还有许多建议和想法没有说出来，更不用说具体讨论既紧急又重要的问题。例如，紧缺人员的薪酬幅度提高多少合适？新招人员的薪水比现有相近岗位的员工高，如何激励现有员工的工作积极性？如何对新招来的大学生进行分步骤、分阶段的培训？等等。人才会议后，TF 房地产公司前所未有地加大了招聘力度，缓解了各部门用人紧缺的现状，但却只完成了 1/2 的招聘任务。办公桌上的离职人员统计表把张翔从回忆中拉了回来。最近一个月核心部门员工离职人数共计 65 人，离职率竟然高达 43%（表 1），可麻烦并未停止，仍然不断有人提出离职。

表 1　TF 房地产公司核心业务部门 6 月份人员离职情况表

项目	工程部	销售策划部	成本管理部	开发部	财务部	合计
年初人数/人	32	67	26	10	15	150
离职人数/人	14	27	12	6	6	65
流失率/%	44	40	46	60	40	43

“为什么不提前储备人才？为什么员工的满意度持续下滑？为什么人心如此不稳定？为什么这么多人离职？为什么招不上来人？……”面对邹强的十万个为什么，张翔回到自己的办公室不禁深思。张翔可谓公司的元老级人物，但仍然只是个部长而非副总经理，进不了一级班子，无法明确公司层面的战略动态，更无法领导本部门做一些规划性质的展望与未来的人才工作。人力资源部简直就是救火队员，整个今年上半年都在应急招聘。公司的人才危机其实他早已料到却无力改变。想到这他无奈地摇摇头，默默地写下了 4 个字：辞职申请。

张翔的离职让邹强异常烦恼，因为这意味着跟着自己打拼多年的中层管理人员也开始动摇了，再看看最近离职了那么多核心员工头脑中那幅楼盘竣工时的美丽景象像海市蜃楼一样遥不可及。

“唉！”他深深地叹了口气，“眼下要赶紧招人，无论是否胜任先用着，不能让工程停下来才是重点”。他自言自语道，“重赏之下，必有勇夫，铁打的营盘流水的兵，就不相信招不到合适的人！”他始终认为，钱能解决所有的问题。

讨论题

1. 东风汽车股份有限公司采用了什么样的培训策略和方法？

2. 东风汽车股份有限公司的“员工职业生涯规划”有何特色？

3. TF 房地产公司人力资源管理的地位和环境如何？什么是真正意义上的人力资源管理？

4. 根据TF房地产公司的人力资源管理现状，张翔应该如何做人力资源规划？

5. 从邹强处理公司人才危机的一系列表现中分析其应该从哪些方面进行自我超越？

第 5 章　国有企业员工流动分析

本章主要学习目的

1. 了解国有企业员工流动的现状。
2. 把握国有企业员工流动的特点。
3. 了解国有企业员工流动的原因。
4. 掌握国有企业抑制员工流动的方法。

引导案例[①]

国有企业让员工流动起来

企业留住人才是必要的，但留住表现不佳的员工的成本却异常高昂。长期以来，“庸才流不出，人才进不来”的现象困扰着许多企业。不要认为解聘这些员工会打击他人士气，相反，这些人留在组织中可能会腐蚀其他人的工作热情和组织的凝聚力，甚至可能会迫使高生产力的员工选择辞职。因为，主管或搭档的无能会使之丧失通过有效配合来发挥长处和获得成就的机会。在开放的市场中，一个缺少淘汰机制和手段的企业，最后留下来的只会是劣等人才。

我国国有企业是各类人才相对集中的地方，由于机制相对不活、分配制度相对固定等多种原因，一度人才大量流失。但一些国有企业却在改革中通过淘汰庸才稳住了真正的人才。

宁波三星集团股份有限公司为了保持企业竞争力，实行了人事“双向流动”管理，即一方面通过实施“资源向人才倾斜”的用人政策，吸引高素质人才“流进来”；另一方面通过实行竞争性用工制度，促使不称职人员“流出去”。为使“流出去”有效进行，公司制定了一系列激励、淘汰方案及实施细则，以“要用的人一个都不能少、不要用的人一个都嫌多”为指导思想，以本职工作、责任心、廉政建设、基

---

① 冯洪光. 2000. 三星集团的人力资源管理. 人才瞭望，（11）：35-36；许继电气股份有限公司. 2019. 许继电气股份有限公司 2018 年年度报告全文. http://quotes.money.163.com/ f10/ggmx_000400_5126699.html[2019-03-27]；金大林. 2010. 许继集团的人力资源管理创新. 企业改革与管理，（11）：58-60.

本技能 4 个方面为考核标准，对员工进行量值化、依据化的综合评审，并据此进行员工的优胜劣汰。宁波三星集团股份有限公司的“双向流动”不仅没有使其产生人才流失，反而吸引了各类人才纷至沓来，使企业人才结构进一步得到优化，从而保证了企业的勃勃生机。

许继集团有限公司是国家电网公司直属产业单位，是中国电力装备行业的大型骨干和龙头企业，通过一系列改革创新，2018 年许继集团有限公司营业收入达 82 亿元。企业改革成功的关键是在人事、用工、分配、人才引进领域紧紧把握住了几条考核标准，并将这些标准作为企业的“生死线”。国有企业应该形成优胜劣汰的员工流动机制，以激发员工的工作激情。一个企业如果在正常经营时期没有适量淘汰员工，就会被市场淘汰。许继集团有限公司每年都会对任职干部进行一次民意测验，组织考评，按 5%的比例淘汰最低得分者；三年任期满时，在全公司重新招聘下一届中层以上干部。一线工人按 6%、科技人员按 8%的比例解聘下岗或降低待遇使用。几年来，先后有 160 余名管理人员下岗，1/3 左右的科技人员调整了岗位或分流到了车间，300 多名一线工人下岗或降低待遇使用。对淘汰下来的员工，按其职别纳入培训和职位循环体系中，寻找适合其工作的岗位。这样就使企业的人力资源始终处在一个良性的循环体系中，形成了“能者上、庸者让”的人才成长机制。

1　国有企业员工流动的现状及特点

现代企业的核心竞争力往往是由企业所拥有的人力资源决定的，其中业务能力强、管理水平精的核心员工的去留对企业具有举足轻重的影响。在竞争激烈的人才市场中，国有企业与外资企业、民营企业相比，不论在职业发展空间、晋升渠道上，还是在薪酬水平的竞争优势上，都处于明显的不利地位。

随着国家宏观经济结构的大力调整，非公有制经济快速发展，人才争夺战愈演愈烈。北京市对工业系统 150 户大中型企业调查显示，国有企业本科以上人员流失率高达 64%，硕士生、博士生流失率分别是 36%、59%，主要流向三资企业。[①]

2018 年 4 月发表在《今日科苑》上的调查《航天主要科研院所调研访谈情况分析及启示》显示，2012～2016 年，航天一院、五院、六院、八院等航天科技集团主要院所，每年流出总人数呈上升趋势。例如，2016 年航天八院流出人数达 428 人，远超 2012 年的 300 人。该调查进一步分析显示，航天人才当前流失的主体集中于 35 岁以下的青年骨干群体。航天一院、五院和八院等航天科技集团主要院所平均每年总流出人数 85%以上者的年龄在 35 岁以下。其中，工艺、技能人才队伍中青年骨干流失

① 魏星月，张关. 2012. 中国国有企业的人才流失及对策. 经济研究导刊，（1）：120-121.

现象尤为突出。①

国有企业人才流失有以下特点：

一是企业人才外流相当普遍。外面的世界更精彩，人才外流形成规模，且有愈演愈烈之势。

二是流失者中大多为中高级人才。因为这部分人才有技术、有水平、有能力，很受外界欢迎，而且，中高级人才本身的成就期望值也较高，他们一旦感觉所处环境与外界反差较大，就会流向发达地区。由此可见，外部引力和内在引力导致人才外流成为必然。

三是人才外流与引进反差较大。近年来，国有企业也做了些人才引进工作，但仍然不能从根本上遏制人才外流的趋势。人才是一种宝贵资源，人才的流失无疑是企业贵重资源的流失，它所造成的损失是不能仅仅从数量上来计算的。

2　国有企业员工流动的原因

表面上看，人员的流动似乎司空见惯，但殊不知这种现象的背后有着深刻的必然性。究其原因，不外乎以下几点。

2.1　外部因素

2.1.1　国家鼓励和支持人才流动的各项政策及法律

随着我国经济的高速发展，出现了“人才短缺”的现象，人才的短缺加剧了人才的竞争；再者，多年的计划用人制度造成了人才结构不合理，而市场经济要求生产各要素（包括人力资源）都要合理配置，人才流动不可避免。社会主义市场经济体制的建立，为人才流动提供了宽松的环境。在市场经济体制下，国有企业、外资企业、民营企业和乡镇企业等都可以加入人才竞争，人才市场的建立和完善也为人才流动提供了极大的方便和可能。《中华人民共和国劳动法》（简称《劳动法》）及《中华人民共和国劳动合同法》（简称《劳动合同法》）给我国各种非公有制经济实体在人才竞争方面提供了平等竞争的可能，企业用工制度更加自由，员工就业选择面更为广阔。

2.1.2　非国有企业对人才的强大诱惑力

非国有企业主要指民营企业、合资企业和外商独资企业。非国有企业主要有两

① 蔡闻一，刘嫱，刘洋，等. 2018. 航天主要科研院所调研访谈情况分析及启示. 今日科苑，（4）：73-80.

个方面的优势：一是起步较晚、基础存量小、包袱轻、呆坏账少，同时又是市场经济的产物，机制灵活，具有天然的市场适应能力；二是它一般采用先进的设备、技术，且资金雄厚，资金增量大，因而其一般效益很好。加之其为了吸引人才，在薪水、住房等待遇方面做出了多种承诺，强烈的利益驱动诱使了人才的跳槽。

2.2 国有企业自身因素

2.2.1 企业经营理念滞后，管理僵化

起源于计划经济时代的国有企业，其立足点围绕着国家计划，建立的是纵向运营机制；而市场经济则要求企业立足点围绕着市场，建立横向运营机制。立足点不一样，经营理念则大相径庭。体现在企业管理上，往往是粗放式经营、对科技人才缺乏应有的重视、不懂得计算市场经济下人才效益账，也就少有与国际惯例接轨的人才观。此外，国有企业大多负债率高、冗员多、社会负担大等。国有企业自身的这种不良状况，从某种意义上说，也加快了人才的外流。

2.2.2 对人力资源管理重视程度不够

在企业人力资源管理中，人力资源规划不仅具有先导性，而且具有战略性，所以对企业总体发展战略和目标的实现具有举足轻重的作用。而目前在国有企业管理实践中，受传统模式、思维理念、能力水平等诸多因素影响，企业大多存在对员工重视程度不够，特别是对员工缺少科学评估，未能根据企业战略需要、行业发展趋势，以及外部劳动力市场变化有效预测员工的供给和需求，缺少储备、培育员工的前瞻性等问题。

2.2.3 人员的激励政策落实不到位

“科技兴企，以人为本。”国家和各级地方政府曾先后出台了大量切实可行的激励政策。但是，由于近年来国有企业经营困难，领导者观念陈旧，许多政策只能是印在纸上，贴在墙上，说在口上，难以真正施行。有的甚至以企业困难为借口，将员工本已享受的待遇变相减免、久不兑现。长此以往，人才激励政策形同虚设，无异于纸上谈兵。人才的缺失导致企业的创新能力不强，没有产品创新的企业如无源之水、无本之木，其恶性循环的结果只能是“良禽择木而栖”。

2.2.4 国有企业薪酬分配机制不够完善，人才待遇偏低

一般意义上讲，薪酬待遇是决定一个劳动者是否选择某个企业的最基本要素。在现行管理体制下，国有企业工资总额刚性约束大，薪酬分配外部竞争性和内部公平性略显不足，薪酬福利计划灵活性较差，薪酬分配中可能存在一定的“平均主义”和“大锅饭”现象。当员工的薪酬期望值高于或远远高于实际所得时，他们的满意

度和对企业的归属感会大大降低。核心员工对期望薪酬的理性追逐会驱使他们重新择业。[①]实践证明，人才劳动报酬的多与少，直接影响到他们生活质量和创新活动积极性的高低。国有企业对人才的工资福利待遇不够重视，致使有的人才生活水平较低，在衣食住行等方面远不及同等水平的“下海”者。这种强烈的反差常常是人才“弃暗投明”的直接诱因。

2.3 员工个人因素

2.3.1 科学研究人才的潜力得不到充分发挥，人生价值得不到真正体现

作为具有较高知识水平和思想觉悟的广大科技人员，支持他们忘我工作的不仅是维系他们生存的工资、福利等物质因素，更重要的是他们决心穷毕生精力为之奋斗的他们所执着的科学研究事业，他们的崇高理想为其提供了强大的精神支柱。而某些国有企业中的科学研究人才的科学研究潜力得不到发挥，成就感得不到满足。科技人员为了实现自己的人生价值，不得不告别曾经为之奋斗的地方；为了继续自己挚爱的事业，不得不另谋高就。

2.3.2 家庭因素与个人发展

子女上学、与配偶两地分居、照顾父母、想读书深造，以及家离公司较远上班不方便等问题都会对员工的流失产生影响。国有企业若忽略员工的个性化需求，不注重预测和分析家庭原因等非工作因素给他们择业带来的影响，不给予员工更多工作外的关心和关注，必然不能很好地消除核心员工流失的风险。[②]

3 国有企业人才流失的对策

国有企业人才的流失，让企业蒙受损失，控制人才流失已刻不容缓。对此，我们可以从社会外部和企业内部两方面考虑对策。

社会外部方面，社会宏观环境引起的员工流失属于社会发展的客观现象，企业无力改变社会环境，但可以趋利避害，相信机遇与挑战并存。企业可以根据外部环境制定一些应对策略，如利用《劳动合同法》与核心员工签订竞业限制条款与商业秘密和知识产权保密条款，增加核心员工离职成本从而减少流失；增加企业的品牌知名度、扩大企业人才招聘广告投入力度，从核心员工的获取层面获得更广范围的

① 罗大川. 2017. 国有企业核心员工流失的原因与对策分析. 企业改革与管理，（13）：82，100.

② 罗大川. 2017. 国有企业核心员工流失的原因与对策分析. 企业改革与管理，（13）：82，100.

选择权；等等。[①]

企业内部方面，可以通过体制改革、培训和绩效考核制度、加强企业文化建设、制订职业生涯规划、制定合理的薪酬待遇、创造良好的工作环境、创建充满活力的团队等方面抑制人才流失。下面，笔者将具体对这几方面进行分析。

3.1 通过体制改革抑制人才流失

人才的大量流失，不仅增加了企业重置人才的成本，造成无形资产的严重流失，还给员工带来了心理上的冲击，对企业形象也有负面影响。既然国有企业人才流失的深层次问题是国有企业僵化的体制导致了用人机制、分配机制的不合理，那么，致力于明晰产权关系、重组产权结构、给国有企业解除制约其发展的体制性障碍的改制，给国有企业一个与外资企业、民营企业一样的在市场上充分施展的自由空间，是否能成为医治人才大量流失的“良药”呢？

国有企业通过改制至少可以为人才大量流失医好以下“病症”。

首先，可以极大地调动企业经营层的创业激情，防止这些企业灵魂人物的流失。国有企业的人才流失给企业造成了巨大的损失，其中国有企业高层经营者的流失则可能给企业以致命的打击，往往意味着整个企业退出市场。秦皇岛卢龙春雪啤酒有限责任公司（以下简称春雪啤酒厂）曾是全市建立最早、规模最大的啤酒厂，产品畅销东北、华北地区。20 世纪 90 年代初，企业多名技术骨干被一家私营企业挖走，两家企业并驾齐驱，竞争激烈。随后，春雪啤酒厂厂长被意大利一家酿酒企业挖走，春雪啤酒厂迅速衰落。[②]这些国有企业总经理在选择离职之前，也许克己奉公，呕心沥血，为国家创造了极大的财富，然而付出与收入不成比例，长期下去难免心态失衡。杭州市轻工工艺纺织品进出口有限公司董事长、总裁张为民改制前在这家国有企业当了整整 7 年经理，谈起改制前，他感触颇多：“前些年在国有企业当经理，不知道是在为谁干，记得有一年公司创造的利润高达 4000 多万元，市经贸委奖给我 5 万元，扣掉税还剩 4 万多元，就这样职工们还议论纷纷呢。”[③]此外，改制前的国有企业总经理还缺乏稳定感，上级领导没有任何民主形式的调离、免职，早已让满腔创业激情的总经理“心力交瘁”。

改制后，国有企业长期存在的所有者“缺位”问题得到了解决，国有企业核心经营者经过管理层收购或其他形式的股份制改造，在新企业中占有较大比例的股份，回报率迅速提升。在短短的时间内，在这些经营者当中就诞生了不少百万富翁，

---

① 李沁原. 2015. YD 园林景观公司核心员工群体流失原因及对策研究. 昆明：云南财经大学.

② 梁栋，何玲玲. 2020. 人才流失要求大型国企加快分配制度改革. http://www.he.xinhuanet.com/zt/guoqi1/guoqi04.htm [2021-05-18].

③ 梁栋，何玲玲. 2020. 三位改制企业老总痛陈国企弊端. http://www.he.xinhuanet.com/zt/guoqi1/guoqi06.htm [2021-05-18].

更重要的是他们的感觉发生了变化，心理上的不平衡感已消失，企业的命运成为他们成就事业的标尺，企业家的创业激情得到激发，他们再也不只注重短期内把业绩做得好看，以博得上级领导的赏识，而是全身心地投入到企业的中期、长期发展战略规划的设计中去。是企业“所有权”的魅力让这些企业的“领航员”留在了国有企业。

其次，能为国有企业领导的人才视角重新“验光”，纠正“偏光”。改制前的国有企业领导大多由上级主管单位任命，总经理只对上负责，人力资源获取，即招募、甄选与内部晋升的标准往往取决于员工是否是“自己人”，是否对自己的仕途有益，那些业务能力、管理能力强但不属于“自己人”、又有点不安分的优秀人才自然被排斥于“人才”之外，失去了晋升、调薪的机会，甚至他们的辞职和跳槽也丝毫不会触动领导的“痛神经”。

改制后国有企业总经理成为新注册公司的董事长、总经理，不同的身份使得这些领导人以全新的视角去调整自己的领导方法和工作思路，用一种新的观念、新的思维方式去重新审视企业的人才，那些原被排斥于企业边缘地带、也许去意已定的核心人才自然首先进入了领导的视野，正确的人才视角使关键员工的自身价值得到肯定，本有去意的人才也会“回心转意”。

再次，改制可为国有企业的薪酬管理“解套”，激活薪酬管理制度重构。国有企业人才流失是因为国有企业过低的薪酬水平、僵化的激励体制。过去在对国有企业进行薪酬设计时，在设计如何激励核心员工的同时，还不得不考虑当地劳动部门对国有企业工资总额的审批、上级主管单位对薪酬水平的制约等因素。再加上国有企业薪酬结构的特点，即固定收入偏高、浮动收入偏低，薪酬没有与个人绩效紧密挂钩，对内缺乏公平性，对外缺乏竞争性。这些激励机制的种种缺陷早已让国有企业的人才“伤透了心”。通过改制，企业在薪酬总额上完全“解套”，全新的产权结构给企业注入了活力。许多国有企业改制后的第一件事就是对薪酬制度进行再设计，通过同行业、同地区的薪酬调查，在量化的岗位评估的基础上，根据工作性质的不同，重新调整薪酬结构，设计不同的固定薪资与浮动薪资的比例，再加上完善的绩效考核体系，以及具有竞争优势的战略性薪酬制度，来留住人才。改制后的员工大多购买了一定比例的股份，改制后的国有企业也可以尝试灵活的激励方式，如股权、期权、沉淀式福利等中长期的激励方式，让企业的中长期发展与核心员工的实际利益紧密联系，使企业与核心员工形成“唇亡齿寒”的依存关系。薪酬制度的变革是企业建立现代人力资源管理制度的突破口，优秀的人才在这样的制度下被企业作为人力资本进行经营，配合系统化的培训，进而为人才的职业发展做好规划。换一个角度，这些人才也会重审自己的离职成本：如果选择辞职，就会失去自己对企业的“所有权”、优厚的薪酬待遇，再加上预期的机会成本，恐怕是一个不小的数字。这不得不让人才在考虑离职时“三思而后行”。

最后，改制其实也是分流冗员、突显人才的最好契机。国有企业在其发展历程中，受到很多非市场因素的影响，如每次政府精简机构，国有企业则成了绝大多数政府分流人员的归宿，长此以往，冗员现象日显突出，这些多余人员不仅导致企业负担沉重、办事效率低下，更重要的是阻塞了核心员工的职业发展通道，淹没了人才的重要作用，破坏了企业整体管理体制的良性运作。改制给了国有企业减负的契机，企业为分流的冗余员工支付离职补偿金或提前内退的补偿金，虽然短期内会增加企业的负担，但从长期来看，这种分流不仅为核心员工的职业发展扫清了障碍，激发了士气，也促进了精干、高效的员工队伍的形成，为企业迅速成长插上了翅膀。这样，人才又怎会舍得“离开”？

3.2 通过培训和绩效考核制度抑制人才流失

企业看重人才的一个重要表现就是重视对人才的培训投入。通过培训，不仅能提高员工的素质，还能使其感受到企业对自己的重视，以及更加了解企业的发展，从而产生对企业的归属感。近年来，越来越多的年轻人在选择招聘单位时，首要条件就是看招聘单位能否提供在职攻读学位的机会。他们意识到，不经过培训就不可能升迁；企业也明白，不加大培训投入就不可能提高员工素质，只有重视培训投入，才能留得住员工。只有留得住员工，培训对企业才有意义。

中国人寿保险（集团）公司（以下简称中国人寿）对员工教育培训十分重视。围绕“人才强司”战略，不断完善教育培训体系，加大员工教育培训力度，员工培训覆盖率高达98.66%。以支持战略落地、满足组织需求为出发点，针对各层级人员专业特点、成长规律和工作需要，各级教育培训部门持续组织实施“珠峰计划”“亮剑计划”“星火计划”“海燕计划”新人训练营、主管训练营等精品培训项目，进一步提升培训质量和时效性。中国人寿还高度重视培训配套资源建设，多年来逐步加大对师资队伍、培训基地建设的支持。截至 2017 年底，中国人寿全系统教育培训条线已拥有 2133 名专职讲师、170 461 名兼职讲师，支撑公司队伍建设和业务发展的培训能力不断增强。中国人寿拥有保险职业学院，中国人寿国际金融研修院，上海、成都两家寿险研修院，广发银行商学院等 5 家培训机构，以及各省（区、市）分公司区域性培训中心。全系统年均培训高达 280 万人次，国寿 e 学、国寿易课堂在线培训突破 694 万人次。①

中国石油天然气集团有限公司将员工成长成才作为公司发展的基础，开展全员培训。持续完善培训基地和培训网络建设，按照知识培训、专业培训、岗位培训、脱产与业余相结合的培训模式，努力培养创新型人才，实现员工成长与公司发展的良性互动。在推行全员培训的基础上，重点针对经营管理、专业技术、操作技能和国际化四类人才，实施“四大培训工程”，全面提升员工素质。②

① 中国人寿. 社会责任-员工发展-员工焦旭培训. http://www.chinalife.com.cn/eportal/ui?pageId=135627.

② 中国石油. 员工发展-员工成长. http://csr.cnpc.com.cn/cnpccsr/emdevelop/ygcz.shtml.

紫光集团有限公司 1991 年就率先提出了“人才工程”，依托清华大学在人才资源方面的独特优势，采取“宏观选择、微观培育”的基本战略，使企业高速发展并取得了成功。所谓宏观选择，就是坚持把“对事业的追求”放在选择人才的首位，从宏观角度强调人才的基本素质、基本条件，然后从微观角度注重具体行为、工作开展的培育，使人才发育成熟。紫光集团有限公司对所有新员工先要进行为期 3 天的拓展训练，目的是让新员工了解公司环境、增强团队精神和凝聚力；对老员工则注重不断加强知识的更新，公司除定期请专家讲授最新技术发展情况外，还经常送员工到清华大学参加 MBA 培训。依靠“人才工程”，紫光集团有限公司不仅提升了员工素质，还提升了自身的管理素质，使企业拥有了竞争优势。①

国有企业现状和一贯的用人机制造成了企业“只用人，不给加油”的局面，这势必会导致优秀员工的知识、技能等的退化，直接影响员工职业生涯的发展。针对这些实际情况，国有企业应采取以下对策。

首先，企业应根据自身的需要结合员工个人对自身发展的期望进行合理的培训。为了防止员工流失，企业可根据培训的两种形式，即普通培训、专门培训来采取不同措施加以处理。

其一，普通培训。由于普通培训的技能对市场同行业的企业都有用，即普通培训存在外部经济性。在这种情况下，如果企业以支付小于受培训后员工的边际产出的工资水平来弥补培训成本的话，那么员工就有可能辞职到其他单位工作。因此，企业应根据员工受训后因技能提升而工作效率增加，相应提高其工资待遇，来规避培训后人才流失的风险。

其二，专门培训。由于专门培训只有在提供培训的企业中有用，如果由企业支付全部培训费用的员工离开企业去从事其他工作，那么企业就得不偿失了。因此，企业应根据《劳动合同法》第二十二条规定：“用人单位为劳动者提供专项培训费用，对其进行专业技术培训的，可以与该劳动者订立协议，约定服务期。劳动者违反服务期约定的，应当按照约定向用人单位支付违约金。违约金的数额不得超过用人单位提供的培训费用。用人单位要求劳动者支付的违约金不得超过服务期尚未履行部分所应分摊的培训费用。”这样，企业便可以有效降低员工辞职的可能性。

其次，企业应建立合理、公正的绩效考核制度。为了避免产生不公平的现象，企业在制定出绩效考核制度后，应注意一些问题：第一，绩效考核标准要清楚。管理者对表现“好”或“普通”的看法可能不同，对某些特性如“正直”更难客观评定，所以管理者必须对特性的意义及评定尺度有共同的看法。第二，避免产生“晕轮效应”，即不论员工在某些特性方面的实际表现如何，管理者一概评给同样的分数。第三，避免在量化评分过程中产生“集中趋势”。许多管理者在评分过程中都会避高避低，但倾向“中庸”的分值是不可取的。第四，避免偏见。如有些管理者

① 魏葵．2001．留住公司的核心员工．经济管理，（17）：34-37.

对具有某些特性的个体有偏见，不论该员工表现如何，一概给予高分或低分。因此，不断完善和加强员工的考核，并根据考核的结果对员工进行必要的奖惩、升降级、任免、调动，能够促使员工兢兢业业，努力上进，力争上游，充分发挥各自的专长和才智，从而形成良好的组织氛围，同时有利于工作效率和公司效益的提高。

最后，鼓励支持员工尽己所能进行创新，并对员工的创新进行客观的评价。在新经济时代，创新是企业生存之本。员工的创新行为是员工自信的表现，而业绩的提高和工作的积极有效则更加强化了这种自信。这些充满自信并拥有创新精神的员工往往能与周围的同事秉持协作精神，使工作顺利完成。这无疑为组织工作的有效进行营造了良好的氛围，同时也使组织内部显得生机勃勃。所以，鼓励创新的企业更能为员工的自我实现创造良好的工作环境，能不断提升员工对企业的满意度。

3.3 通过加强企业文化建设抑制人才流失

企业文化，是指在一定的社会经济条件下通过社会实践所形成的并为全体成员所遵循的共同意识、价值观念、职业道德、行为规范和准则的总和，是一个企业或一个组织在自身发展过程中形成的以价值为核心的独特的文化管理模式。企业文化的建设对于企业的生存发展至关重要，其中企业文化的重要内容就是思想观念，它决定着企业成员的思维方式和行为方式，能够激发员工的士气，充分发掘企业的潜能。一个好的企业文化氛围建立后所带来的是群体的智慧、协作的精神、新鲜的活力，可为企业的创新和发展提供源源不断的精神动力，更能为企业吸引人才、留住人才创造有利条件。

企业文化建设是多方面的，它与企业的行为紧密结合，主要反映在以下几方面。

第一，企业文化建设与企业的培训活动相结合。企业之间的竞争是人才的竞争，是员工能力的竞争。培训是提高员工能力的一个重要途径，企业中浓厚的学习气氛可以大大提高员工的能力，从而增强企业的竞争力。知识经济时代，知识资本成为企业发展的关键性资源。因此，以提高员工能力为目标的学习型企业文化，能从根本上提高企业的综合素质及核心竞争力。

第二，企业文化的建设与员工创新活动相结合。随着当代经济社会的发展，创新成为关键环节，而创新与风险并肩而立，所以企业需要营造一种鼓励创新、积极向上的开拓性企业文化，以形成不畏风险、勇猛进取的良好氛围，这样有助于增强企业的凝聚力及产品的竞争力。因此，企业文化建设要与企业的创新有机结合起来，为企业创新提供适宜的环境和充足的营养。

第三，企业文化的建设与公正合理的企业制度相结合。一个公正合理、成熟深厚的企业制度有利于企业配置有效资源、确定经营目标、控制经营活动和筹划发展战略，是企业持续、健康发展的重要保证。企业竞争范围的不断扩展，必然推进企业应变能力逐步加强，这对企业的制度提出了更高要求。企业文化为现代企业管理理论和管理方式提供了丰富的内涵和科学的管理理念，为企业制度的制定开辟了广阔的天地。因此，企业在深化改革、完善现代企业制度的过程中，应切实加强企业文化建设，以企业文化为载体推进现代企业制度，真正为企业健康发展注入持续的文化动力。

第四，企业文化建设与企业团队建设相结合。企业文化建设强调“以人为本”，主要是注重对人的价值理念的提升，更加关注个人才能的发挥。“以人为本”的企业团队给企业文化带来了生机和活力，形成了顽强的企业团队精神，成为企业获得巨大成功的基础条件。而把企业众多的员工凝聚起来，只靠金钱是不够的，企业必须具备共同的价值观、目标和信念。对共同价值的认同会使员工产生稳定的归属感，从而吸引和留住人才。实践证明，企业只有造就了优秀的企业团队，企业文化才能更好地发挥应有的作用。同时，企业有了优秀的文化，才能使企业内部形成上下一致的价值观，从而打造出一支战无不胜的员工队伍。

海信集团作为一家传统的国有企业，能够脱颖而出且健康、持续、稳健地发展，其原动力就是海信集团优秀的企业文化。海信集团董事长周厚健认为，企业文化是企业增长力的源泉，是企业取得成功的收获土壤。只有把文化融入企业，塑造企业形象，光大企业精神，企业才有辉煌的未来。海信集团各直属公司结合各自特点，采用丰富多彩的形式，组织员工认真细致地学习全新编制的《员工手册》，在员工中产生了强烈的冲击波，使新老员工全面深入地了解了海信，看到了海信的希望，增强了建设海信的信心。海信集团还通过企业文化知识讲座、知识竞赛、《海信之歌》歌咏比赛等形式，进一步提高凝聚力、向心力、竞争力。和工业时代特有的“冰冷感”不同，海信在企业文化中倡导人和人之间的情感关怀。“在海信就像生活在一个大家庭一样，让人感到温暖。”正是企业文化中的这种浓厚人情味，让很多人对海信不忍割舍，大批的高层次人才纷至沓来加盟海信。①

邯郸钢铁股份有限公司（简称邯钢），坚持以精神文化建设为核心，形成了“四讲”（讲大局、讲团结、讲民主、讲贡献）、“三重”（重改革、重科学、重效益）、“三创”（创业绩、创新路、创一流）的邯钢精神；形成了艰苦奋斗、务实创新的厂风。正是在这种精神激励下，2.8万名邯钢员工提出合理化建议76 000多条，创经济价值10亿元以上，涌现出了一大批爱厂如家的员工典型。②邯钢全心全意依靠员工办企业，通过生产经营、日常管理，以及丰富多彩、健康向上的文化活动，逐步引导员工树立和形成了一种积极向上的人生观、价值取向、道德准则，从而造就了一支觉悟高、素质好、能力强的员工队伍。

① 王文进. 2004. 与时俱进的海信文化. 企业改革与管理，（12）：38-39.

② 何淑明. 2006. 国有企业难以吸引人才的原因与对策.重庆工商大学学报. 西部论坛，（4）：102-105.

3.4 通过制订职业生涯规划抑制人才流失

如今，越来越多的国有企业开始注重指导员工制订职业生涯规划，并与员工共同努力，促进其个人计划的实现，这大大增强了一些优秀员工对企业的忠诚度。他们感到在这里个人职业发展前途可观，有奔头，因此会安心在本企业工作，并努力发挥最大的工作潜能。

所谓职业生涯，根据美国组织行为专家道格拉斯·霍尔的观点，是指一个人一生工作经历中所包括的一系列活动和行为。[①]职业生涯规划是指个人和组织相结合，在对一个人职业生涯的主客观条件进行测定、分析、总结的基础上，确定其最佳的职业奋斗目标，并为实现这一目标做出行之有效的安排。职业生涯规划是企业为实现每名员工自主开发内在资源的有效方式，它能有效抑制企业与员工个体在目标整合上的偏差，并避免由此造成的员工工作主动性、积极性等因素的丧失。

在企业中，员工追求的利益既是一种经济利益，从长远来说更是一种良好的职业发展。员工选择一个企业，往往是以追求良好的职业发展为目的。因此，对员工进行职业生涯规划，对留住员工、防止员工跳槽可以起到积极的作用。员工会因为企业为其提供专业的职业生涯规划帮助而对企业产生认同感，认为企业非常关心自己的发展，如果留在企业工作，自己会沿着一条目标明确、清晰的职业发展道路而不断前进，并因企业提供的相应的职业机会，在企业的帮助下，而最终实现自己的理想。这样，员工跳槽的可能性会大大降低。

3.5 通过制定合理的薪酬待遇抑制人才流失

人才是否流失，既取决于其在某组织或岗位上能否发挥才能，也取决于其能否得到与自身贡献率相匹配的劳动报酬。

物质利益是人们生存的基本条件和工作的根本动力，也是所有公司吸引人才、留住人才的必要手段。素质越高、越稀缺的人才，获得的工作选择机会越多，越应获得更高的报酬。薪酬待遇在某种程度上体现着人才的市场价值，是人们充分发挥工作能力的物质动力。

全球营业收入前500位的大型企业，几乎全部实行了股权激励机制。合理和完善的股权激励机制能够在微观上充分调动员工的积极性和主动性，将员工的个人成长和企业的长远发展结合起来，增强企业的活力和竞争力。

国务院国有资产监督管理委员会（简称国资委）数据显示，目前共有 45 家中央企业控股的 92 户上市公司实施了股权激励计划，占中央企业控股境内外上市公

① 孙健，张红. 2006. “锻造商业银行核心员工”专题之六：职业生涯管理. 农村金融研究，（4）：20-22.

司的 22.8%，主要分布在通信与信息技术、科研设计、医药、机械、军工、能源等行业领域。但是，与民营上市公司的激励政策相比，国有上市公司实施股权激励的覆盖率依然偏低，监管政策存在一定刚性要求，需要在激励总量、激励收益、业绩考核、人员异动处理等具体实操路径上进一步完善股权激励机制。①

2010 年 9 月，光明乳业对 94 位企业高管和骨干的股权激励方案，正式获得中国证券监督管理委员会（简称证监会）和上海国资委及股东大会批准，由此被称为"上海市地方国企股权激励试点改革第一单"。

上海家化联合股份有限公司作为国内化妆品行业首家上市企业，拥有六神、美加净、佰草集等众多国内知名的日化品牌，被称为是国内日化行业中少有的能与跨国公司开展全方位竞争的本土企业。作为试点，该公司已经两次进行股权激励，员工覆盖面达到 40%左右。②

2010 年 9 月 15 日，江西省国资委通过江西省产权交易所挂牌交易的方式，将持有的江中集团 10%股权出让给了中国人民解放军军事医学科学院。同时为激励江中集团管理层，将持有的江中集团 30%股权，通过奖励及现金配售相结合的方式，授予了由 24 名自然人组成的江中集团管理层，以激励核心员工。③

良好的企业和良好的薪酬体系是分不开的。每个岗位和每名员工的作用都对企业发展起着作用。科学的薪酬体系有利于提高员工的忠诚度。在人才流动频繁的今天，为留住员工，企业的薪酬该如何制定？

中国航天科技集团有限公司自成立以来，积极推进薪酬分配制度改革，逐步建立起与社会主义市场经济体制和航天科技工业发展相适应的薪酬分配体系。中国航天科技集团有限公司企业单位实行岗位系数工资制，事业单位实行岗位绩效工资制，突出了以岗位工资为主体，以岗定薪，以绩定酬，岗变薪变，重在考核的原则，使薪酬分配向一线人员、关键岗位、骨干人员、有突出贡献的人员倾斜。岗位系数工资由岗位工资、年功工资、特殊工资、效益工资 4 个单元组成。岗位绩效工资由岗位工资、薪级工资、绩效工资、津贴补贴 4 个单元组成。中国航天科技集团有限公司积极探索薪酬分配激励机制的新方法，形成了以岗位系数工资制和岗位绩效工资制为主体、多种分配形式并存的薪酬分配体系。

中国航天科技集团有限公司高度重视骨干人员激励政策，加大对有突出贡献的拔尖人才的激励力度，提高优秀骨干人才薪酬水平，积极实施"载人航天工程"等人才特殊津贴和军岗津贴政策。同时骨干人员所属基层单位结合实际，在加大薪酬

---

① 佚名. 2019. 国资委：目前共有 45 家央企控股的 92 户上市公司实施股权激励计划.http://finance.eastmoney.com/a/201905161124980547.html[2019-05-16].

② 佚名. 2020. 国企改革十大经典案例及国企混改"4＋1 模式". https://new.qq.com/rain/a/20201113A03OJC00[2020-11-13].

③ 佚名. 2020. 国企改革十大经典案例及国企混改"4＋1 模式". https://new.qq.com/rain/a/20201113A03OJC00[2020-11-13].

分配制度改革的基础上，大力实施骨干津贴、高技能人才特殊津贴等一系列稳定骨干队伍的激励政策。

为稳定军品人员队伍，调动骨干人员的积极性，加强军品岗位人员考核，中国航天科技集团有限公司对直接从事军品型号科学研究的生产、技术、管理人员实施军岗津贴，并先后两次调整军岗津贴标准，军岗津贴实行动态考核管理，与任务完成情况、个人岗位职责及贡献直接挂钩。①

好的薪酬管理不仅能起到激励员工的作用，同时能对人工成本进行合理控制，其具备以下五大特点。

一是薪酬水平具有竞争力。但有“竞争力”不等于最高。因为一个企业的人工成本不可能一味地提高，过高的人工成本对企业和企业的核心竞争力会造成影响。例如，一家生产塑料托盘的国有企业有 200 多名员工，相对来讲，它的人工费用和管理费用高，成本就高。在市场上，它每月的销售额从 700 万元下降到 200 万元。原因在于一些个体户冲击了市场，以低成本造成产品的低价格。在一个成熟的市场中就成熟的产品进行竞争，无疑是残酷的价格竞争。成本太高，企业可能会丧失竞争力；成本太低，企业又招不到需要的人。所以，薪酬的制定必须看市场。首先要看劳动力市场，其次看竞争对手，最后看本公司的效益水平。

二是视自己企业情况确定工资中固定和变动的比例关系。一般企业中，后勤支持和管理部门、人力资源、财务、行政部门人员薪酬中的固定比例大，而生产、销售人员的变动比例大。过去老的国有企业中，员工在企业中工作时间越长，工龄越长，其在评定职称、分房、工资方面越有优势。而年轻人什么都要等，造成他们即使有能力也不愿发挥出来，因为一切“好处”都要论资排辈。现在的企业主要看贡献，不管年龄大小。年轻人靠自己的知识结构做贡献，老员工靠丰富的经验出业绩。在绩效面前，人人平等，谁能干，谁就挣得多。过去企业用等幅式结构比较多，每一级别差距都一样。现在企业多用连续曲线型结构，就是在比较低的级别区域内，岗位之间的薪酬是平缓的直线，进入管理岗位区域后，呈加速曲线，与相邻岗位差距大，体现了企业对高级技术人员和管理人员贡献度的肯定和激励。

三是薪资的沟通。也就是企业对薪酬能否做到公开、透明。管理科学、工资评定体系完善的企业都极力宣扬薪酬的透明度，让员工明白，自己岗位的薪酬是怎么做的，为什么拿这份工资。

四是薪酬的透明度。与国有企业相比，外资企业的工资级别都是公开的，每级的范围也是公开的，它们这样不仅没有产生负面影响，还起到了积极作用。员工能清楚地知道拿眼下的这份工资，是因为做了哪些工作，如果努力，会成长到哪个级别，享受何等待遇。工作内涵决定了人的价值，而国有企业在这方面则显得过于含

① 中国航天科技集团有限公司. 2014. 人力资源-人才理念-薪酬福利.http://www.spacechina.com/n25/n2014703/n2014713/n2014747/index.html[2014-07-13].

蓄。管理者认为，如果公开薪酬，会有人因为几十块钱闹得不愉快，所以国有企业的工资透明度显然不够。

五是同一岗位的工资因人而异。如同样是出纳岗位，一个中专毕业生、一个大专毕业生和一个有丰富经验的本科毕业生，如果他们工资拿得一样，就等于轰本科毕业生走人。同工同酬在这里的微观表现应该是同工不同酬，这样才公平。

3.6　通过创造良好的工作环境抑制人才流失

优秀的人才所要求的不只是加入到公司，他们要的是在自己的工作岗位上有创新的机会，建设一个尊重知识、尊重技术、尊重人才的企业文化氛围，形成一个有利于人才发挥聪明才智的工作环境，已成为企业吸引和留住优秀人才，特别是高级优秀人才的关键。

例如，中国铁建股份有限公司（简称中国铁建）坚持“人才第一”观念，紧紧围绕企业发展目标，牢牢把握公司人才队伍的现实基础，深入实施人才强企战略，创造性地开发现有人才，着力开发利用各种人才资源，加强人才队伍建设，努力使公司人才队伍在质量和数量方面更上一个台阶，从而适应生产经营对公司人才队伍的需求，为推进企业建设目标提供强有力的人才保证和智力支持。具体举措主要包括以下几方面。

（1）建立人才成果奖励机制，使取得重大成果、做出重要贡献的人才确实有荣誉感、光荣感。

（2）以高层次人才和紧缺人才的开发与使用为重点，以打造管理技术密集型企业为目标，建设高素质的人才队伍。

（3）大胆使用引进的高层次人才，能力、业绩特别突出的应予以重奖，确保引得来、留得住、用得好。

（4）完善以业绩和能力为导向的考核评价机制和科学有效的激励约束机制。

（5）构建终身教育体系，促进人才队伍整体素质不断提高，建立带薪学习制度和经费保障制度。

（6）加快人才资源配置市场化进程，健全人才网络体系，形成多层次、多功能、宽覆盖的人才服务体系。

（7）加强人才工作的组织领导，把人才工作纳入企业发展的总体布局，走人才强企之路，创人尽其才的新局面。①

3.7　通过创建充满活力的团队抑制人才流失

现代企业的经营环境复杂多变且充满竞争，单凭员工个人打拼显然已力不从

① 中国铁建股份有限公司. 人力资源-人才战略-人才理念. http://www.crcc.cn/col/col1700/ index.html.

心。企业的发展更多地依赖于企业中的团队即大家的力量。

企业团队是由一群拥有不同个性的人聚合而成的利益共同体。他们在共同目标的指引和驱动下，共同奋斗，创造社会财富，实现个人价值。企业团队的凝聚力是企业生存和发展的必要条件，也是企业对员工吸引力和结合力的统一。用理性打造企业团队应注意以下几点。

第一，不要忽略赞赏的作用。好胜心人皆有之，企业的每名员工若都有强烈的进取意识，那么该企业一定充满活力。人一般都有实现自我价值的愿望，十分注重领导和社会对自己的评价和认可。企业领导若因势利导，则会大大激励员工的积极性。

第二，包容员工的个性。由于人成长的环境条件及受教育的程度不同，人的个性也千差万别。企业领导不能以个性相投作为对下属亲疏取舍的标准，古今中外不少有成就者都有自己的个性特长。我们应承认人的个性存在差异性，要有一颗包容的心；要根据不同人的不同个性，扬长避短；追求各种个性的相融。

第三，管理者要多承担责任，少争荣誉。在企业团队目标一致的基础上，团队成员之间既有竞争性，也有互补性，个人和企业间互相依存，共同发展。一个企业中由于各人能力有大小，岗位有高低，创造的绩效也有多有少。个人应将自己的成就融于企业之中，使个人和企业同步发展。另外，管理者应多承担必要的责任，这样可以使员工感到上级对自己的尊重，从而产生自豪感和安全感，增强对团队的信心和向心力。

第四，与员工进行感情交流。企业要创造一种愉悦、宽松的工作环境，首先必须尊重和信任员工。企业管理者要将员工视为自己的工作伙伴，视作利益与共的手足。

思考题

1. 国有企业员工流动的现状是怎样的？
2. 国有企业员工流动的特点有哪些？
3. 国有企业员工流动的原因有哪些？试列举说明。
4. 职业生涯规划的制订在国有企业员工流动中的作用如何体现？
5. 国有企业抑制人才流失的对策有哪些？

案例讨论[①]

转制后的央企高新公司人才流失

Z 公司是一家高素质人才相对集中的高科技型企业，设有总部、地区本部，辖

① 张鹏，等. 2008. 转制后的央企高新公司人才流失 .中国管理案例共享中心 https://www.cmcc-dut.cn/Cases/Detail/355[2008-05-12].

属两个国家级科研院所，并控股三家高科技企业。公司现行薪酬主要由三部分构成：员工薪酬=基本工资+绩效工资+福利。

（1）基本工资：在Z公司，基本工资主要包括岗位（职务）工资、学历工资、工龄工资、职称工资和特殊人员津贴。其中，其他类别所占比例较小，主要为岗位（职务）工资。

（2）绩效工资：主要就是年底奖金，由主要领导根据当年盈利情况，拿出一定比例的利润给各部门激励员工。

（3）福利：转制后的公司参加了国家强制性规定的福利项目，即“五险一金”。过节物资是指每年的中秋节和春节公司发给每人300～400元的油、大米等物资。

一、新产品部孙经理辞职事件

2006年4月，当孙经理向人力资源部递交辞职申请时，公司领导无异于震惊，这是出乎意料的。孙经理是公司最年轻的管理者之一，也被公认为是最有发展前途的年轻人。孙经理出生于1975年，1995年山东大学计算机专业毕业后来到A公司。虽然是大专毕业，但是孙经理非常务实，肯学肯干，脑子灵活，很快就掌握了工作所需的各种基本知识。由于工作表现非常出色，业绩突出，很受领导者的赏识和重用。他从事过车间管理、ISO9000质量体系认证，以及负责过老产品部门的扩产建线工作，当新的生产线项目启动时，又被抽调出来负责新生产线的建设及生产管理工作。新生产线建设是2003年Z公司涉足新的产业领域，投入几千万巨资建设的大项目之一，由此可见孙经理在公司领导心目中的位置。孙经理为什么在这样关键的时刻提出辞职，公司领导难以理解。

得知孙经理的递交辞职申请的消息后，上至公司总裁，下至地区本部的负责人张总等领导都与其进行沟通交流，希望能够尽力挽留住他。当然离开公司，孙经理一直也很犹豫，但是下面的几件事情最终让他下定决心选择离开。

其一，作为新生产线的产品经理，孙经理承担生产组织管理、市场开拓、新品研发等巨大压力，但是自从实行新的绩效考核后，部门负责人的工资收入与产值、利润、现金流等指标挂钩，由于是新上的项目，特别是电力行业进入的门槛较高，一时很难达到公司的要求，因此按照薪酬考核办法，每月都要扣发本来就不高的工资，这与承担的责任、压力远远不成正比。

其二，公司与北京一所大学联合办理的企业管理研究生在职学习，当时参加学习的12个人，除孙经理外，其他人员的学习费用2.4万元都是由公司承担的，而仅仅因为孙经理是大专毕业生，不符合公司联合培养研究生的相关条件，就让其自己承担这些费用。他刚结婚，贷款买了房子，还要为学习承担这些费用，因此经济非常拮据。

其三，公司这些年产业发展速度比较快，经济效益也非常可观，但是分配政策基本上延续事业单位的分配模式。孙经理毕业10多年，单身的时候考虑得很少，只是埋头苦干，默默为公司奉献，但是如今已经是为人夫、为人父的人，上有老、下有小，承担较大家庭责任，特别是与同学相比、与从公司辞职出去的那些能力比他差得多的人相比，孙经理更加感到失落。

在孙经理矛盾、困惑、犹豫、进行艰难思想斗争的时候，江西一家公司向其发出信号，并且开出优厚的条件，在现实的面前，孙经理考虑再三，最后还是选择离开了公司。

二、硕士、博士辞职、离职、调动风波

Z 公司作为由转制院所组建的高科技型企业，高素质的研究开发、工程技术、生产管理人才是其巨大的财富，也是核心竞争力之一。但是重组以来陆续出现的硕士、博士辞职、调动事件，让公司管理者感到问题的严重性。

贾博士是公司与北京一所高校联合培养的博士，他一直从事过本公司所有产品技术，以及国家各类项目的科技攻关工作，隶属公司的工程技术研究中心，该中心是公司人才和技术最为集中的部门，所有的科研项目均由该部门承担，每年为公司争取将近 4000 万左右的科研经费，为公司的科技产业孵化和工程化立下了汗马功劳。但是，由于公司薪酬分配体制的相对滞后，工程技术中心许多员工认为自己的付出和收入严重的不平衡，每年为公司争取那么多的科研经费，工资只够生活，奖金只够过年，纵横向比较都有很大的差距。作为工程技术中心元老级人物的贾博士更是有这种感觉，住着 20 世纪 70 年代 60 多平方米的旧房子，与自己的那些同学相比有着天壤之别。2005 年 9 月，在广东一个同学的一再邀请下，贾博士义无反顾地携妻子、孩子到广东去了。他的同学是公司的老板，给了贾博士一套 100 多平方米的房子，还帮其解决了妻子的工作，其个人年薪也在 30 万左右。在目前的 A 公司，像贾博士这样的科研人员根本不可能拿到这样的待遇。

也许是链式反映，留日的马博士去了辽宁一所大学，曾经担任过公司副董事长、总裁的留美王博士去了美国在北京的一家独资公司，朱硕士去了山东的一所大学，陈博士到了北京一家研究院，张硕士去了四川大学，李硕士考上了公务员，叶博士（在读）也离开了公司，具体去了什么地方，谁也不知道。这就是现状，公司这些联合培养的土、洋硕士、博士相继离开公司，对公司造成相当大的影响，公司为培养这些人才也付出巨大的代价，但是最终也没有能够留住他们的心。

三、科技管理部胡主任辞职事件

2006 年 12 月，让公司领导不愿意看到的事情再次发生，科技管理部胡主任提交辞职调动申请。胡主任的辞职没有任何征兆，更何况他所在的部门在公司占据重要的位置，所有科研项目的管理都归集到科技管理部，这个部门也是对上级单位、用户联系的桥梁，掌握着公司绝大部分的核心技术秘密。公司领导决不希望这个部门的负责人辞职，但是当胡主任提辞职申请后，挽留已经没有任何意义。胡主任 1984

年毕业于南京一所高校，一直在公司工作至今，其间1998年的时候参加公司与山东大学联合培养的工程硕士班学习，顺利取得学位，目前正在职攻读辽宁大学的博士学位，在公司也算是元老级的人物，与公司的许多高层管理者前后来到公司，相互之间的感情也不错。所以领导根本没有想到他想要离开公司。多次饭桌上交流，私底下挽留，都没有起作用，最终领导同意了其辞职调动申请。

胡主任联系好了与本公司属于同一个系统的北京的另外一家央企，这家企业答应给提供一套住房，解决全家人的北京户口，以及他妻子的工作，待遇肯定比现在要高得多。

四、新毕业生离职事件

小王是北京理工大学对口专业毕业的高才生，2001年7月通过层层面试后来到公司，经过3个月的实习后分配到公司效益最好的产品部做技术开发工作，由于表现非常出色，热心的同事将工程技术中心的女大学生小杨介绍给他，两个人经过一年多的交往后携手步入婚姻的殿堂。但是由于公司薪酬分配一直采用原事业单位论资排辈的政策，说要进行薪酬改革，却进展迟缓，而小王结婚后租住房子，两个人的工资除去房租和生活必需的开支外，所剩无几，而马上面临要孩子，小夫妻俩经过商量后，决定让小王参加研究生考试，由于小王的基础很好，稍加复习备考后便以较好的成绩考取了上海交通大学的研究生，2005年毕业后在上海找了一家非常不错的合资单位，妻子小杨也辞职去了上海。

五、人才流失问题调查和访谈

（1）薪酬满意度问卷调查汇总分析反映有2%的员工认为薪酬分配制度不合理，感觉自己的努力付出与收入回报不公平，对工资水平不满意，没有达到他们对工资的期望值，认为个人所得不能正确反映其个人的价值，认为公司目前的工资水平在人力资源市场上缺少竞争力，对所需人才缺乏足够的吸引力。

（2）有78%员工认为目前薪酬分配制度激励性不够，起不到奖勤罚懒的作用，薪酬的保密性太强，缺乏透明度，存在领导暗箱操作的嫌疑；大家认为平时工作表现及业绩对年终的奖金分配影响不大，普遍觉得奖金的发放制度不够科学和完善，没有与贡献、业绩挂钩，由主要领导说了算，没有拉开档次，平均主义严重，对员工没有任何激励作用。

（3）许多员工认为公司除了工资和每年三四百元左右的春节和中秋节福利物资外，其他的经济性福利待遇无从谈起，但是对于公司比较完善的“五险一金”社会保障体系比较满意，对于公司的几个食堂的保本经营，以及给予适当误餐补助比较认可，但是公司没有带薪休假制度，平常的集体娱乐活动及业余文化生活也较少，希望公司在这方面不断改进完善。

（4）92%的员工认为管理干部、专业技术人员和博士、硕士的辞职、离职、调动励制度不满意，日常的奖励少，与薪酬待遇有绝对的关系，认为公司的分配机制存在严重问题，根本不适应科技产业发展的需要和市场人力资源的基本规律。

（5）无论是员工还是中层管理人员都对公司的奖励制度不满意，日常的奖励少，即使年终的奖励，也是象征性的，缺少精神奖励。员工、骨干及中层普遍对学习和培训的机会不满意，尤其是专业知识。虽然有在职研究生管理办法，但是对于个人概率太小，不敢奢望。大多数人还是希望有针对实际工作的培训学习机会，比方说产品经理希望能够进行财务知识培训，让他们能够看懂财务报表等。

讨论题

1. 导致该企业人才流失的原因有哪些？
2. 面对这种情况，公司该如何处理？

第6章 外资企业员工流动分析

本章主要学习目的

1. 掌握一些著名企业的用人法则。
2. 了解外资企业的薪酬福利待遇。
3. 了解外资企业人才“回归”的现状。
4. 讨论外资企业人才“回归”的原因。

引导案例①

Z保险公司人才流失危机

1996年11月26日，Z保险公司作为第一家中外合资的寿险公司正式成立于上海。公司经营范围包括人寿保险、健康保险和意外伤害保险等保险业务及上述业务的再保险业务。截至2012年6月，Z保险公司L分公司共有2个业务部门，系统显示销售人员共有108人，每日正常出勤76人。其中业务一部系统显示销售人员为64人，每日正常出勤45人；业务二部系统显示销售人员为44人，每日正常出勤32人。与同行业公司的人力资源构成比例不同的是，Z保险公司L分公司的内勤人员为63人，与销售人员数量不相上下。从销售人员的年龄来看，业务人员平均年龄是30岁左右；并且业务部销售员工以本科学历为主，本科及以上学历的人员占到了总数的80.56%，队伍的整体素质很高。其中，得益于公司的良好口碑，海外留学归国的人员也占到了一定的比例。

从业务部销售人员的年龄、学历和性别情况看，可以得到这样几点结论：业务部员工成年轻化态势，是一支有朝气有干劲的队伍，但是从另一个角度来看，有一定工作经验的老员工所占比例不高，员工的离职率较高。

Lisa女士，是Z保险公司L分公司人力资源总监，她从国有事业单位辞职到加

---

① 王宁，刘晓璐. 2014. Z保险公司人才流失危机. 中国管理案例共享中心 https://www.cmcc-dut.cn/Cases/Detail/1814[2014-12-13].

入Z保险公司的十余年时间里，从一名普通的保险销售员升职到地区经理，大区培训经理，再到如今的分公司人力资源总监。对于Lisa来说，Z保险公司是自己加入外企的第一家公司，自己在这里得到了实实在在的发展和进步，因此，Lisa对公司充满了热爱。此时，重新回忆起这半年来L分公司发生的团队归零事件，心头却有种说不出的苦涩和纠结……

熟悉保险行业的人都应该知道，保险从业人员的每个月的业绩除了代表你的收入外，还有一个作用就是可以累计以达成某些高峰会议的入门标准，能够参加这样的高峰会议通常是保险从业人员引以为傲的光荣。而此次Z保险公司L分公司发生的团队离职事件的导火线正是总公司的年度高峰会议。

2012年9月初，Z保险公司对各个城市的分公司同时公布了总公司本年度高峰会议的达成标准及会议安排。正如老话所说的那样，不想当将军的士兵不是好士兵，同所有的销售人员一样L分公司的业务部同仁也都对此次峰会热情盼望着，纷纷摩拳擦掌、跃跃欲试。当时，L分公司的业务一部内销售人员分为两组，分别由Donnie和Tony带领，并且他们两人本身也是公司的销售高手，Tony更是2011年Z保险公司L分公司的销售冠军，由这样两名能力一流的销售高手带领的团队自然也是势不可当。经过将近4个月激烈的市场拼杀，两支业务团队的业绩斐然，几乎不相上下，但又都没有达到高峰会议的入门标准。眼看还有不到一周就到峰会的时间截止日了，这个时候不管谁能再递交一单，谁就是整个团队的功臣，甚至直接能够帮助自己的队伍顺利进入高峰会议。在这个关键时候，任何一点市场的风吹草动都会引起整个业务一部的全体关注，也就是在这个时候，出现了所有人都意想不到的问题。

Jessica和Amanda是同一批进入公司但被分到不同队伍的销售员工，且她们还曾经是同事的关系。而Jessica这几个月以来一直在联系原来公司的同事，希望能够从中获得销售业绩，并且有一名原同事已经表现出了购买意向。Amanda从前同事那听说了该情况，迅速向她的领导Donnie做了汇报。Donnie在了解了具体情况后，默许了Amanda所提到的抢单。最终Amanda抢先一步，拿到了原单位同事的保险合同，使Donnie率领的小组顺利完成了公司高峰会议入门标准。正如大家所想的一样，事情远没有就这样结束。由于最终没有完成年度高峰会议的入门标准，Tony团队没能得到参加高峰会议的机会。整个团队在这之后的几个星期里都显得郁郁寡欢，同时业绩也有明显的下滑。而Amanda不顾情义和规则的抢单行为也在同事之间议论开来。Tony团队的同事更是在各种场合公开对Donnie和Amanda进行斥责，以及对于公司对此的不作为表示深深的反感。Donnie团队虽然获得了参加公司高峰会议的机会，但面对整个公司的口诛笔伐，团队成员也都感到似乎这个机会来的似乎不太“光彩”。不到2个月的时间，Tony带领的业务小组成员相继离职，而与此同时由Donnie带领的小组成员也陆续选择了另谋高就，最终造成了S地区业务一部只剩下内勤总监一人留守的局面。成了当时轰动于Z保险公司全国各分公司的“S

高峰会事件”。

从 Jessica 到 Amanda，从 Donnie 到 Tony，他们在与 Z 保险公司有过不愉快的接触后都不约而同地选择了离开。Lisa 清楚地知道他们之中有从同业招聘而来的销售精英，更有多年相关行业管理工作经验的职业经理，他们与一家公司的携手与分离绝不仅仅是从个人情感上考虑，更多的是结合了他们所处的环境、日后影响及公司的文化等客观因素。然而，相对于她一个人的理智与分析，基层普通员工选择离职需要考虑的条件可能就没有那么深刻，而这也正是 Lisa 在 Z 保险公司的人力资源管理的职业历程中需要继续思考和完善的问题之一。

1　著名外资企业的用人法则

外资企业是指在中国境内设立的全部资本由外国投资者投资的企业。中国改革开放 40 多年来，外资企业的进入促进了中国经济的快速增长，多年来，中国在吸收外资规模上位居发展中国家首位。2017 年，中国吸引外商直接投资达到了 1310 亿美元，企业数量占比不到 3%的外资企业，在工业产值方面接近全国的 25%，外资企业进出口接近全国进出口总额的 50%，贡献了 20%左右的全国税收，提供了约 10%的就业岗位。外资企业对中国经济的快速增长起到了很大的促进作用，为中国经济的发展带来了先进的技术，促进了中国工业的现代化，将区域化和全球化管理引入了中国。外资企业为中国经济的发展带来了难以量化的催化力量，在中国的经济发展和深化改革进程中发挥了积极作用。外资企业已成为中国经济的重要组成部分。①

1.1　沃尔玛百货有限公司：不看文凭②

排名全球 500 强之首的美国零售帝国沃尔玛百货有限公司（以下简称沃尔玛公司）被管理界公认为是最具文化特色的公司之一。《财富》杂志评价它：“通过培训方面花大钱和提升内部员工而赢得员工的忠诚和热情。管理人员中有 60%的人是从小时工做起的。”在沃尔玛公司，很多员工都没有接受过大学教育。拥有一张 MBA 文凭并不见得能够赢得主管的赏识，除非通过自己的努力以杰出的工作业绩来证明自己的实力。但这并不是说沃尔玛公司不重视员工的素质，相反，沃尔玛公司在各方面均鼓励员工要积极进取，为每一位想提升自己的员工提供接受训练和培训的机会。在一般零售公司，没有多年工作经验的人根本不会被考虑提升为经理，而在沃

① 王昱. 2018. 外资企业在中国现状与金融需求及对策. 经济师，（12）：138-140.

② 张锐. 2003. 世界顶级企业的人才法则. 当代经理人，（4）：54-56.

尔玛公司，员工经过6个月的训练后，如果表现良好，具有管理好员工、管理好商品销售的潜力，公司就会给他们一试身手的机会，让其先做经理助理，或去协助开设新店，如果干得不错，就会有机会让其单独管理一个分店。沃尔玛公司的绝大多数经理都是接受过公司的管理培训，被提拔起来的。

1.2 亚马逊公司：没有信仰的人不要①

亚马逊对人才征求的奇特之处在于，不是亚马逊的信仰者，亚马逊不收。这点从亚马逊网站上的一则求才广告的内容可以看出来："身为新兴市场的先驱者，我们正在建立一个重要、优秀且永存的公司，以之创造历史。我们不仅提供产品和信息来启发、教育及娱乐消费者，我们也提供极佳的工作环境，里面充满有才干、聪明又自动自发的员工。如果你想加入我们，共同在这个万变的产业环境中建立起一个永恒的企业，请与我们联系。"

亚马逊征求人才时一再强调的就是"我们在创造历史""建立一个永恒的企业"，以这样的话语来吸引人才，也以这样的话语来要求人才。要成为亚马逊的员工，必须要深深地相信亚马逊的一举一动都是正确的。这不是禁止员工有与公司不同的想法吗？贝索斯认为，这对于建立员工的忠诚度，对于形成一个积极、团结向上的企业文化很有必要。员工应真心相信亚马逊在电子商务发展中的地位和使命，这样才能对亚马逊的发展充满信心，才能在公司处境困难的时候不动摇。而且既然公司的总决策已经制定，员工就应该遵照执行，全心全意去维护这个决策。

1.3 微软公司：内部推荐②

微软公司被看作全球最吸引人才、有利于人才发展、留得住人才的公司之一。微软公司认为，其首要任务就是寻找致力于通过软件的开发来改善人们生活的人才，不管这样的人生活在何处，公司都要将他们网罗至旗下。微软公司主要依靠其内部员工的推荐，特别是当微软公司进入一个新的市场时。微软公司有将近40%的员工是通过这个途径加入的。

当开发美国以外的市场时，微软公司宁愿起用当地人，也不愿从总公司派人。因为公司认为只有当地人才了解当地的价值观、工作方式、人们如何使用技术、谁是主要的竞争对手等情况。微软公司分布在世界各地的分公司，从开发软件到许可证发放等业务往来，都依靠电子邮件来完成。

微软的所有分公司都遵循同样的领导者评估条例，即"管理组织的健康细则"，

① 未鸣. 2004. 亚马逊：不拘一格用人才. 中国中小企业，（9）：59.

② 张锐. 2003. 世界顶级企业的人才法则. 当代经理人，（4）：54-56.

各地的员工就是通过“管理组织的健康细则”上列出的 19 条标准，如工作环境是否满意、分公司是否有明确的目标等，对自己的经理进行评估的。这便于比较各个分公司的经理，尽早发现诸如士气低下等问题，并及早纠正。

1.4　谷歌公司：十大用人法则①

谷歌公司创始人拉里和谢尔盖带着伟大的远景创立了谷歌，谷歌公司管理的核心理念是人性本善。其主要工作是找到优秀的人才并让他们成长，同时让他们开心工作。

谷歌公司的十大法则如下：①让工作有意义。如果你想吸引这个星球上最优秀的人才，你需要有可以激励他们的远大目标。②信任你的员工。鼓励员工像老板一样思考和行动。你会惊奇地发现，你只需要信任他们，他们就能做到。③招募比你优秀的人。想要找到最好的人，你需要有耐心。设定高标准，在品质上不要妥协，招募在某些方面比你更好的人才，假以时日，你一定会拥有一个强大的团队。④不要完全将成长与绩效挂钩。将激励与成长分开，如果二者绑定，人们将会丧失学习能力。⑤关注表现最差和最好的。如果员工绩效差，告诉他们，并且帮助他们学习提升，或者帮助他们找到新角色—— 人们需要知道他们该如何做才能成长。对于表现好的员工，把他们放在显微镜下，找到他们成功的因素，并复制。⑥关于节约和慷慨。你可以为员工做的最有意义的事情，大多都是不要钱的或者是接近免费的。把你的支票存着，直到员工最需要的时候。⑦差异化薪酬。你最优秀的员工比普通的员工价值高很多，确保他们能感受到这一点。否则，你给了一个他们离职的理由。⑧助推。小的信号会导致行为上的大变化。⑨管理不断上升的期望值。人类是复杂的。你没有办法取悦每一个人，但这不妨碍你尝试新方法。⑩享受！然后回到第一条，再重新开始。不要过于仓促地在同一时间做所有的事情。建立一种伟大的文化需要持续不断地学习、试验和更新。但这很值得。

1.5　东芝公司：适才所用②

东芝公司致力于推行“适才所用”的用人路线，在公司内部实行内部招聘，让员工自己申报最能发挥自己专长的职位。东芝公司以最大的努力实现员工的要求，使员工各得其所。在此基础上，东芝公司要求员工人人挑重担，“谁能拿得起一百公斤就交给他一百二十公斤的东西”。东芝公司认为只要用人所长，就能使其发挥最大的聪明才智，挑起更重的担子。

---

① 倪云华. 2015. 十张图：Google 所有的成功都来自这十大用人法则. https://www.pintu360.com/a11981.html [2015-05-27].

② 张锐. 2003. 世界顶级企业的人才法则. 当代经理人，（4）：54-56.

1.6 英特尔（集成电子公司）：工作调换①

为了让员工保持最佳的工作状态，英特尔（集成电子公司）经常让员工互相调换工作。一年里，英特尔（集成电子公司）的6.7万名员工中，有20%曾在公司内部进行过工作调换。这个做法让英特尔（集成电子公司）保持一种流动状态。因为英特尔（集成电子公司）一直在超速运行，它的产品开发周期为6个月。要求每一个身处其中的人有极强的适应能力，如果做不到这点就无法在公司里生存。为了让新手更快地适应高速运转的工作环境，英特尔（集成电子公司）有一系列帮助新人透过公司的日常运作，聚焦当今科技发展方向的程序。英特尔（集成电子公司）还设有奖励先进个人与集体的专项奖金。每名员工还有公司股票期权，这是英特尔（集成电子公司）给员工的一种福利。

1.7 戴尔股份有限公司："求胜文化"②

戴尔股份有限公司（以下简称戴尔公司）的成功离不开严格而科学的人才选拔体系。这种体系会导致最终只有10%的候选人能够成为公司的一员。同时，在戴尔公司内部进行的员工调查中，却有近80%的受访者甘愿继续效力于这家"标准苛刻"的公司。这组数字揭示的是戴尔公司独特的用人之道—— "求胜文化"。

一方面，戴尔公司一向把员工的业务素质作为选拔人才的重要标准。在为管理层拟定的14项素质中，直接与业绩相关的条款占一半以上，其中明确列出了"追求工作结果""善于控制流程""掌握业务技巧"。另一方面，戴尔公司的持续成功，还有依赖于基于业绩的奖励制度，它如同助推器，鞭策及鼓舞着每名员工。戴尔公司的人才选拔体系配合公司的高速发展走上了良性循环之路。

在具备娴熟业务技能与丰富经验的基础上，道德规范被提升到了戴尔员工必备素质这一重要高度。戴尔公司前CEO凯文·罗林斯曾反复强调，以正直诚实的方式赢取胜利是每名员工必须遵守的规则。在严格道德标准的约束下，无论员工还是公司，也许会丧失眼前的收益，但却得到了长期健康的发展。同时，团结协作的精神也被纳入到戴尔公司对员工的要求标准之中。戴尔公司对员工最基础的要求是执行，而密切的协作是确保执行顺利的重要前提。

"成长无边界"是植入每位戴尔公司员工DNA之中的重要信条。戴尔公司要求管理层不仅要善于创造业绩，更要定期安排时间与下属进行充分沟通，了解每名员工对职业发展的期望，协助他们制订可行的职业发展规划。

---

① 张锐. 2003. 世界顶级企业的人才法则. 当代经理人，（4）：54-56.

② 佚名. 2019. 戴尔公司的人才选拔哲学：10%与 80%. https://www.sohu.com/a/304361403_99991598 [2019-03-28].

1.8　麦当劳："不用天才的用人机制"①

麦当劳认为"天才"是留不住的，要想在麦当劳里取得成功，就必须脚踏实地地从零做起，每个进入麦当劳的员工都要经过炸薯条、做汉堡包等阶段。对于那些一心只想大展宏图，但又看不上小事情的年轻人来说，这是很难接受的。麦当劳在选择员工时也不注重学历的高低，他们认为学历高的人可能容易眼高手低，只在乎自己能得到什么样的职位，却不愿意从基层和小事做起，但是麦当劳却十分看重员工的能力，尤其是实际动手能力和操作能力。

只有那些具有热情的工作态度、全面的工作能力，能够与团队成员较好地协作和沟通的人，才能有机会进入麦当劳。

虽然麦当劳不注重学历的高低，但是从来不排斥有才能的人，对于刚走出校门的年轻人更是敞开大门，努力将这些热情、单纯的可塑之材培养成真正的"麦当劳人"，因此麦当劳就拥有了一支庞大的人才后备军，这些后备军大都是在这里做兼职的大学生，虽然只是钟点工，但是他们受到了麦当劳的重视和培养，也会有 50% 的机会成为公司未来的高层管理人员。

1.9　IBM：业务承诺②

IBM 每名员工工资的涨幅，都有一个关键的参考指标，这就是个人业务承诺计划。制订承诺计划是一个互动的过程，员工和他的直属经理坐下来共同商讨，立下一年期的"军令状"。经理非常清楚手下员工一年的工作目标及重点，员工自己自然也要努力地执行计划。到了年终，直属经理会在员工立下的"军令状"上打分。当然，直属经理也有自己的个人业务承诺计划，上一级的经理会给他打分，层层"承包"，谁也不能搞特殊。IBM 的每一个经理都有一定范围的打分权力，可以分配他所领导团体的工资增长额度，有权力决定将额度如何分给手下的员工。

1.10　精密机械株式会社："一日经理"③

"一日经理"即定期让员工轮流当经理管理企业事务。"一日经理"和真正的经理一样，拥有处理公务的权力。当"一日经理"对员工提出批评意见时，要详细记录在工作日记上，并让各部门、各车间的员工收阅。各部门、各车间的主管，要依据批评意见随时改进自己的工作。这样，大部分担任过"一日经理"的职员，对企

① 李端俊. 2006. 麦当劳：不用天才的用人机制. 人才资源开发，（9）：60-61.

② 林凡. 2010. IBM 的薪酬管理. 现代班组，2010（12）：26-27.

③ 谢洪玉. 2007. 世界知名企业的人才法则. 交通企业管理，（6）：79.

业向心力大大增强，企业管理成效显著。韩国精密机械株式会社实行这一管理制度的第一年就节约了 300 多万美元的成本，企业将其中的一部分作为奖金发给员工，令他们皆大欢喜。

1.11 甲骨文股份有限公司：团队招聘[①]

美国甲骨文股份有限公司（以下简称甲骨文公司）是全球最大的企业软件供应商。为了招聘人才，甲骨文公司经常会有大手笔，如将哈佛大学某届管理班的全部学员悉数招进。为了自主开发软件，甲骨文公司拥有一支强大的研发队伍，人数超过 2000 人。与众不同的是，这支研发队伍分成了 40 个小组，每一个小组都是以团队方式招聘进来的。

从以上的列举中不难看出，每一个成功的企业都是因为有与众不同的管理方式。内资企业可以学习借鉴，帮助自己的企业走向成功。

2 外资企业的薪酬福利待遇

2.1 外资企业薪资特点

资料显示，一般外资企业都会有非常明确的薪资结构。公司会根据职位范围的大小、工作的复杂度等来确定薪资的级别，薪资的增长跟员工的业绩是紧密相连的。多数外资企业薪资的制定，是按照 3P+2M 的原则，即实际业绩（performance）、岗位职责（position）、个人能力（people），参照行业市场（industry market）和人才市场（talent market）而制定的。

外资企业在薪酬方面的特点主要体现在以下方面。第一，大部分外资企业会发 13 个月的薪资，年底都是双薪，基本工资为 13 个月。第二，薪资提升。员工工作一段时间后，大多数外资企业都会进行薪资的调整。不过，提升的速度和额度，会视员工的业绩而定。在美国通用电气公司，每名员工每年的薪资增长都是与他的业绩分数紧密相连的，业绩分数越高，增长比例就越高，增长薪资的周期就越短。在欧莱雅，有一个“全球利润共享计划”，公司将根据去年主要指标的完成情况及盈利状况，拿出一定比例的利润来提高员工福利。[②]

企鹅智库发布的《2019 国人工资报告》显示，我国各类性质的企业薪酬水平同比均有所提升，外商独资仍然排名第一位，薪酬为 9125 元；其次是上市公司，平

① 张锐. 2003. 世界顶级企业的人才法则. 当代经理人，（4）：54-56.

② 佚名. 2016. 外企薪酬架构大揭秘. https://wenku.baidu.com/view/aaceeca85acfa1c7ab00cc5d.html [2016-06-06].

均薪酬为 9007 元；再次是国有企业，平均薪酬为 8838 元。民营企业及事业单位的薪酬排名没有变化，分别以 7882 元和 7721 元位列第五位和第六位。①

2.2 完善的福利计划

为了吸引、激励和留住人才，除富有竞争力的工资外，完善的福利计划也是外资企业重要的人力资源战略，如多数外资企业会提供补充养老保险、车贴、房贴、驻外工作津贴等优厚的待遇。有的外资企业更是推出“家属参观日”等精神福利措施，如在汉高，公司会根据员工的具体表现为其提供各种福利，如员工住宅、膳食补助金、圣诞节奖金、信用磁卡等。具体来说，福利措施主要有以下几种。

其一，补充社会保险。这是多数外资企业普遍采用的福利计划，除基本的社会保险外，公司还会为员工购买商业保险，如商业的医疗保险等，以保证员工最大的社会福利；例如，除按照国家的规定缴纳社会保险外，还给员工及员工的子女购买额外的医疗保险。

其二，出国培训。对优秀的员工来说，到国外的总部培训或参与重要项目，也是重要福利之一，如会根据员工的发展，设计全面的个性化培训计划。

其三，员工期权。这是外资企业针对优秀的员工推出的一项福利计划，如推出了股票期权计划。

其四，多项奖项。许多外资企业还设置了各式各样的奖项，来激励工作突出的员工，如客户服务奖、创新精神奖等，这也是福利计划的一种。联邦快递推出的“紫色承诺奖”的授予对象是提供出色客户支持、在提供客户服务时积极主动、为加强客户和社区关系表现出无私行为的员工；有的企业则推出了员工年资奖和特殊贡献奖。

其五，各种补贴。针对一些高层管理人员，许多外资企业还设立了额外的员工福利和保留计划，如车贴、房贴等各种补贴。另外，生日蛋糕、过节费、疾病探视等各种“以人为本”的福利补贴，以关心员工的日常生活为主，也是外资企业惯用的吸引和留住人才的方法。

3 外资企业人才“回归”的现状②

在一家跨国快消巨头企业工作了 16 年之后，陈景泉做了一个对于他及他的家

① 佚名. 2019. 2019 全国工资报告出炉，前三名不可思议！https://www.sohu.com/a/315114093_100030673 [2019-05-20].

② 宦艳红. 2014. 外企白领回流本土企业：上市公司两年挖角外企员工数量增四成. https://www.thepaper.cn/newsDetail_forward_1268079[2014-09-23].

庭来说都非常重大的决定，跳槽至一家民营上市公司。事实上，外资企业遭遇本土企业挖角已经不是新鲜事，前微软亚洲研究院院长兼微软全球副总裁张亚勤加盟百度，便是最新鲜的例子。

“当时做出这个选择，是经过很慎重的考虑的。”在陈景泉看来，外资企业在中国的优势正在逐渐消减，取而代之的是，中国本土民营企业崛起，作为正值壮年的职场中人，应该顺势而跳。这并非陈景泉一个人的想法。随着 2008 年金融危机结束，从 2012 年开始，外资企业员工开始频繁跳槽。

根据招聘网站猎聘网提供的统计数据，2012 年以来，从外商独资企业跳出来，仍然选择外商独资企业的人员比例连续出现下降趋势，从 2012 年的 50.19%降至 2013 年的 48.08%，2014 年则为 46.41%；前往私营及民营企业人员比例从 2012 年的 29.26%上升至 2013 年的 31.18%，2014 年为 30.85%；前往国内上市公司企业的比例，则从 2012 年的 4.01%上升至 2013 年的 4.61%，2014 年为 5.66%，比 2012 年增长超过四成；前往国有企业的比例从 2012 年的 4.91%上升至 5.53%。

外资企业为何不再是跳槽员工的首选？

在复旦大学企业管理系教授苏勇看来，中国本土企业逐渐强大，薪酬提升，已经开始对一向以“高大上”形象示人的外资企业员工产生吸引力。

从外部环境来看，也发生了变化。随着中国度过“技术短缺、市场饥渴”的阶段，外资企业在中国的各种优惠被削减，“招商引资”不再成为地方政府考核业绩的一个关键指标，外资企业在中国越来越多地享受与本土企业同等的“国民待遇”。此外，中国消费者越来越见多识广，也没有以往那么容易被“俘获”，要想获得中国的消费市场份额不再是容易的事。以日化行业为例，宝洁等外资巨头在中国市场的份额频频遭民营企业瓜分。“总之，国有企业在中国的发展已经不再像过去那么容易。”苏勇说。

对此，在外资企业工作了十余年的陈景泉有切身体会。“外资企业无论是企业本身还是员工，目前都存在发展瓶颈。”对于大多数外资企业来说，中国都是一个非常重要的市场，但是外资企业的一些惯有做法却无法适应市场的需求。“外资企业在彻底本土化方面一直未有突破，最高管理人员大多由国外派驻，任期只有三到五年，如果想在一个市场执行一些相对长远的策略，这样的短期任职是不可能完成的。”

相比之下，中国的民营企业反而呈现出更多生机。“中国本土企业正在崛起，朝全球企业发展，中国独特的文化，也逐渐开始受到认同，我觉得中国本土企业是有机会从目前仅有一二十年历史的企业，发展成拥有百年历史的全球企业的。”陈景泉认为，有着更开阔视野的外资人才也是民营企业希望吸收的对象。在一年的时间里，陈景泉现在所任职的企业高层和他进行了多次交流，最终促使陈景泉放弃原有的职位，开拓自己职业生涯的第二春。

在两家国有企业和三家外资企业工作过的王楠，最终也来到了民营企业。她从一家外资连锁餐饮企业跳槽至一家民营食品企业做公关总监，虽然级别没有太大的提升，但是工作内容的改变给了她很大的成就感。“在上一家外资企业中，做得最多的事是写没完没了的危机预案，可是很多危机并没有发生。现在的企业，以前这块业务几乎是空白，这是我面临的挑战，但也是机遇，我有了更多施展的空间。”

前程无忧 2014 年第二季度雇主招聘调查报告称，2014 年以来，新成立的民营企业增多，企业间的并购频繁，促使企业用人需求快速增加。此外，互联网改变了企业之间的竞争格局，互联网给了民营企业更多的成长机会，但是对于国有企业和跨国外资企业来说，“大象”转型并不容易。

猎聘网副总裁宋月婷也表示，流入民营企业人数最多的，主要集中在房地产、互联网等行业。一方面，这些行业的薪资非常有吸引力；另一方面，民营企业较外资企业在这些行业拥有更多的资源优势。宋月婷任职猎聘网之前，曾在宝洁工作。

很多在外资企业工作过的人仍然觉得，外资企业的工作经历是一次很好的历练。王楠说，如果再给她一次规划职业生涯的机会，那么她可能会先去外资企业，然后直接去民营企业。

现在在一家国有银行担任分析师的张巍，此前在一家外资咨询公司工作了 4 年，他表示，在外资企业接受的系统培训，对于他后来跳槽至国有银行，在业务上非常有帮助。陈景泉也觉得，自己的加入使其所在的企业更加注重持续战略的制定、企业核心竞争力的培育，以及如何围绕消费者挖掘更大的价值。外资猎头公司瀚纳仕称，外资企业良好的薪资水平、系统的培训项目，以及透明的职业发展机会，对于优秀的年轻求职者仍然具有很大的吸引力。

虽然看上去前程似锦，但对于来自外资企业的“空降兵”来说，要想真正融入本土企业，并不是件容易的事，很多人甚至在其中“不幸阵亡”。

在新职位工作了一年多的陈景泉已经明显感到了不适应：“虽然我们都是中国人，说的是中文，但是你会发现，有的时候比跟老外沟通还要难。”陈景泉认为，外资企业员工和民营企业员工在经历上不一致，由此造成的理解鸿沟，是外资企业员工在民营企业里生存的最大挑战。对于刚刚开始吸收外资企业员工的民营企业来说，它们对如何合理地运用外资企业人才尚未形成有效的机制。“你引进了一名人才，到底需要他扮演什么角色，是一个顾问的角色，还是一个经理人的角色，必须要确定明晰。”

负责打理公关事务的王楠也提到，沟通是非常大的挑战。“虽然老板觉得这块业务很重要，但是他并没有经验，如何获得他的支持，是一个沟通问题。”由于此前没有系统的平台，搭建人才队伍也是王楠现在要操心的事情。

4 外资企业人才“回归”的原因[①]

来自东莞的一份调查显示[②]，有近30%的外资企业高级人才愿意流动到民营企业，而这仅仅是中国择业市场上的一个缩影。在日益纷繁的人才大战中，民营企业无疑是最大的赢家，许多外资企业和国有企业的精英人才都成为它的囊中之物。

民营企业为何成为职业经理人的磁场？这种人才流动是否会成为趋势？民营企业在吸引人才后需要怎样的改变？

4.1 现象：外资企业经理人流向民营企业

时任一外资企业副总裁的顾女士跳槽到国内一家民营企业。她跳槽后，不仅职位没变，而且薪金还略有下降。顾女士的选择让很多人大跌眼镜。然而，仅仅一年时间，顾女士的选择已发展为一种趋势—— 顾女士所在的这家民营企业中，高层管理人员有一半是从外资企业过来，而最初，有外资企业工作经验的只有她一个人。

李汉生离开惠普任职北大方正、唐骏离开微软投奔盛大。由此可见，外资企业的“凤凰”纷纷飞向民营企业这棵“梧桐树”的现象频频引发职场震动。而在这一个个重量级人物的背后，还有一批年轻的追随者，他们有着几年的外资企业工作背景，受过规范的职业培训，掌握了跨国公司优秀的管理经验，因为这样或那样的原因，放弃了外资企业白领的身份来到逐渐成长壮大的国内民营企业。据广州市圣剑桥人才信息咨询服务有限公司负责人陈小玲介绍，这种情况占了他们猎头公司业务总数的30%左右。

“做名外资企业白领”曾是多少年轻人的热切向往。IBM、惠普、宝洁、微软……这些世界顶级公司在中国的分支机构，让年轻的中国学子趋之若鹜。然而，今天为什么会有越来越多的人离开外资企业呢？

“民营企业承诺的高薪、高职和宽松的发展空间对外资企业经理人产生了巨大的吸引力。”陈小玲道出个中缘由，并表示，外资企业中高级人才纷纷离职前往大型民营企业就任相应高级职位，已成为国内人才市场的一个明显趋势。

---

① 谢少媛. 2004. 跳槽热点：外企精英就这样被民企所征服. http://edu.sina.com.cn/l/2004-10-26/89360.html[2004-10-26].

② 冯桦. 2005. 透视民企争抢国际性人才现象. 国际人才交流，（2）：19-21.

4.2　外因：经济发展的必然趋势

谈到这一现象，广东北电通信人力资源总监周良文表示，大批量的精英流向民营企业是经济发展的必然趋势。这一方面说明我国民营企业国际化、正规化进一步增强，开始重视专业经理人，关注管理、盈利模式和对未来的合理规划，对企业发展和人才流动都有推动作用；另一方面也反映了外资企业竞争优势的削弱。对此，外资企业应该检讨为什么人才会流失，为什么自己的吸引力会下降。

由于文化差异、等级制度严格、“玻璃屋顶”现象、职业的细化限制，以及巨大的竞争压力和同事间的冷漠，许多人对外资企业望而却步，外资企业的优势正在减弱。

与之形成鲜明对比的是，中国本土企业正在迅速崛起和壮大，尽管它们与外资企业还有较大差距，但其具有灵活的机制和现代化的薪酬结构，如采取股份、期权等，再加上浓浓的本国文化氛围，这些都是它们吸引人才的撒手锏。

而外资企业经理人具有的一些特长，如熟悉本地市场与员工，掌握国际化大公司的运作方法，也是正处于转型扩张期的民营企业所极度需要的，因此民企往往能对引进的人才委以重任，为其个人的发展和价值的实现提供广阔空间。据了解，民营企业提供给本土人才的职位往往要高于外资企业，大多为中级或以上的管理职位，经理、总监的职位比比皆是，而外资企业所招本土人才的职位大多以中低职位为主。

4.3　内因：外资企业的束缚

很多曾担任外资企业高职的人都毫不讳言外资企业中国公司高级经理人的位置难坐，经理人的业绩往往难以达到总部的预期，容易失去信任。

同时，他们的发展也受到“玻璃屋顶”的限制。所谓“玻璃屋顶”即看不见的障碍。好比一个人站在一间屋子里，抬头看见天空很高远，就幻想自己可以尽可能地升高，可是刚刚升起来没多久，头却碰到了透明的天花板。要想升得更高，只有离开这间屋子，到外面的世界去。

曾经将多位外资企业经理人“猎取”到民营企业的猎头陈小玲对此有相当体会。她认为，外资企业职业经理人选择跳槽到民营企业主要有以下几点原因。

第一，在外资企业已没有了发展空间。许多职业经理人会在他们的职业生涯发展到顶点的时候选择离开外资企业。对于外资企业中的中国人来讲，由于语言、文化的原因，中国区经理的位置差不多就是“玻璃屋顶”。要超越这条看不见的停止线，只能换一个环境。

第二，希望有机会尝试用自己的努力取得在外资企业取得的成绩。当一些职业经理人在知名外资企业取得业绩的时候，他们或许会怀疑这些成功究竟是靠公司强大的品牌背景及市场支持，还是靠自己的努力；或者说靠自己的努力在这个成功中所占比例究竟有多大。为了证实自我，他们也会选择一个独立的环境来证明自己的能力。

第三，一群非常懂得规划自己未来的人希望有朝一日拥有自己的公司。在外资企业完成了知识的原始积累后，他们会选择到民营企业完成实操的原始积累，再投资自己的公司。

第四，一些受年龄、学历、英语等限制的职业经理人的发展受到了限制，转而寻求去民营企业中发展。

4.4 争议

民营企业是职业经理人的最好选择吗？在民营企业大肆聚敛人才之时，也有人对民营企业的用人环境和意识提出质疑：外资企业经理人进入民营企业一定会成功吗？从目前的实际情况看，虽有一些比较成功的案例，但更多的是吴士宏、李汉生等失败的结局。

对此，周良文指出，很多民营企业发展还不稳定，政策规划随意性大，容易出现反复，不少民营企业老板往往凭性情使然。这些都会造成机制不顺、权责不清，经理人无法正常行使权力和有效工作。因此，他指出，对民营企业来说，现在其最大的任务是建立“吸纳人才、培育人才、善用人才、善待人才”的体系，让成员之间相互交流并达成默契。

陈小玲则表示，职业经理人往民营企业跳是大势所趋，这对国内企业是增值的过程，但是民营企业也要付出代价。在物色外资企业精英之前，这个问题显然不容回避。民营企业通常对这些精英寄予很高期望，有些民营企业甚至还会把这些职业经理人当作“一剂猛药”，帮其“起死回生”。但大多民营企业得到的结果并不乐观。由此可见，在民营企业对待职业经理人态度上要理性、审慎。

思考题

1. 从世界著名企业的管理经验中你能总结出哪些与中国内资企业管理上的异同？
2. 外资企业的薪酬状态与内资企业相比有何优势？
3. 外资企业人才流动的特点是什么？
4. 外资企业人才流动的原因有哪些？
5. 外资企业对人才流动的管理对内资企业有何借鉴作用？

案例讨论[①]

L 公司销售部人员流失之殇

2013年刚过春节的一天上午，L公司总经理陈磊打开电子邮箱，一封发自销售部经理王慧的辞职信跳了出来。陈磊一时感到头痛，怎么这人员流失的情况就止不住呢？先前是销售部下面的员工，这次轮到销售部经理，大概是她感到心力交瘁吧？怎么办个企业这么难呢？小公司没有知名度，难以招募优秀人才，而人招来了却又留不住。这该如何是好？

正当一筹莫展时，手机响起。一看是他研究生同学王汉，目前在上海某大学当教授。赶紧接起。王教授提到他正在召集研究生同学会。陈磊一想，老王同志不正是人力资源专家吗？正好可以请教他，于是满口答应出席。

同学会当天陈磊抓着王汉不放，把公司人员流失的情况对王汉娓娓道来。王汉说："人员流失的现象就像是海上的冰山一样。你看到的人员流失原因只是冰山的一角，海平面下还有许多深层次原因，而这些原因才是真正的关键。"王汉喝了一口茶又继续说道："人力资源管理是环环相扣的系统，人员流失需要对整个系统进行分析。"陈磊于是邀请王汉到公司调研，帮公司做详细的健康检查。

首先，王教授通过对人事行政部主管的访谈了解了L公司的招聘现状。

L公司目前主要通过在智联招聘刊登招聘广告的方式吸引人才主动投简历，近期开始在苏州当地一些本科、专科院校进行校园招聘。总体来说，人事行政部主管反应效果都不是太好。网上招聘对一家名不见经传的小公司而言，很难收到好的简历；校园招聘则要耗尽很大的力气才能勉强招到一两个人。

在甄选的过程中，如果陈磊和王慧都在办公室，那么两个人一起面试；如果碰巧陈磊出差，那么就直接由王慧面试并作决定要不要录用。面试时并没有设定一些具体的题目，而是依照每个应聘者的情况，当场提出一些问题让他们回答。陈磊认为销售员最重要的就是要机灵，通过这样的面试方式可以看出一个人是不是适合。

其次，也对L公司的薪资结构和薪酬考核制度进行了了解。

作为销售出身的陈磊，他很清楚奖金对一名销售员的激励作用。因此，在制订销售部薪资结构体系时，陈磊采用低底薪高奖金的思路，希望提高绩效工资比例以达到激发销售人员努力销售的动力和激情的目的。

对于草创阶段的L公司，陈磊所设计的销售部的薪酬结构相对比较简单，分成基本工资与绩效工资两部分，其中绩效工资分成考核奖金和销售提成奖金。电话销

① 王振源，吴俊红．2014．L 公司销售部人员流失之殇．中国管理案例共享中心 https://www.cmcc-dut.cn/Cases/Detail/1703[2014-10-16].

售组的提成奖金分为两种情况，分别是邀约面谈和成交提成。其中，邀约面谈（意向客户）部分每月需完成公司基本指标 10 家，超额部分每家意向客户提成 40 元；成交提成部分如果是独立成交则可提成税后利润的 10%，如果通过外勤销售员接触后成交则可得到提成奖金 600 元。外勤销售组的提成奖金则更明晰，主要就是成交提成，提成的额度为税后利润的 10%。此外，L 公司还规定，销售员如果中途离职，则按当时销售回款情况结算已到账的实际金额，按此比例发放销售提成奖金。离职后到账的销售回款不再计算和发放销售提成奖金。

同时，为了促使销售员能尽力销售工作，保证以销售任务为重，陈磊根据他的认知设计了一套绩效考核制度，分别对电话销售员和外勤销售员制订了一系列的关键绩效指标（key performance indicator，KPI）。

电话销售员的绩效考核指标包括出勤率/迟到/早退、电话行为、新增客户（客户跟进情况）、客户覆盖率、通话质量等，这些数据分别来自于销售部（主管）及人事行政部。外勤销售员的绩效考核指标包括电话行为、拜访客户数、新增项目数量、客户覆盖率、通话质量、新增客户等，数据来源同样主要是销售部（主管）。

销售部的考核周期为一个月一考核。陈磊要求总分达到 100 分可获得全额的考核奖金，其余则按比例发放。例如，正式电话销售员当月考核分为 80 分，则他可以获得的考核奖金为 300 元的八成，也就是 240 元。

L 公司自成立以来基本采用同一套操作流程、同一套绩效考核办法，只是根据主力产品的不同对销售成交目标略有调整。然而，经王教授根据实际数据调查发现，过去半年来存在一些事实：①电话销售员基本达不成绩效考核目标，包括总通话量和接通电话量（成功绕过前台/总机）的要求，甚至每月新增意向客户数也很难达标；②因为考核成绩没有满分，电话销售员考核奖金总是打了折扣；③最终电话销售员当月工资总额受到影响；④因为电话量达不到、意向客户找不到，长此已往更拿不到所谓的提成奖金，提成奖金对电话销售员来说形同虚设；⑤如能成交，都是外勤销售员接触后成交（没有通过电话销售成交的先例），电话销售员只能获得 600 元“安慰奖”。

经统计，正式的电话销售员平均月总工资“稳定”在 2000 元上下，然而在苏州地区其他公司电话销售岗位的基本工资为 2500 元左右。

外勤销售员同样存在相似的问题：①要同时兼顾电话通话量和拜访客户数对时间管理的要求很高，难以周全；②每月拜访客户数量太高，扣除舟车时间也很难确保完成；③新增项目的转换率（从新拜访客户转换成新增项目的比率）太高，任务艰巨；④因为前述指标无法达标，外勤销售员的考核奖金也是打折扣的；⑤不过，如果外勤销售员能真正成交一单的话，销售提成奖金还是比较可观的，这点还是可以期待的。

经统计，正式外勤销售员在没有成交的情况下月平均总工资大概为 3000～3500 元，若能成交（且顺利回款）则工资往往至少在 5000 元以上，甚至可能过万，视客户采购的品项具体金额。

最后，在销售部员工离职时，人事行政部会要求填写离职申请，并且人事行政部主管会和他们作离职面谈，并留下一些书面材料。王教授从里面归纳出几点，分别是：①个人原因：如不喜欢（电话）销售工作，想换个工作环境等；②家庭因素：如家庭反对子女做销售，家里安排了其他工作等；③工作原因：如工作压力太大，无法胜任、没有成就感等。

马云曾经说过："员工告诉你的离职原因往往是不靠谱的。员工临走还费尽心思找靠谱的理由，就是为给你留面子，不想说穿你的管理有多烂、他对你已失望透顶。" 有经验的 HR 经常谈及："员工还没离开公司前不可能告诉你他离职的真正原因，离开后才可能吐真言。"据此，王教授为了深入挖掘销售部人员流失的原因，向人事行政部要了从销售部离职的一些员工的联系方式。他成功地联系了几名电话和外勤销售员，对他们进行访谈，了解他们在 L 公司的工作情况，以及离职的原因。

陈磊认为销售部人员流失的原因是因为年轻的员工不愿吃苦，不愿意为工作付出，甚至是公司人事行政部没办法招聘到合适的人员，没办法在招聘的第一时间筛掉没有责任心、没有韧性的应聘者。总之，陈磊认为招错人才会使得人员难以管理，频频流失。包括王慧的离职他也认为是自己看走眼，给的薪资还算有竞争力却也留不住人。

然而，王教授却认为销售部人员流失的问题并不单纯，应该从更多的角度来深入分析，并且谨慎确认问题的主因，这样才能药到病除。

讨论题

1. 根据材料，简要分析 L 公司人才流失的原因有哪些？
2. 作为公司管理者，应该如何处理人才流失问题？

第 7 章　民营企业员工流动分析

本章主要学习目的

1. 了解民营企业的特点。
2. 了解民营企业员工高流动率的原因。
3. 掌握民营企业员工流失管理对策。

引导案例[①]

CD 会计师事务所痛失人才的困惑

大连 CD 会计师事务所注册资本 60 万，成立于 2004 年，是经辽宁省财政厅批准、取得中华人民共和国财政部颁发的执业证书，在大连开发区工商行政管理局登记注册的具有法人地位的从事注册会计师法定业务及相关业务、并承担有限责任的社会中介鉴证机构。

飞飞在大四实习期来到了 CD 会计师事务所参加会计实务的培训，毕业后被事务所聘用，加入到税代部从事会计代理和税务代理工作。不到一年时间，飞飞便能独立完成部分客户的简单业务。飞飞认真、虚心、好学且执行力好的特质，得到了部门李经理的赏识，被作为经理助理的候选人之一。经过两年的业务磨炼，不断在错误中改进与成长，飞飞成了李经理的得力助手，李经理所负责的大部分涉及出口退税的基础业务，都由她进行操作。虽然，偶尔也出点小错误，但是李经理并没有加以责怪，而是给予避免再次犯错的意见和改进建议。这让飞飞的业务能力迅速成长。在经理会议上，经常听到李经理提到飞飞的名字，称飞飞是税代部的潜力员工。

一晃毕业已经 3 年多了，飞飞的业务能力越发娴熟，对于现有的客户业务已经游刃有余。在一次和同学的电话中，她得知班里一些同学的近况，尤其是在工作上的发展。她了解到，不少同学已经至少跳过一次槽，薪资和职位也随着跳槽有了相应的改善。至今没有跳槽的同学，大多是因为工作表现突出得到了升职和加薪的机

---

① 张悦玫，高翰林. 2015. CD 会计师事务所痛失人才的困惑. 中国管理案例共享中心 https://www.cmcc-dut.cn/Cases/Detail/1911[2015-04].

会。同样是学会计专业的，同样做会计工作，当初同学眼中羡慕的能在会计师事务所就职的她，心中升起了一丝不甘。

在此之后不久的一次同学聚会上，她见到了同寝室的室友小平。小平是南方人，毕业便回老家找了一家小企业做会计；一年后，便跳槽到了当地一家本土会计师事务所工作。小平的工作内容与飞飞的基本相同，甚至业务复杂程度还不如飞飞，但是就目前工资来讲，飞飞的工资不及小平工资的一半。据小平描述，在她们所，对每个人的业务能力都有定期考核，每个人担当的每个客户业务也会有一个业务能力需求等级考核，她们的工资也是参照两个考核，最后结合绩效评价来计算的。小平说，不是每个同一岗位的同事，都有她这样的工资，自己能有现在的工资，都是凭借自己不断努力，绩效考评好得来的。不同的绩效考核结果，对于工资的影响会很大。所以在她们所，员工都干劲十足，多劳多得。谈笑中，飞飞还了解到，张松毕业之后一直没有跳槽，一直在一家工厂负责财务相关工作，工作第二年提升到了高级员工之后，今年职务又提升到了财务主管。工资也随着员工级别和职务的提升有了相应的提高，年底更是有相当于3个月工资的年终奖金。当同学们询问飞飞的工作情况时，她觉得有些不好意思开口了，只是应付着“还是老样子”诸如此类的言语来敷衍。

经过这次同学聚会，飞飞的心态不再像以前那么积极平和了。因为在CD会计师事务所目前的薪资制度下，如果想多挣工资，只能靠完成更多的工作量，可是她目前的工作时间已经饱和，基本没有闲暇时间接更多的新客户。要靠提升职位来增加薪资，可能性更小，因为部门经理的职位数量基本固定，经理在这个位置也已经做了很多年了。而且公司对经理职位基本没有什么考核，所以除非现有的经理辞职不干，基本没有提升经理的机会。她无奈地打开了职业招聘网站，发现与同行业规模相近的A、B、C事务所的员工薪资水平的对比情况，想着自己在新入职的时候，每个月的收入才2200元，一年后涨到3000元，今年才开始拿3800元的月收入，在其他会计师事务做同样的工作所给的薪资比她现在的工资虽然不是高很多，但至少比现在多一点，凭她现在的业务水平，完全可以胜任类似的业务。只是在CD会计师事务所，同事关系比较和睦，经理又很器重她，从情感上来讲她还是有些舍不得的，到一个新公司又是一种新环境，业务不一定完全熟悉，但是考虑到将来发展、买房等一系列问题，她便下定了决心投递了简历。不久便跟CD会计师事务所提交了辞职报告。

同飞飞的经历相似，芬芳在毕业之后进入CD会计师事务所税代部实习，后转为正式员工。可是令她头疼的是，新的业务助手不熟悉工作，几乎在新助手来的头三个月里，大部分业务都是她独自完成的。这样的状况一直持续恶性循环，让芬芳已经看不到未来职业发展的方向，在担任副经理两年后，便毅然决然地选择了离开。

1 民营企业的特点

1.1 民营企业的发展及隐患

改革开放 40 多年以来，中国民营经济发展迅速，概括起来有“五六七八九”的特征，即贡献了 50%以上的税收、60%以上的 GDP，吸纳了 70%以上的农村转移劳动力，提供了 80%以上的城镇就业岗位，新增就业 90%在民营企业，为我们国家的经济社会发展做出了突出的贡献。据中华人民共和国国家市场监督管理总局统计，2014 年全国平均每天新登记企业 1.06 万户，2015 年全国平均每天新登记企业 1.20 万户，2016 年全国平均每天新登记企业 1.51 万户，2017 年这一数据达到 1.66 万户，民营企业数量每年以 20%以上的速度增长，在新登记的企业中，96%以上属于民营企业。同时，据统计，我国 A 股上市民营企业数量占比已接近 60%，创业板 90%是民营企业，中小板 80%是民营企业。截至 2017 年底，从改革开放初期的 10 万户左右发展到私营企业 2607.29 万户，个体工商户 6579.4 万户，民营企业数量占市场主体数量比重已达 95%，占企业数量的 89.7%。

《财富》发布的世界 500 强数据显示，2014 年中国内地首家民营企业登上世界 500 强榜单，2017 年入围的民营企业数量增至 24 家，占中国上榜企业数量的 20%。中国企业联合会发布的中国企业 500 强中，民营企业的数量在 2010～2017 年这 8 年间不断增加，从 172 家增加至 226 家，占比由 34.4%提高至 45.2%。中华全国工商业联合会每年发布的中国民营企业 500 强榜单入围门槛不断提高。2015 年民营企业 500 强入围门槛为营业收入 101.75 亿元，首次跨过百亿元大关；2017 年这一门槛则上升到 120.52 亿元。

截至 2016 年底，全国民营企业从业人员实有 3.0759 亿人，是 1978 年的 2050 倍，1990 年的 13.5 倍，比 2010 年增加近 1.5 亿人，接近翻番。第三产业中民营企业从业人员最多，达 2.3 亿人，占 74.2%，其次为第二产业。2014 年，中国深入推进工商企业登记注册等商事制度改革。截至 2016 年底，个体工商户从业人员由 1978 年的 15 万人增长到 12 862 万人，增长 856.47 倍；私营企业从业人员由 1990 年 170 万人增长到 17 897 万人，增长 104.28 倍；并且有 50%以上的大学毕业生进入民营企业工作。

以上这些数据表明，民营企业已成为中国市场主体主力军，经济实力大幅增强；已成为国民经济的重要支柱，支撑作用日益牢固；在国内外的竞争力不断增强，竞争地位快速提高。①

众所周知，民营企业机制灵活、有较大的经营自主权，因而在人员招聘、工资体系、员工辞退等方面均有较大的灵活性，这使它在获取和拥有优质人力资源上比国有企业有更大的优势。但在这种优势下，也隐藏着一些问题。例如，有的管理者认为劳动力市场对企业是敞开大门的，企业在任何时候都可以招到需要的员工，因此不在乎员工的高流失率，不计算员工流失造成的人力成本的增加，以及因此带来的其他深远的负面影响。虽然企业人员合理的流动是正常的现象，也是必要的，但当前民营企业员工流动存在不合理性。一是流失率过高，如有的企业员工流失率已高达 25%；二是流失人员有较大比例是中基层管理人员和专业技术人员，这些人具有特有的专长，有管理经验，是企业的中坚力量。由此可见，员工高比例流失，不仅带走了商业、技术秘密及客户，使企业蒙受直接经济损失，而且还增加了企业人力重置成本，影响了工作的连续性和工作质量，以及在职员工的稳定性和效忠心。如不加以控制，最终将影响到企业持续发展的潜力和竞争力。

民营企业员工的高流动率与民营企业自身的特点有密切关系。从民营企业的形成来看，大致有如下几种形式。

第一种是从个体户起家，逐渐积累发展起来，或直接由家庭成员投资兴办的家族式企业（家族式管理）；第二种是朋友、同事参股合资开办的合伙式企业；第三种是国有企业或集体企业通过买断转型的企业。

这些企业的共同特点是：企业的所有权归一个或少数投资者所有，其中，家族式企业在成长期又因具有合作、决策的优势而更为普遍。但不论是家族式，还是合伙式，较多的民营企业都偏向家长式的管理模式，即企业由一位强有力的人物作为统帅，以家长的身份带领亲信，实行高度集权化的管理。在民营企业初创阶段，这种由血缘、地缘、学缘关系结成的强大联盟，蕴含了共同的需求、利益和情感。即便是企业面临挫折时，共同的利益也能把它们凝聚在一起，同舟共济、共渡难关。应该说，家族式管理在民营企业成长中功不可没。

但是，如今国际市场大门已经打开，全球经济一体化的进程加快，民营企业的发展机会越来越多，空间越来越大。随着企业的快速发展，家族式管理也越来越成为企业发展的“瓶颈”。

一是民营企业的所有权和经营权均为个人或家族掌控，由于高度集权，不利于进行科学、合理的决策。

二是大多数民营企业缺乏长远的战略发展目标，过于求稳，不易做大做强。

三是用人机制不完善。由于市场竞争加剧，对人才的要求也越来越高。家族中不可能产生许多“优秀可靠”的人才。即使有，数量也是非常有限的。许多优秀人

① 黄剑辉，应习文，徐继峰. 2018. 经济困境中诞生　改革中壮大　高质量发展中变强—— 改革开放 40 年中国民营企业发展历程回顾与展望. 民银智库研究，（8）：1-52.

才由于很难融入企业家庭圈内，其抱负得不到施展，很难有个人成就感，无奈只好走为上策。

1.2 民营企业的经营管理特点

从民营企业的现状来看，民营企业虽不同于国有企业，但民营企业并非天然地等于现代企业。现实表明，许多民营企业治理结构落后，管理手段粗放，运营效率不高。即使一些从事“最新”科技业务的公司，也存在人治化、制约机制无力等现象，这与现代化的方向显然是格格不入的。概括来说，民营企业的经营管理具有以下特点。

1.2.1 生存时间短

据统计，全国每年新生 15 万家民营企业，同时每年又能死亡 10 万多家民营企业；有 60%的民营企业在 5 年内破产，有 85%的民营企业在 10 年内死亡，其平均寿命只有 2.9 年。[①]北京中关村的 5000 家民营企业，生存时间超过 5 年的只有 430 家，其余 91.4%的企业已经烟消云散，生存时间超过 8 年的企业仅占总数的 3%，而国外民营企业平均生命周期为 12.5 年，其中有不少跨国公司已有超过百年的成长史。[②]中国民营企业先天不足，它们急于长大但又总也长不大，只能各领风骚三五年。

1.2.2 人员流动快

全国民营企业普通员工的年流动率高达 50%，中高级管理人员、技术人员每年有 20%的人有跳槽意向，这给企业的发展带来了致命的打击。

1.2.3 家族化管理

在民营企业创立初期，由于当时的特定情况，民营企业通常以“家族化”组合，实现了企业由小到大的快速成长。然而，当企业发展到一定规模之后，中国式的家族管理已经成为制约企业进一步发展的瓶颈。总的来说，我国民营企业是在没有实现科学管理的基础上直接向知识管理过渡。

1.2.4 过早的多元化经营

在民营企业的发展过程中，在众多机遇的诱惑下，在“不要把所有的鸡蛋放在一个篮子里面”这一经济学原理的引导下，绝大多数的民营企业都进行了“多元化”实践，其结果自然是举步维艰。

---

① 仲大军. 2005-07-15. 如何看待民营企业短寿. 中国乡镇企业报，1.

② 中国民营企业发展研究报告. 2017. 中国商界，（5）：84-89.

1.2.5　用于知识管理的信息技术还不完善

中国民营企业中除一些民营科技企业外，很多企业还没有建立完善的信息管理系统。截至 2019 年 6 月，我国网民规模达 8.54 亿，较 2018 年底增长 2598 万；互联网普及率达 61.2%，较 2018 年底提升 1.6 个百分点；我国手机网民规模达 8.47 亿，网民使用手机上网的比例高达 99.1%。[①]在 15 000 家左右的国有大中型企业中，只有约 10%的企业基本上实现了企业信息化。[②]相比之下，大多数民营企业在信息化管理方面差距更大。即使那些所谓的高新技术民营企业也仅仅是装备了信息管理所需的硬件，而缺乏适合企业自身的软件，更缺乏信息化管理的观念。

中国民营企业前行之路仍需多方清障。首先，民营企业自身短板仍然突出；其次，外部营商环境仍需大力优化；最后，民营企业运营成本居高不下，负担较重。党的十九大为民营企业健康、持续发展指明了方向，首次提出了要支持民营企业发展。制约民营企业发展的体制机制障碍、市场准入门槛等将一一被破除。民营企业也应该苦练内容补短板，致力于成为百年老店，主动融入国家发展战略，抢抓发展机遇；政府应该改善制度供给并优化营商环境，支持民营企业发展，加快税费制度改革降低民营企业生产经营成本；金融部门应加快探索破解融资难、融资贵的解决方案。

2　民营企业员工流动率高的原因

根据调查分析，近年来民营企业员工流失的原因主要有以下几个方面。

2.1　工作职责设计不合理、负担过重，使员工难以承受

多数中国民营企业存在超时或超强度劳动问题。这些问题主要源于企业对各岗位的工作职责设计缺乏科学依据、员工工作职责分配不合理、工作边界不清晰、人为地加大了工作强度。即使员工在经济上得到了一定的补偿，但长此以往，员工的身体难以承受，必然选择“要命不要钱”！

2.2　企业前景不明或内部管理混乱

这里存在两个方面的问题：一是企业缺乏明确的发展目标，或因经济环境的不稳定，企业本身技术、资金、人力的缺乏，产品的不对路等诸多因素，使员工感到

① 魏际刚，崔立新. 2020-01-14. 服务消费成为新动能重要来源. 经济参考报，7.

② 王煜. 2009. 对电子商务发展中存在问题的思考. 商场现代化，（3）：141.

本企业没有发展前途，没有安全感；二是企业内部管理混乱、工作职责不明确、缺乏基本的管理制度，导致员工无所适从，不知道应该怎么做才符合企业的要求，即使努力工作，也难以获得认可。

2.3 员工职业生涯规划难以实现

一般来说，员工应聘到民营企业工作，最初的动机是获得较高的薪金，但工作稳定后，就会考虑个人的发展机会和前途问题，每个人都自觉或不自觉地有自己的职业发展计划。作为企业员工，其职业发展途径，通常是从低级的岗位或职务向高级的岗位或职务升迁，或从简单的工作向复杂的工作过渡，或从不喜爱的工作岗位到喜爱的工作岗位调换等。如果员工发现在企业内无法实现自己的职业计划目标，他就可能跳槽到更适合自己发展的其他企业中去。在民营企业中，员工一般是被聘在某个固定岗位上工作，很少有机会在不同岗位上变换，也很少有机会从低到高逐级上升，这种情况与我国劳动力市场不成熟及民营企业发展的不充分、用人制度不完善等有关。

2.4 老板的家族化经营管理意识导致企业的人治现象严重

民营企业的所有权和经营权多为个人或家族掌握，实行的也多为所有权和经营权高度统一的家长式管理，个人利益或家庭利益是民营企业老板的第一考虑。在他们眼里，企业只是为个人或家族谋福利的工具，是个人或家族的附属品，即使民营企业老板已把企业看作生命，但从维护个人和家庭利益出发，他们最信任的人还是具有血缘关系的亲人，且这些人占据着企业的高级职位。所以民营企业中多兄弟伙、父子兵。这种企业私有观念在很大程度上影响了企业的凝聚力和整体感，使企业中的员工很难跨越血缘的界限，对企业有所认同。于是民营企业员工打工心态日渐严重，“合则留，不合去”成为民营企业员工的择业标准，企业老板和员工的关系成为“你先对我好，我才对你好”的博弈关系。在这种情况下，民营企业的员工不可能有很高的忠诚度，频繁跳槽也就在所难免了。

2.5 处罚严重，工作压力大

民营企业在管理状态上大致有两种情况：一种太缺乏有效管理；另一种则是制度化管理。缺乏制度的企业处罚是随机的，制度健全的企业，其制度条款往往处罚多于奖励。有时候的扣罚甚至会达当月工资总额的 1/3。有研究表明：当员工在一种高度紧张、压力较大的原环境下工作时，其工作质量和效率反而低于正常水平。员工长期处在担心被处罚的压力下，工作不可能愉快，也不可能长久，他们一有机会就会选择离开。[①]

2.6　民营企业老板缺乏诚信

民营企业出于利益考虑，首先重视的是对外部客户的诚信，但企业规模扩大以后，工作效率和效果都不是一两个人所能掌控得了的，老板甚至都不认识自己的每员工，真正在为客户服务的是员工，企业的整体表现如何，起码一半甚至 60%取决于员工干得怎么样。但有的老板还没有清醒地认识到这一点，对企业内部员工的各种合理的物质、精神需要一直不重视，特别是许下的诺言总是以各种借口不兑现，使员工感觉老板在欺骗自己，不离职气难消。老板对员工缺乏诚信，常常成为关键人才流失的原因。

2.7　薪酬管理的随意性

员工利益和价值要靠薪酬激励回报来体现。因此，企业在这方面的制度建设至关重要，绝对不能只想着企业自己一方，或老板自己一方，要具备双赢思维并有实际体现。总的原则是薪酬激励制度要公平合理，利益共享。不能劳苦功高全是老板的，利益分配也全是老板的，只把员工和关键人才看作老板的工具。民营企业老板尤其要警惕“工具”思想，即简单地把员工当作实现自己企业目标的工具，而应把他们看作自己事业团队中的一员，以及企业整体中不可或缺的工作伙伴，认同他们的工作价值，尤其要说话算数，许诺的激励措施一定要兑现。不讲诚信的后果是员工也开始算计老板。互相算计的产物是劳资矛盾激化，其结果往往是两败俱伤。

2.8　部分民营企业公众形象较差

随着经济实力的提高，民营企业在促进经济增长、解决就业等方面的贡献有目共睹，得到了社会的认可，同时民营企业持续在品牌建设、文化宣传和社会责任等方面加强投入，民营企业在公众中的整体形象不断改善，但部分民营企业的趋利性强、责任意识淡薄，环境污染、不遵守劳动法、劳动强度大、拖欠工资、公司跑路、山寨产品、虚假宣传、医疗事故、诚信度低等负面形象使民营企业的公众形象受损，增加了企业吸引人才和留住人才的难度。

2.9　缺乏给予关键人才信任和事业发展空间

民营企业如果想长久留住优秀人才，那么给予这些人以足够的信任和个人事业

---

① 李润虎. 2012. 民营企业员工流失原因及对策分析. 甘肃科技，28（24）：110-113.

发展空间是绝对必要的。人生在世，谁不想尽己所能，建功立业，在社会上受人敬佩？民营企业家自己可以说已经接近自我实现，但别的人同样也有这样的愿望。对于优秀的高级人才，或者学有专长的专业人才，哪怕就是能力平平的一般员工，无论其职位高低，他们其实都需要事业感和空间感。企业如果想做得好一点，就该为其关键人才设计完善的职业生涯规划，给他们提供一个能够让其展示才华、实现人生价值的大舞台。

3　民营企业员工流失管理对策

根据对员工流失原因的分析可知，要想抑制员工流失，必须立足于企业内部的科学管理，只有重新审视企业的管理理念、管理制度，营造有吸引力的企业文化，才能从根本上解决员工流失问题。

3.1　确立“以人为本”的管理理念

人本主义思想强调尊重员工需求，关心员工成长和发展，重视员工的主体性和参与性。管理者树立“以人为本”思想的意义在于，一个企业只有拥有合格的员工，才会有好的产品和好的市场，也才会有好的利润，员工应是第一位的。不具备这种管理理念，或者只是模糊地运用“人性化管理”这一术语来解释管理员工失控现象，掩饰自身无能的管理者，其结果只会误了员工，误了企业。“以人为本”的理念应贯彻在管理各环节，从员工招聘、培训、工作设计、薪酬福利制度、职业生涯规划到激励体系，都应考虑员工的需要和收益。管理过程中应尽量少使用处罚性措施，多采用表扬性激励，使员工有受尊重的感觉，从而真正实现员工与企业的“双赢”。

3.2　建立制度化约束机制

企业要为员工发展创造好的环境，增加自身吸引力，必须制定相关的制度，对员工流动进行管理和抑制。首先，可以实行劳动用工合同制管理。在合同期内，企业不能无故辞退员工，员工也不能擅自离开企业，否则，违约方须向另一方交纳违约赔偿金。其次，可实行培训赔偿制度。企业可建立员工培训档案，在记录员工培训实况的基础上，对员工的教育培训进行投入—产出分析，以确定员工离职时所造成的损失，并要求赔偿；同时还可以事先签订培训合同，明确员工接受培训后的服务年限和违约赔偿金，避免企业花费大量培训费却留不住人，更可纠正民营企业因此不敢花钱培训员工的误区。

3.3　规范内部管理

企业管理混乱，员工无所适从，是员工流失的重要原因之一，因此，要营造吸引人才的良好环境，必须实现企业的规范化管理。它应包括两方面内容：一是管理者要有较高的管理水平，能做到科学决策、合理分工、有效控制；企业内部有健全的规章制度可遵循，给员工安全感。二是在人力资源管理各环节真正做到科学化管理。制定既有战略远见又符合客观实际的人力资源规划体系，让员工感到自己在本企业还有发展的机会，这有助于提高员工留任率；认真进行工作分析，明确每个岗位的职责、权力与工作标准，使每名员工都能明明白白、有条不紊地各负其责，而且通过科学设计、综合平衡，可避免苦乐不均和个别员工工作压力过于繁重；帮助员工制订职业计划，使员工有明确的发展方向，如果企业能帮助员工努力实现目标，没有员工会愿意离开一个能不断使自己获得成功的组织！

3.4　培养文化凝聚力

企业文化是全体员工认同的共同的价值观，它具有较强的凝聚功能，因此，它对稳定员工起着重要的作用。企业文化所追求的目标是个人对团体的认同，希望在员工和企业之间建立起一种互动相依的关系，最终使员工热爱自己的企业。但企业文化不是一蹴而就的，它需要引导、灌输、示范和融入制度里，继而融入员工的思维和行动中。培养文化凝聚力虽然艰难，但要自觉地去做，就一定会有成果。出色的企业文化所营造的氛围对员工的吸引力是其他吸引物无法比拟的，因为它弘扬的是一种精神！它打动的是一颗心！不同的企业应根据自己的具体情况，采取不同的方式来抑制员工流失，但无论采取什么方式，都应注意“留人先留心”。

3.5　给员工一个发展的空间和提升的平台

较大的发展空间给员工以希望，给员工以动力。没有希望，看不到前景的企业，是无论如何也激不起员工的工作热情的，这样的企业也不可能让员工安心留下来工作。要想给员工提供较大的发展空间和提升的平台，可以从以下几方面入手。

（1）建立完善的竞争机制，鼓励员工通过正当竞争上岗。很多企业，一旦出现岗位空缺，它们首先想到的是从外部招聘人员，而不考虑从内部提拔；也有的企业，即使想到了先从内部提拔，但由于没有完善的内部竞聘机制，或者因为太熟悉内部员工，看到的总是员工的各种不足而看不到员工的诸多优点，最终，还是会考虑从外部招聘。在它们眼里，总是“外来的和尚好念经”。事实上，这对员工的打击相当大，不仅让员工觉得公司缺少发展空间，也让他们觉得缺少了向上的动力，这样既不利于激励员工，也不能很好地在团队里营造竞争氛围。

（2）当员工在本岗位已经有不俗表现、能力已超越本岗位的要求，但暂时又还没有更高一层级的岗位空缺时，不妨对员工辅以平级轮岗，用新的岗位、新的挑战，激起员工的工作热情，同时，也让员工学到更多的知识和技能，有效提升员工的综合素质，为该员工能胜任更高层次的工作岗位夯实基础。

（3）给员工提供足够多的培训机会。海尔集团 CEO 张瑞敏曾对他的管理人员这样说过："员工刚进入公司素质不高，不是你们的错，但一段时间后，员工的素质还是不高，就肯定是你们的错。"[①]可见，对员工进行培训在企业的发展中是多么重要。日本松下电器产业株式会社就非常看重对员工进行培训，因为其创始人松下幸之助懂得，将钱投在大脑上比投在机器上更能赚钱。培训的方式多种多样，只要善于开动脑筋，就会发觉，培训可以无处不在，可以随时随地，现在流行的一分钟培训就是较好的佐证。

（4）帮助员工制订职业生涯规划，即帮助员工开发各种知识与技能，为他们提供实现个人专长的机会，铺设职业发展的阶梯，使员工在了解自己所拥有的技能、兴趣、价值取向的基础上，尽量使其所长与公司所需一致，使员工有明确的发展方向。如果企业能了解员工的个人计划，并努力使之达到目标，就必然使员工产生成就感，没有人会愿意离开一个能不断使自己获得成功的组织。

3.6 企业领导塑造自己的人格魅力

毋庸置疑，企业领导的管理水平，在很大程度上左右着公司的发展。同样，企业领导的人格魅力及管理风格，也在很大程度上影响着员工的工作积极性及团队的稳定性。总结一下，大致有以下几条。

（1）用人不疑、疑人不用。如果管理者疑心较重，那么这种猜疑会一层层地往下传递。例如，总经理不信任副总经理，那么副总经理也不会信任部门经理，部门经理不信任主管，主管不信任员工。在一个没有信任的团队里工作，员工必定感到寒心。所以，用人的原则是，用他就坚决信任他。

（2）不在背后谈论员工的不是。员工都讨厌领导在背后批评自己，就算是善意的也不行。实际上，当着员工的面批评另一名员工，将会适得其反。

（3）不轻言承诺，但一旦承诺，不轻易改变。很多企业领导为了笼络人心，总是会给员工许下一些承诺，但因为这样或那样的原因，一些承诺往往不能兑现，而领导对此也并不在意，觉得无所谓，但员工却不这样想，他们会认为领导言而无信，也不会再轻易相信领导。如此下去，领导想要改变自己在员工心目中的形象，将会难上加难了，员工有了困难，有了想法，也不会再告诉领导。日子久了，员工得不到适当的宣泄，最后，势必会选择离职。

（4）敢于承担责任，更敢于为员工承担责任。很多领导为了树立自己在更上一

---

① 金璐. 2011-04-21. 浅谈民营企业如何应对人员流动率过高问题. 证券日报，C03.

级领导或员工心目中的威望或是保住自己的颜面，往往将自己犯的错误推给员工承担，更不要说为员工承担责任了。这样做的后果是，自己暂时的威望或颜面可能是保住了，但日子一长，在员工心目中丢掉的可能就不是威望或颜面了，失去的必将是员工长久的尊重和信任。

（5）员工没做好不要急于否定他，而应该给他足够的支持。如果员工没做好，领导总能从自身去寻找原因，给员工以更多的支持，给员工以更多的帮助，员工必然从心里感激领导，就会更加努力地工作。只要员工真正投入，相信一切困难都不能再被称为困难。

（6）对于将要离职的员工，别对他另眼相看，更不能把他当小偷。有的企业，当员工在职时，领导恨不得员工多做点事，多涉及一些工作，而一旦员工提出离职，就对员工严加防范，生怕员工将公司的重要资料带走，更有甚者，还请其他员工对将要离职的员工进行监视。但是，他们却忽略了，今天你让 B 员工监视 A 员工，明天你就可能让 C 员工监视 B 员工，这样对 B 员工及其他在职员工心理上造成的影响可能更大于对 A 员工的影响。再说，员工如果真能带走公司的重要资料，只能怪公司平时的保密措施没做好，没有做到未雨绸缪。所以，千万别对将要离职的员工另眼相看，否则，企业损失的就不仅仅是 A 员工的信任，很有可能是整个公司在职员工的信任。

3.7　提供有竞争力的薪酬待遇

（1）首先，调查清楚同行薪酬水平。如果你是物业公司，你就必须弄清楚物业行业的薪酬水平；如果你是房地产公司，你就必须弄清房地产行业的薪酬水平。只有这样，才可能制定出具有竞争力的薪酬制度。其次，对于不同行业有共同性的岗位，还得清楚社会岗位水平。例如，对于物业公司人力资源经理/主管岗位，除要清楚物业行业这个岗位的薪酬水平外，还应尽可能地了解清楚其他行业该岗位的薪酬水平，因为这些大众化的岗位本身并不受多少行业限制，如果给出的岗位薪酬水平过低，即使在行业中有一定的竞争力，也不会对该岗位员工有足够大的吸引力。

（2）对骨干员工或重要岗位员工，要舍得付高薪。即使高出其他岗位较多也无妨，要拉大岗位水平，只有这样，才可能吸引住核心员工。普通员工流失，随时可以信手拈来，但重要的、核心的员工一旦流失，对企业将会产生不可估量的损失。

（3）奖惩分明、重奖重罚。对企业有重大突破的员工，不妨对其实行重奖。这样做的好处是：一方面，可以提高员工的收入水平（员工也会计算收入）；另一方面，对员工也是一种有效的激励，因为员工知道，只要有付出、有贡献，就一定会有好的回报，于是在以后的工作中，他们将会更加卖力。

（4）建立科学的员工绩效评估机制。私营企业员工的待遇不公，其产生的原因在于私营企业没有一个科学的员工绩效评估机制，不能把员工对企业的贡献同员工待遇很好地联系起来。私营企业只有让员工既看到企业的待遇，又看到员工对企业的贡献，并且两者之间有公平合理的关系，才能有效防止员工因横向比较感到待遇不公而流动。

3.8 挽留并不丢面子

任何漫不经心的迟疑和怠慢都会使递交辞呈的员工心灰意冷，辞职的决心更强。

在递交辞呈的人中，有一部分是铁了心要走的。他们通常已有了明确的接收单位或求职意向，随时准备离去。因此，对这部分人的挽留相对困难，有时甚至毫无可能。但说些挽留的话和做些挽留的举措总比听之任之要好。即使这些话和举措只是表面的、客套的。这样可以尽量稳住将要离职员工经手的业务和客户，使其在离职之前继续安心工作，而企业也可以利用这段时间寻求继任者和进行交接工作。

还有一部分人并非真心想离去，他们只是想衡量一下自身价值，即所谓的“投石问路”。如果企业真的很在意这部分员工，并对其进行挽留，那么这种挽留举动将会很奏效。但企业不要对这部分员工立即做某种承诺，因为尝到甜头的员工可能在将来故伎重演，迫使企业一再让步。总之，即使企业真的很需要他，也不能让员工习惯以辞职作为“要挟”企业的条件。此时判断辞职的性质很重要，对员工品格的衡量更重要。

思考题

1. 民营企业的特点有哪些？
2. 民营企业员工流动率高的原因是什么？
3. 民营企业员工流失管理对策有哪些？

案例讨论[①]

阿里巴巴如此留人才，难怪马云会说“别人开 4 倍工资也挖不走我的员工”

多年以来，在国内“员工最喜爱企业”的调查中，阿里巴巴一直名列前茅。

① 佚名. 2018. 阿里如此留才，难怪马云会说“别人开 4 倍工资也挖不走我的员工”. https://baijiahao.baidu.com/s?id=1604773023648752286[2018-07-01].

阿里巴巴的薪酬制度和福利待遇之好在国内是非常出名的，网上经常有人予以爆料，令许多职场人士称羡不已。另外，阿里巴巴员工的工作压力虽然很大，但跳槽率却一直非常低，这也充分说明了在留人问题上，阿里巴巴做得很好，难怪马云会自信地说："别人开4倍工资也挖不走我的员工。"

我们先来了解阿里巴巴的薪酬制度。阿里巴巴的薪酬由三部分组成，分别是基本工资、奖金和期权。

基本工资和奖金取决于3个因素。一是级别，刚进入阿里的新员工都有一个明确的级别和基本的薪酬；二是绩效，在阿里巴巴，同一级别的员工工资也有高低之分，这主要是因为绩效不同，业绩出色、贡献突出，薪酬自然就更高；三是人才盘点，阿里巴巴董事会每年都会对人才进行一次盘点，主要盘点的是这个人在行业里的不可替代性、稀缺性及成长性等，人才盘点的结果和员工的绩效、级别挂钩。人才盘点还有一个目的，就是明确重要的20%的人才去留。假如这部分人才流失率很大，那么，阿里巴巴的人力资源管理部门就要采取相应的措施，这也符合管理学上的"二八法则"。对于奖金，马云有一句话说得很到位，他说："阿里巴巴就是要把80%的钱给到20%的人。"凸显重要的20%的人才，其目的主要在于激活人才池，最大限度地降低各种"搭便车"现象，避免"南郭先生"的出现。

期权作为阿里巴巴薪酬制度的一部分，在留住人才上也发挥着极其重大的作用。所谓期权，就是明天的股权。阿里巴巴的期权分四期兑现，尽管不用员工交钱，但是要在股票还没有兑现的时候就开始交税，所以，阿里巴巴的员工尤其是高管不会轻易离职。

住房一直是令许多企业员工头疼的问题，为了解决这个问题，阿里巴巴在2011年推出了30亿ihome无息置业贷款计划，后来又与国内知名房地产公司绿城集团签订合作协议，新建了380套阿里员工专享公寓。公司中的资深专家、高级经理及以下职级员工都可以参与申请摇号。而且，这些房子的产权完全归购房员工所有。

每年，阿里巴巴还会为要结婚的阿里人举办集体婚礼，由马云亲自做证婚人。阿里巴巴有着严格的工龄制度，如工作满一年是"一年香"，满三年是"三年醇"，满五年则是"五年陈"，等等。按照工龄，员工在结婚时可以领取到相应的纪念物品，"五年陈"可以领到一枚价值昂贵的白金戒指。

阿里巴巴的女员工如果怀孕了，会有超长带薪孕假，男员工还有陪产假。不止如此，阿里巴巴的人力资源管理部门还曾经采购了一批300元左右的孕妇防辐射服发给怀孕的员工，每人可以领到两件，其人性化的福利令人赞叹。

在阿里巴巴，员工每年都享有一次公费体检的机会，每个阿里人还享有2名公费体检的名额，可以不限时间，自由支配，也可以留给父母。

像以上这样的福利还有很多，总的来说，阿里巴巴可以说是将待遇留人做到了极致。

讨论题

1. 阿里巴巴为什么能够留住员工？
2. 从公司管理方面来看，阿里巴巴的管理对其他公司有何启示？

第 8 章　高新技术企业员工流动分析

本章主要学习目的

1. 了解高新技术企业员工流动的现状与问题
2. 明确高新技术企业员工的特点。
3. 了解影响高新技术企业员工流动的原因。
4. 掌握高新技术企业员工流动的影响及对策。

引导案例①

人员规划：杭州 CT 科技公司人才短缺的止痛剂

杭州 CT 科技公司是一家从事移动增值业务的国家级高新技术企业，在过去的几年里，CT 科技公司的业务在全国范围内迅速发展，需要大量的人才满足公司需求，于是 CT 科技公司人事行政部经理吴敏吴经理带着人事行政部转战全国各地，组织校园招聘、参加人才交流会，甚至挖竞争对手的墙脚……能想的都想了，能用的都用了，确实取得了一定的效果，满足了部分需求，可是让吴经理痛苦的是，一方面想尽办法、挖空心思努力招聘各层次人才，另一方面现有的、成熟的人才却不断流失，陷入恶性循环。

CT 科技公司前几年培养的后备人才要么能力提升不大，要么出现流失情况。就在 4 月，公司得力干将张亮提出离职，在公司内部引起轩然大波。张亮 2006 年毕业于某高校电子通信专业，公司创始人万先生看中张亮坦实、肯干、有冲劲等特点，将其引入 CT 科技公司，从事售后工作担任维护支持工程师。最初公司将张亮派往浙江移动，在一年的时间里，他不但成功地完成了由学生向工程师转型，而且提出 CT 移动增值业务存在的弊端，引起管理层的高度重视，将其列为重点培养对象，由主管技术的李总亲自指导。2008 年、2009 年，张亮作为成员参加多个项目的研发，他发挥的作用由辅助性向参与性转移，逐步成长为优秀的研发人员，公司

---

① 马香媛，黄鹤. 2012. 人员规划：杭州 CT 科技公司人才短缺的止痛剂. https://www.cmcc-dut.cn/Cases/Detail/1282[2013-09].

在此期间申请的专利，亦有他的贡献。2010 年起，张亮在 CT 科技公司研发中发挥的作用就更大了，他开始独立研发产品，协助市场和运营部门开拓和维护客户，当年的营业额中有近 1/5 的业绩来自张亮研发的产品。 2010 年底，张亮被评为优秀员工，公司年会上李总给予他高度评价，给出以下颁奖词："万丈高楼平地起，一鸣惊人艺超群。在研发的金字塔尖起舞，不仅需要过人的智慧、满腔的热情，更需要推陈出新、开拓进取的执着精神。你的精诚合作赢得了同事的赞誉，你的通宵配合大家有目共睹，还有你憨厚的笑容，更让人难以忘怀!"

应该说张亮是与 CT 科技公司一起成长起来的，但就是这样前景光明、颇受重视的员工向公司递交辞职，公司内部员工对此议论纷纷，有人对张亮的行为表示理解，有人认为他忘恩负义，公司把他培养好了，他却拍拍屁股走人了。 研发部门经理王虹极力挽留无果，李总和万总亲自找张亮谈话挽留，张亮才透露自己离开的主要原因。公司一直都有自己培养技术核心与骨干力量的想法， 因此设置了多职业阶梯供员工选择，如研发技术人员，可选择的通道有技术通道、管理通道和销售通道，员工可在自己感兴趣的领域发展。由于在职位设置方面存在局限性，员工虽然有多个职业阶梯可选，但每个阶梯路径都很短。张亮表示离开公司最主要的原因是在公司看不到未来发展，研发部经理王虹比他大 5 岁，只有王虹升职他才有希望，可是公司高管除了创始人，就是技术权威，可能性太小了，他的位置已经到头了，而销售工作不是他喜欢的，唯有选择离开。张亮的辞职引发公司如何自主培养员工的思考。

以上例子说明，高新技术企业的员工、科技人员和管理人员都有较高的流动率，这对企业的发展产生了极大的影响。本章将侧重分析高新技术企业员工的特点及其流动，以及抑制高新技术企业员工流动的对策。

1 高新技术企业员工流动的现状与问题

现代信息与通信技术的迅猛发展促使人类社会快速向知识型社会转变，而与知识社会密切相关的高新技术企业已成为世界发达国家竭尽全力追逐的"产业制高点"。知识社会最显著的特征就是人们依托现代信息、通信、电子等各种现代化生产技术，以人类社会前所未有的速度进行着知识的生产、更新及应用活动。而高新技术企业就是从事这种活动最重要的载体。与传统企业相比，高新技术企业是一种知识、技术和人才密集的，并以追求创新为其核心经营内容的企业群体，具有以下几个特征：

一是具有明确的通过创新开拓，引导和占领市场的战略意识；

二是拥有比较雄厚的研究开发实力，科技人员比例大；

三是在运行机制上，以市场为导向，融研究、开发、生产、销售于一体，内部具有良性的循环机制；

四是拥有严密、灵活、高效的组织结构；

五是不仅要面对国内市场，更注重开拓国际市场。

在科技部、中华人民共和国财政部（简称财政部）和国家税务总局的监督管理下，地方科技、财政、税务部门联合开展高新技术企业的认定工作，将高新技术企业认定工作推向了一个新的发展高度。为提高高新技术企业的技术创新能力，促使更多具有科技创新含量的企业享受到高新技术企业所得税优惠政策的支持，2016 年，科技部、财政部和国家税务总局联合修订颁布了新的《高新技术企业认定管理办法》，从 2016 年开始实施。在国家和地方优惠政策的支持下，高新技术企业发展势头迅猛，不仅带动了相关产业的进步，而且促进了经济的发展。一个充满活力的国家经济，一定是科技和经济力量不断涌向新产业的经济。今天，高新技术企业的崛起和壮大已经成为一个国家经济持久发展的标志。我国的高新技术企业尽管总体起步较晚，但已经出现了一批初始投资较少，运行机制灵活，技术创新活跃，已初具规模和实力的企业。[①]

我国高新技术企业有两种不同的组织形式。一是新兴型高新技术企业。这类企业以研究开发或生产高新技术产品为经营内容，一般是近年来在经济开发区、科技园区和高校、研究院所附近成长起来的。二是转化型高新技术企业。这种企业的组织形式突破了传统的单一生产型企业的模式，具有研究、开发、设计、中试、生产、信息、培训、销售、咨询、服务等方面的综合能力。

由于人才竞争加剧，员工的高流失率已成为困扰大多数高新技术企业的严重问题。另外，相对于发达国家而言，我国高新技术企业的管理方式还存在诸多问题，处于转型期的我国高新技术企业具有高投入、高收益、高风险的特点，因而人员流动性大，使企业的发展受到不同程度的影响。据调查，我国中关村地区的人才流动率是比较高的，其中 IT 行业的人才流动率达到 20%以上；而广州市的高新技术企业中，人员的平均流动率更是高达 39.8%。2006 年，中国互联网行业调查显示，员工自愿离职率高达 16%，主要集中在销售、软件开发和网站运营部门，员工的平均年龄为 28 岁，80%以上为专科以上学历。统计数据显示，互联网行业的员工在公司服务的平均时间小于 3 年。从这些数据可以看出，人才流失现象在我国高新技术企业普遍存在，已成为亟待解决的问题之一。[②]调查显示，33.7%的被调查企业认为人力资源危机对其企业产生了严重影响。企业人力资源危机又主要表现为普通员工的频繁跳槽和中高层管理人员的非正常离职。企业中高层管理人员的意外离职，有时会给企业带来巨大损失，因为他们熟悉本企业的运作模式、拥有较为固定的客户群，而且离职后只要不改换行业，投

① 李希义，郭建平. 2019. 高新技术企业发展报告 2018. 北京：科学技术文献出版社：1.

② 郭春娟. 2013. 高新技术企业人才流失现状、原因与对策. 经济研究导刊，（11）：77-78.

奔的往往是原企业的竞争对手，势必会给原企业的经营和发展带来较大的冲击。[①]人员的高流动率在所有的行业都是一个严重的问题，而在高新技术行业尤为突出。

从宏观上来说，高新技术企业人才的流动，一方面有利于人力资源在社会中得到有效的配置，便于科学技术通过人员的流动得到传播，以及人才在流动中实现增值；另一方面也会给高新技术企业人才的培养与使用带来风险。人员的流动使得企业无法留住人才，特别是那些在企业中处于关键地位的核心员工。员工的流失往往给企业带来巨大的间接成本与直接成本损失，极大地影响员工的士气。

2　高新技术企业员工特点分析

高新技术企业推动了我国战略性新兴产业和高技术服务业的发展，主要分布在制造业，信息传输、软件和信息技术服务业，科学研究和技术服务业等行业。高新技术企业数量增长迅速，由 2013 年的近 6 万家增长到 2017 年的 13 万多家；其中，广东省、北京市、江苏省，以及深圳市成为国内高新技术企业数量较多的地区。[②]

高新技术企业的员工对高新技术企业的生存和发展至关重要，他们具有以下特点。

（1）高新技术企业的员工具有丰富的专业知识和技能。高新技术企业是智力密集型企业，在各个环节中间都需要思维创新及智力的开发，它的业务流程即智力的流程。而一般技术企业的业务流程往往是标准的生产流程，员工往往只需适应这个标准，按标准去操作即可。高新技术企业与一般企业相比，对员工的专业知识和技能提出了更高的要求。高新技术企业以知识作为资本，生产相应知识含量高的产品，并以其作为核心竞争力。

（2）高新技术企业的员工必须具有创新能力。技术创新是现在企业管理的最核心的问题，更是高新技术企业的灵魂，是其生命所在。市场经济下企业间的激烈竞争，要求企业必须迅速地更新技术设备，提高工艺水平，积极拓宽经营范围，开发市场需要的新产品。倘若企业的员工墨守成规，没有创新意识，缺乏创新能力，则企业的生产效率和经济效益很难迅速提高。随着时代的发展、科技的进步，该企业的生产技术将会落伍，也就谈不上什么高新技术企业了。

（3）高新技术企业的员工需要不断补充、丰富、更新自己的知识。随着科技的

① 黄庭满. 2004. 零点调查：京沪半数企业处于“危机状态”. http://finance.sina.com.cn/g/20040728/1456907992.shtml [2004-07-28].

② 李希义，郭建平. 2019. 高新技术企业发展报告 2018. 北京：科学技术文献出版社：3.

迅猛发展，一方面，员工感到需要不断地学习，以实现新旧知识的交替，提高知识水平和管理能力，以适应科学技术的发展，符合工作的需要；另一方面，企业为适应最先进的科学技术的发展需要，迫切要求它的员工不断更新知识，掌握新技术，以增强企业的竞争力。因此，高新技术企业的员工必须不断补充、丰富、更新自己的知识，以实现企业对高效率与高效益的追求，否则就会因为自己的知识老化，不再适应原职位而被淘汰。

（4）高新技术企业员工年轻，自主独立性及个性强。高新技术企业及员工构成趋向年轻化，大部分员工年龄在 30 岁左右。高新技术本身的特点决定了要大胆起用青年人才，特别是有创新能力的人才。近年来，技术革命日新月异，各种知识交叉综合，不断向传统技术手段、生产方式、经营理念提出挑战。青年人具有掌握知识快、思想活跃、创造力强、精力充沛、勇于拼搏等优势，适合高新技术及其产业发展的需要。但由于年龄原因，这些年轻员工也会出现一定程度的骄狂、易冲动、浮躁；高新技术企业员工相对其他类型企业员工的自主独立性及个性较强。企业中个人的能力在某时往往超过了其他群体的能力。这一方面可以最大限度地展示个人才华，实现自我培育发展，但也易出现个人英雄主义、我行我素、好出风头等现象，影响企业组织关系的协调。

综上，由于高新技术企业员工具有上述特点，又被许多人包括理论界的专家学者称为“知识工作者”或“知识员工”，但他们由于自身的特点，往往具有更大的流动性。

3　高新技术企业员工流动的原因

3.1　高新技术企业员工流动形成过程中的不可控因素

员工流动率高一方面是因为企业的人力资源政策；另一方面也是企业经营环境作用的结果。高新技术企业经营环境中的一些不可控因素决定了高新技术企业员工流动率必定高于传统行业。这些不可控因素主要包括以下四方面。

第一，高新技术企业的产业特征。高新技术企业作为未来经济活动的中心，拥有较其他经济部门更高的劳动生产率。按照劳动要素随生产率高低在社会各部门流动的规律，劳动力必然从生产率较低的传统部门向高科技部门进行转移。另外，在高新技术企业内部，由于整个经济结构处于高速变动中，技术的进步、企业的兴衰、产品的更新都在一定程度上导致了高新技术企业的人力资源处于高速流动之中。

第二，高新技术企业的企业规模。一般而言，规模较大的企业往往伴随较低的人员流动率。规模较大的企业拥有相对较完善的人力资源管理制度，员工内部流动的机会较多，内部工资和福利较高，企业文化比较鲜明，经营的风险较小，这些都会对员工形成很强的吸引力。高新技术企业往往经营规模较小，因而在一定程度上导致了员工的流动率较高。

第三，高新技术企业的员工特性。年龄与员工流动率成反比，年轻员工由于有较强的进取心、较少的社会流动障碍，因而流动率较高。员工素质与员工流动率成正比。员工的素质越高，其越会得到较多的工作选择机会，因而流动率较高。高新技术企业员工一般比较年轻，而且受过良好的教育，这也是其员工流动率较高的一个原因。

第四，高科技人才的短缺。高科技的竞争越来越依靠高素质的人才。无论国内还是国外，所有的企业都在大力吸引高素质的人才。以人工智能行业为例，据腾讯研究院发布的《中美两国人工智能产业发展全面解读》分析，美国人工智能产业总量约是中国的 2 倍，基础层人才数量是中国的 13.8 倍，人才差距巨大。据高盛发布的《全球人工智能产业分布》报告统计，2017 年全球人工智能人才储备中，中国只有 5%左右，人才缺口超过 500 万人。[①]

3.2 落后的人力资源制度是员工高流动率的主要原因

高新技术企业的产业特征、企业规模、人员特性等因素，不可避免地造成高新技术企业相对于其他类型企业的员工高流动率，但我们应当注意到，这种统计数据上的高流动率并不是高新技术企业对自己人力资源管理制度不完善的借口。事实表明，在相同的行业和地区，不同的高新技术企业的员工流动率存在很大的差距。从单个的经营单位来看，人力资源制度的巨大差异是形成企业间员工流动率巨大差异的根源。高新技术企业在人力资源管理方面主要存在以下方面的不足。

第一，传统的人事管理观念是高新技术企业高流动率的根本原因。虽然说高新技术企业能够认识到人才在企业经营中的重要地位，但许多高新技术企业并没有真正建立起现代人力资源流动管理。转变管理观念，充分发挥人力资源管理部门的战略作用，是高新技术企业有效降低员工流动率、吸引人才的基础。

第二，人力资源职能不完善、流程不科学。很多高新技术企业由于规模小，仍然处于创业期，公司尚未建立起非常正规的人力资源管理制度。很多人力资源管理者未受过正规的专业训练，缺乏专业人力资源管理技巧。公司的人力资源流入环节——人员的招聘和选拔没有一个完整的标准和工作流程，还停留在传统的人事档案管理水平上。对如何充分利用人才和留住人才，也只是停留在传统的物质激励的方法上，对员工的流动也没有建立人才流动档案，对人力资源流动的原因缺乏有效的分析。这都造成了企业的人力资源流动管理不完善，从而影响其生存与发展。

第三，人力资源结构不合理。2013～2017 年，全国高新技术企业中从事科技活

---

① 柴经. 2018. 人工智能高科技人才全球紧缺 需求旺盛. https://baijiahao.baidu.com/s?id=1603777305777732260&wfr=spider&for=pc[2018-06-20].

动的人员数迅速增长，但高新技术企业平均科技活动人员数、科技活动人员占比两个指标均出现连续下降。在高新技术企业中，科技活动人员占比下降显然不利于高新技术企业的研发进程。[①]同时，很多高新技术企业对人力资源高学历的过于追求也是其员工流失的一个重要原因。企业没有高学历人才肯定会影响自身的发展战略，但如果数量过多也不利于每名员工发挥自己的专长。现在，许多高新技术企业招聘人才时一味要求高学历，要求应聘者必须是本科或专科以上学历，这样企业即使引进了人才，但由于人才在企业中不能有效地发挥应有的作用，最终还是不能留住人才。

第四，缺乏合理的激励机制。调查表明，我国有 56.7%的高新技术企业将奖金作为首选的激励方式，有 42.7%的企业把给予员工更大的信任和自主权作为主要的激励方式。[②]我国高新技术企业大多处于创业阶段，由于财力的限制，采取以物质激励为主的激励机制与外资企业进行对抗是不可行的。可以采用其他更好的激励方式，如股权激励。高新技术企业应该认识到其员工与其他类型企业的员工相比，更加重视能够拥有促使他们不断发展的、具有挑战性的工作；他们对知识、对个人和事业的成长有着持续不断的追求；他们要求给予自主权，使其能够以自己认为有效的方式进行工作并完成任务。总之，与成长、自主和成就相比，金钱的边际价值对于高新技术企业人力资源来说已退居相对次要的地位。企业应采取恰当的激励机制以降低人力资源流动率。

第五，员工发展与企业发展分离。北京某区的问卷调查表明，认为所在高新技术企业未来会有较大发展的员工占调查员工总数的 80.11%，认为公司前途不大的仅占 5.65%。这说明，目前高新技术企业的员工对本行业和所在单位还是抱有一定信心的。但当被问到“公司有一天面临破产或倒闭，你该怎么办”时，选择与企业共渡难关的员工仅占 37.9%。这说明，目前大部分高新技术企业员工也还是抱着打工的态度，并没有很好地将企业的发展与自身的发展联系起来。[③]

4　高新技术企业员工流动的影响及对策

4.1　高新技术企业员工流动的影响

在市场经济条件下，高新技术企业人员流动有其必然性。首先，随着经济和科

① 李希义，郭建平. 2019. 高新技术企业发展报告 2018. 北京：科学技术文献出版社：19.

② 阎嘉陵. 2005. 经济全球化下的中国人力资源挑战及其应对. 世界经济文汇，（Z1）：128-131.

③ 姚会法. 2011. 高新技术企业人才流失的原因探析（2）. http://www.mba.org.cn/anliku/4376_2.html[2011-08-11].

技的不断发展，必然会涌现出一些新兴企业。而一些老企业的调整、更新也会引起各类人员的流动。对于高新技术企业，如果没有人员流动，则很难实现技术转移，以及新企业的诞生与发展。其次，高新科技发展速度快，各学科高度分化，高度综合，高新技术企业人员只有流动起来，才能拓宽视野，掌握更先进的技术和相关知识，从而促进企业的进一步发展。最后，根据市场需要，企业员工会向最能体现自身价值、需求最迫切的地方流动。但同时，高新技术企业员工的高流动率也会造成企业的人才流失，对企业的生存与发展产生不利影响，给企业造成不同程度的损失。其不利影响主要包括以下方面。

（1）无形资产的流失。高新技术企业之间的竞争十分激烈，企业的生存与发展依赖于各类员工尽心尽力，同心同德，发挥各自的聪明才智，共同实现企业的目标。概括地说，高新技术企业中有三类主要的员工流失，会给企业带来极大的负面影响。

第一类是技术人员。在以技术开发、应用为主的高新技术企业中，技术人员的作用举足轻重，因为高新技术企业所面临的主要的市场不确定性就是能否开发出新产品、新技术，而技术人员是此类企业中消除不确定性的核心的关键人员。如果核心的关键技术人员流失，可能会导致生产无法正常进行、产品质量难以把控、研发工作停滞不前、核心技术机密被窃取、市场上出现不合法的技术仿制，从而使得高新技术产品市场混乱，而原企业也陷入困境等。诸如此类的不良影响都因核心的关键技术人员的流失而接踵而至。

第二类是销售人员。企业中拥有既懂技术又精通市场的销售人员是确保企业的市场优势的关键。如果销售人员流失，往往会导致与他们相关联的市场，以及大批老客户的流失。目前，由于我国还未出台相关的法律、法规对企业的这方面的利益予以保护。因此，销售人员流失将使企业的生产及销售的连续性、稳定性遭到破坏，从而影响企业利润的获得。

第三类是高级管理人员。企业中高级管理人员熟悉企业的情况，对于企业的稳定发展及各方面工作的协调运行起到中流砥柱的作用。如果他们流失，不仅会削弱企业的管理能力，还会使企业的内部情况及商业秘密外泄；另外，高层管理人员的流失还会造成企业内部人心不稳，降低企业的凝聚力，影响员工的士气，甚至引起大批人员的追随流失。

（2）员工流动使企业成本增加。为填充人员流失造成的空缺及弥补相关的损失，企业需要支出大量的费用，包括招聘急需人员的人力、物力和时间成本，对新人的培训费用，而新人要熟悉与掌握工作还需有一定的时间和投入。另外，由于员工流动，工作连续性被破坏，一些新产品、新技术的研究、开发、生产被迫中断，延误了正常交货期，损害了企业的形象与信誉。

4.2　高新技术企业员工流动的对策

第一，加强技术保密工作，防止技术流失。可对技术人员、技术资料实行等级划分管理。一方面，在不妨碍技术开发进程的前提下，将技术人员与技术资料的等级细分到尽可能低的限度，这样做可使不同等级的技术人员接触到不同部分、重要性不同的技术资料，从而防止技术全部泄露；另一方面，严格规范管理技术文件、档案，分等级严格保管。针对保管人员制定保密制度，对查阅人员分组审查，不同级别人员查阅的技术文件的等级范围要有所不同。

第二，切断外围。在对外经济、技术交往中提高和加强有关人员的保密意识，采取制约的措施；以合同形式约束有关技术人员严明责任，用法律手段解决纠纷，维护企业合法权益；与参与科技开发及转化的有关人员签订在职期间或离职退休后一定期限的协议，以保守技术秘密。

第三，工作规程的制约。使技术分工密集化，如将工序细分，以约束低层次员工的接触范围，各技术部门课题的工作细分可以起到壁垒的作用；将工作职责及范围划分，并公开化、透明化，使工作人员相互监督，相互制约；增强企业的凝聚力、向心力，从根本上防止人才的流失，如为技术人员充分发挥能力创造条件、提供有利的工作环境和良好的人际氛围、培养员工良好的集体荣誉感等。

第四，加强销售工作管理，减少因销售人员流动而造成的损失。首先，要制订市场开拓计划，由每个销售人员具体承担一部分。市场计划及任务的分配应有详细的文字记载，使上层管理者心中有数。其次，要求销售人员详细记录与客户接触的时间、地点、内容等。隔一段时间，进行工作总结，将客户的具体情况及要求进行分门别类的整理并存档。这样即使原来的销售人员走了，也可使新的人员了解客户情况，使公司的市场计划照常进行，不至于造成太大的损失。

第五，建立合理的分配制度，吸引人才，留住人才。员工持股是吸引与留住人才的主要途径之一。在我国，高新技术企业尚处在发展的初期，企业规模较小，实力还较弱，不可能提供像外资企业那样的高薪和优厚的福利待遇。然而这一阶段又特别要求员工有敬业精神和较大的工作强度。企业因此陷入了既要给员工相应的经济报酬，又要保证集中所有可能的资金使企业扩大生产的矛盾之中。国内一些学者对几家高新技术企业的调查显示，员工持股是目前较成功的方法。例如，深业泰然（集团）股份有限公司为了达到留住人才，激发工作积极性的目的，规定企业内部部门经理以上的管理人员必须全额认购所配股额，在效率优先的基础上，企业也尽量做到了兼顾公平。具体措施包括适当考虑员工在本企业的工龄，以及退休员工可享受平均配股额的 60%，并可保留 5 年的分红，5 年后由公司按当时的股价予以回购。①另外，员工持股也是国外高新技术企业留住人才的成功经验之一。公司让员

① 佚名. 2010. 员工持股计划的几种模式. https://wenku.baidu.com/view/e9f21335eefdc8d376ee32d2. html[2010-07-30].

工掌握的股份越多，员工跳槽率越低。可见，员工持股能够满足员工的多种需要，从而激发其工作热情，是一种有效的人才管理方法。

第六，高薪聘任骨干人才。目前，人才流动的主要原因之一是员工感到企业的薪金低。对于高新技术企业的知识型员工来说，薪金是衡量自我价值的重要尺度，高出市场平均价的薪金哪怕只有一点点，也会让员工感到企业对他们的器重。在当前企业实力还不够强大的情况下，可适当提高技术骨干和管理人员的工资奖金待遇，至少与外资企业或合资企业相比不能相差太大，这样有助于挽留和吸纳人才。

第七，分配公正合理。具体做法是：分配方法公开化，使员工了解自己所得的依据；与员工进行沟通交流，听取他们的意见和建议，不断完善分配制度；切实做到按劳分配，科学评定员工的劳动成果，特别注意消除任人唯亲等不合理现象。总之，只有在企业内部消除不公正的分配，才能防止内部员工关系的不合，才能使员工心情舒畅，真心实意做好工作。

第八，建立合理的内部人员流动机制。首先，员工应有调换工作岗位的自由。当员工在本部门得不到应有的重视时，提出调换工作申请，可不经本部门管理者同意，直接由人事机构负责重新安排工作岗位。另外，采用个人申请，在本部门和新换部门管理者都同意的情况下调换工作，无须人事部门的调配。总之，应灵活机动，使人员的流动既符合企业的利益，又能发挥员工的专长。其次，在企业中实施岗位轮换，培养复合型管理人才。对于有潜力、有能力的员工，企业应采取积极主动的态度，实行岗位轮换制使他们工作内容丰富化、多样化，各方面素质能力得以锻炼、拓展，为培养企业的综合型人才奠定基础。最后，企业可以人员流动情况作为评估各部门管理人员管理能力的一项重要指标，从而减少因用人不当或排斥人才而造成的人才流失。

第九，营造良好的软环境。营造相互尊重及和谐的工作环境，实行弹性工作制。工作场所中的快乐，是提供优越服务的关键。高新技术企业的知识型员工更多地从事思维性工作，僵硬的工作规则对他们没有多大的意义，他们更喜欢做富有自主性和挑战性的工作，喜欢更具张力的工作安排。因此，组织中的工作设计应注意考虑体现员工的个人意愿及价值，尽可能地为员工创造一个既安全又舒畅的工作环境，在不断扩大工作范围，丰富工作内容，使工作多样化、完整化的同时，逐步实行弹性工作制，加大工作时间的可伸缩性和工作地点的灵活多变，并建立以团队友谊为重的企业风格和企业文化，使员工觉得工作本身就是一种享受。由于高新技术企业员工具有较强的独立自主性特征，因此企业应更加重视发挥员工工作的自主性和创新性。通过授权为团队提供创新活动所需要的资源，包括资金、物质上的支持，也包括人员的调用，并利用信息技术来制定他们认为是最好的工作方法，建立自我管理正式组织及非正式组织。自我管理式团队的形式也符合企业信息化的要求，能使信息快速传递，决策快速执行，提高企业的市场快速反应能力和管理效率，并且也能满足高新技术企业员工工作自主和创新的需求。能使员工在工作中大显身手，充分实现自我价值，才能最大限度地发挥员工工作的积极性和创造性。

第十，创建新型的企业人际关系。首先，改革不适应的管理制度。有人提出，管理的最高境界是“无为而治”，即通过对员工的内在控制来激发其工作热情。长期以来，我国企业对员工人才的管理，把“控制”看作管理的基本职能，下属只需听从安排，服从需要。但对高新技术企业来说，其员工更多的属于知识型员工。对于知识型员工，单纯依靠严格的管理达不到预期效果，因为即使采用强制手段，限制了员工的流动，但无法控制其工作态度和工作行为，其产出质量和数量必然受到影响。因此，应抛弃传统刻板的管理方式，突破原有的思维模式和动作方式，使管理方式更为多元化、人性化、柔性化，以激励员工主动献身与创新的精神，即在企业内部建立公平、公开、透明的“赛马”机制，让所有员工在既定的、大家认同的规则面前，公平、公开地竞争，在充分的发展空间内实现优胜劣汰。其次，要建立健全有利于人际沟通的制度，提倡管理者与员工之间的双向沟通，靠理解和尊重建立管理者和员工之间的关系，并通过心灵沟通和感情认可的方式，使知识型员工在自觉、自愿的情况下主动发挥其潜在的积极性与创造性，并愿意为企业献身——“士为知己者死”。例如，索尼公司董事长盛田昭夫认为，“一个日本公司最主要的使命，是培养它同雇员之间的关系，在公司创造一种家庭式情感，即经理人员和所有雇员同甘苦、共命运的情感”①。《财富》杂志评出的最受欢迎的100家最佳公司中的几十家慷慨地为员工提供“软福利”——那种能够进一步协调工作与生活之间关系的各种便利，如在公司内部提供理发和修鞋等多项生活服务，以及免费早餐等看起来不起眼的福利，这些为员工提供了极大的方便。这类福利使公司显得富有人情味，接受调查的员工都说他们非常珍视这一点。目前，许多企业都定期举办各种宴会、联欢会、生日庆祝会、舞会等，通过这些活动，不但可以加强人与人之间的联系，管理者还可以倾听员工对企业的各种意见和建议。总之，高新技术企业员工要求获得尊重的需求非常强烈，管理者应经常深入下属，与他们进行平等对话，并经常组织集体活动，加强人际沟通，使企业成为一个温馨的大家庭，使员工有明显的归属感，而不是成为企业的边缘人。最后，企业要对员工的流出持积极的态度。对于自愿流出企业的有价值员工，企业如无力挽留，则应表现出积极的态度。要以真诚友好的态度与自愿流出人员保持联系，了解有关信息，学习他人的先进经验，以改进自身的管理，从而更好地吸引人才、留住人才，而自愿流出的员工鉴于企业的积极态度，还有可能回流企业，继续为企业的发展贡献自己的力量。

第十一，为员工提供学习、培训的机会，重视员工的个体成长与事业发展。

首先，高新技术企业应积极为员工提供学习、培训的机会。由于科技发展的高速化、多元化，知识与财富成正比例增长，知识很快就会过时，因此员工需要不断地学习新知识，因为只有不断地更新自己的知识才可能获得预期的收入。此外，员工非常看重企业是否能够为其提供增长知识的机会。如果一个企业只给其提供使用

① 刘卫民. 2006. 江阴市部分现代民营企业人力资源应用现状分析. 商场现代化，（5）：252-253.

知识的机会，而不给其提供增长知识的机会，就不可能保证员工永远就业，当然也就不能指望员工对企业永远忠诚。同时，大多数高素质的员工在一个企业工作，并不仅仅是为了通过工作挣钱谋生，而是更希望通过工作能得到发展、得到提高。而企业举办的各类学习、培训，则能在一定程度上满足员工的需求。在知识经济时代，人才的竞争将更加激烈，企业必须吸引和留住优秀人才。因此，在员工更加注重个人成长的需要前提下，企业应该注重对员工的人力资本投入，健全人才培养机制，为员工提供受教育和不断提高自身技能的学习机会，从而使其具备终身就业的能力。

其次，高新技术企业应注重员工的成长和发展。员工对自身成长和事业发展的不懈的追求，某种程度上超过了他对组织目标实现的追求，当员工感到自己仅仅是企业的一个“高级打工仔”时，就很难对企业绝对忠诚。因此，企业不仅仅要为员工提供一份与其贡献相称的报酬，使其分享到自己所创造的财富，而且要充分了解员工的个人需求和职业发展意愿，为其提供适合其要求的上升道路，给员工创造个体的发展空间，赋予其更大的权利和责任，只有当员工能够清楚地看到自己在企业中的发展前途时，他才会有更大的动力为企业尽心尽力地贡献出自己的力量，才会与企业结成长期合作、荣辱与共的伙伴关系。所以，企业必须根据自己的职位资源，为员工提供足够大的成就实现机会空间。

第十二，员工与产品之间的相互交流与对话。在工业时代的企业中，社会分工明确，大多数工作的定义方式使得员工和管理者很难看到完整的过程。生产过程中很多重要的部分被锁定在一个黑箱中，作为个体的生产者很难看到全貌。员工对自己的工作在整个产品生产过程中的地位和作用缺乏认识，他们只是被要求去适应一个大过程中的一个小环节。员工被培训只从事某个环节的工作，而且被告知不能偏离固定的程序。员工的想象力被认为是不重要的甚至是碍事的，员工的知识几乎没有真正的价值。于是，员工容易对产品和生产过程形成一种狭隘的看法。在信息时代，工作所包含的不仅仅是一个过程和一个产品，还是一个生产许多产品和对这些产品进行改造的过程。在生产某种产品时，并不是孤立地看待过程和产品，而是要把它们放在员工的想象和知识的更大的视野中。员工对整个生产过程和最终产品的掌握，激励他们去使用其技能、想象力和知识，通过技术的变革来促成产品的变化。这样的过程犹如员工与产品之间的相互交流与对话。由于员工掌握了过程，他们发现自己的想象空间得到了拓展，并会因此受到鼓励而更大胆地去想象，去发明，去创造。

思考题

1. 我国高新技术企业员工流动的现状如何？
2. 高新技术企业员工流动形成过程中存在哪些不可控因素？

3. 为什么说落后的人力资源制度是员工高流失率的主要原因？

4. 你认为还有哪些措施对于抑制高新技术企业员工流动有积极作用？

案例讨论[①]

“挖网”毫不留情，“跳网”蔚为壮观

互联网行业的快速发展使得人才成为关键，人才也是企业中最缺乏的因素，拥有人才就拥有了希望，就能抢占制高点。为了在竞争中获胜，从竞争对手、传统行业挖人，网络间的抢人才大战如星火燎原，一发不可收拾。

2015 年，《纽约时报》刊发《硅谷“独角兽”挖脚科技巨头谷歌被挖最惨》一文，其中提到，随着硅谷创业公司的估值高涨，它已将招聘目标瞄准了谷歌和亚马逊等科技巨头。挖人最狠的是优步（Uber）和爱彼迎（Airbnb），这两家也正是硅谷风头最劲的“独角兽”（估值达 10 亿美元以上的新创公司）。被挖得最狠的是谷歌和亚马逊。谷歌招进员工和流失员工的比例一度达到了 2:3。Airbnb 直接从谷歌“端掉”了 100 多名员工。甚至，创业公司的目标并不仅仅是工程师。谷歌两名厨师阿尔文·桑恩（Alvin San）和拉斐尔·蒙佛特（Rafael Monfort），在过去 18 个月内分别被 Uber 和 Airbnb 挖走。

“挖网”毫不留情，“跳网”也蔚为壮观。网络职业最紧缺的是经验。一旦你拥有了这个行业最为宝贵的经验之后，很多机会就等在门口。实际上，越来越多的人选择离开，确实是因为有更好的机会等在门外。

2020 年 1 月 2 日，小米集团董事长雷军在微博公布了一张与联想集团原副总裁常程的合影，宣布常程将出任小米集团副总裁，负责手机产品规划。随后，常程转发了雷军的这条微博并确认加入小米。此消息一出，便很快上了微博“热搜”。一名企业高管的跳槽本是再正常不过的事，之所以引发热议，是因为常程官宣离职和入职前后相隔不过两天。2019 年最后一天，常程在微博中写道：“19 年成长在联想，感悟、感谢、感恩。”宣布自己的离职。

分别在摩托罗拉、苹果、三星、华为、TCL 通讯等多家知名公司担任高级管理职位的杨柘，从其个人履历来看可以说相当光鲜。2017 年，杨柘正式加入魅族科技，担任高级副总裁兼魅族公司总参谋；2018 年转为魅族科技首席问题官（chief solution officer，CSO），同年 7 月，杨柘从魅族离职。2020 年，杨柘跳槽加入小米并担任中国区首席营销官（chief marketing officer，CMO）。

① 严九元. 2015. 分裂的一幕 正在互联网抢人大战中上演. https://www.sohu.com/a/47779031_114885[2015-12-10]；石飞月. 2020. 联想常程跳槽小米，“好戏”不断. https://tech.sina.com.cn/it/2020-01-02/doc-iihnzhfz9932889.shtml[2020-01-02]；王乐. 2020. 杨柘加入小米担任中国区 CMO 雷军再添大将？. https://m.cnmo.com/news/685315.html[2020-06-02]

在美国，每年也会有大量高管跳槽，如雪莉·桑德伯格。2001年，雪莉·桑德伯格进入当时还是家初创公司的谷歌，随后担任负责网络销售的副总裁。2008年3月，雪莉·桑德伯格从谷歌跳槽至Facebook，负责销售、营销、收购、合作、人事、公共政策和联络事宜。

新浪网总经理汪延曾说："网络是一碗青春饭，网络人才的折旧率本身就很高，大幅度的人事变动是网络行业超速发展的必然代价。"

讨论题

1. 信息行业中愈演愈烈的人才争夺战说明了什么问题？
2. 本案例对于所处信息行业中的高新技术企业留住人才有何启示？

第 9 章　控制员工流动的方法与技术

本章主要学习目的

1. 了解“以人为本”的管理哲学。
2. 掌握管理与控制员工流动的方法与原则。
3. 把握挽留核心员工的技巧。

引导案例①

欧莱雅的雇主品牌建设：“以人为本”

在全球知名雇主品牌管理公司 Universum 调查中，欧莱雅中国被评为“2016 年度中国最具吸引力雇主”称号。此番已是欧莱雅中国第十一次获此殊荣。下面我们来看看欧莱雅是如何建设自己的雇主品牌的。

一、很多公司都说自己是“以人为本”，而欧莱雅是真正这样做的

在欧莱雅中国公司，法国文化中对人的关怀、对生活的重视、富有创意等特点都被发扬光大。它相信员工对工作的态度，员工上下班不必打卡；它鼓励员工内部流动，帮助员工找到最好的发展机会；它关心员工的生活，每两个月发一次产品作为福利；它提供各种培训，并帮助员工建立起内部的工作网络；它营造国际化的工作环境，激发员工的创造力。

二、欧莱雅选择人才的标准

欧莱雅选择的人要有开放的心态，对消费品要有强烈的好奇心，能够跳出框框来思考，有很大的灵活性。化妆品是引领时尚的行业，所以需要员工有超乎寻常的想象力，对美要有高度的敏感性。同时，他们又要能够脚踏实地、努力地工作。所以，在欧莱雅，我们需要“诗人+农民”，欧莱雅需要的人才要能够头顶蓝天，脚踏大地。

三、灵活地用人与发展人

欧莱雅在员工工作安排及培训提升等方面确实有很大的灵活性，鼓励员工的内

---

① HRsee. 2016. 欧莱雅的雇主品牌建设：“以人为本”. http://www.hrsee.com/?id=180[2016-11-16].

部流动。这种内部流动的比率是相当高的。在过去3年中，欧莱雅近一半的员工在内部变换了岗位，尝试了不同的机会，得到了不同的锻炼和发展。在全球，欧莱雅超过90%的公司高级管理人员都是从公司内部提拔的。

四、员工的晋级和发展

员工的晋级和发展取决于员工的绩效。在欧莱雅，不会论资排辈。实际上，当欧莱雅招聘一个人的时候，并不仅仅是因为一个工作岗位而招聘他，同时也要考虑他是否能胜任下一个工作，以及能胜任什么工作。总体上来说，富有创造力、想象力，敢于主动承担风险和责任的人，会有更多的机会。

在中国的外资企业，存在“玻璃天花板”的概念。但是，在欧莱雅不存在对员工另眼看待的问题。对于人才，欧莱雅看重的不是肤色和国籍，而是其工作表现及能力。

五、跨文化的培训

欧莱雅有跨文化的培训。例如，有人从国外来到中国，欧莱雅会安排一个中国文化方面的专家对他进行为期一周的培训，面对面交流中国文化和中国习俗。欧莱雅还在内部开展跨文化培训，让中国员工了解外国文化，让外国员工了解中国文化。公司对员工的海外培训，也有助于增强彼此的了解，形成更好的团队。

六、人性化的关怀

欧莱雅公司的创始人早期被问道，公司最重要的是什么？他的回答是“people, people and people”。人是欧莱雅最重要的，这是欧莱雅公司的文化。欧莱雅真的是“以人为本”，非常关注人的需要和期望。例如，每两个月会给所有员工发放一次产品，从巴黎欧莱雅到碧欧泉再到小护士、薇姿、兰蔻等，各个品牌都有；还建有一个面积约100平方米的咖啡吧，建好后欧莱雅中国的员工可以像总部的员工那样，午餐后到那里享用咖啡和点心，各部门的同事聚在一起探讨工作或聊天，借这个时间互相了解，建立内部的工作网络。

欧莱雅公司对员工人性化的关怀，充分体现了“以人为本”的管理理念，完美地展示了留住员工、留住人心的策略与方法。

1　确立“以人为本”的管理哲学

1.1　人本管理的核心思想

“以人为本”的管理思想源自中国的儒家文化。孔子的“仁者爱人”提出了以人为中心的儒家思想。贾谊在《新书·大政》中也说道：“闻之于政也，民无不为本也。国以为本，君以为本，吏以为本。”民是国之本，君之本，当然要重之、爱之、仁之。孟子则从“人性本善”角度，提出“恻隐之心，人皆有之”的观点，提倡人与人之间的信任和仁爱。“以人为本”“得人心者得天下”“水能载舟，亦能覆舟”是中国古代儒家文化的精华。

从传统上看，企业或其他营利性组织，常常将工作的重心放在实体设备资源、财物资源、技术信息资源的获取与操作上，试图凭借硬件和财物资源的配置整合来解决经营上的管理问题和挑战，而忽略了人力资源的特征。与物质、财政、技术等相比，人力资源有着自己的特征。

人力资源是一种能动资源。人力资源是唯一具有创造作用的资源，而创新是一切组织活动的生命。只有高质量的人力资源才能承担不断创新的任务。

人力资源是高增值性资源。人力资源能在使用过程中不断实现自我补偿、更新和发展。

人力资源无法储存。石油可以闲置以待将来开采，金钱可存入银行以待今后使用，但人才不行，如果闲置，可能会逐渐流失其价值与特性，造成巨大浪费。

人力资源需要不断地投资、维持与提升，才能保持其价值。在变革世界中，一个组织只有依据社会和环境发展的要求，持续不断地投资于人力资源，强化其知识、技能，才能适应变革的压力，发挥其价值。

人力资源是一种资本。美国芝加哥大学的西奥多·舒尔茨和加里·贝克尔认为，人是经济发展和社会进步的决定性因素。人的知识和技能的形成是投资的结果，并非一切人力资源都是最重要的资源，只有通过一定方式的投资，掌握了知识和技能的人力资源才是最重要的，并形成资本形态，即人力资本。①

20 世纪 80 年代初，人本管理风靡西方世界，其核心是尊重人、激励人，其着眼点在于满足人的合理需求，从而进一步调动人的积极性。发达国家经过长期的发展在理论上已经确立了“以人为本”的人本主义管理思想的地位。这一管理思想和管理哲学的出现，使企业人力资源管理模式发生了根本性改变。尊重员工，强调员工的主体性，关心员工的自我实现也在企业的管理实践中得到了一些反映，这为控制员工流动提供了强有力的思想武器。

任何组织的生存与发展均是以其长期目标和短期目标的不断实现为基础的。组织目标的实现关键在于人。而管理要体现出“人的价值高于一切”的理念，这就需要我们在实践中注重贯彻“人本管理”的基本原则。

1.2　“人本管理”的基本原则

“人本管理”的基本原则主要体现在以下几方面。

---

① 魏丹霞，赵宜萱，赵曙明. 2021. 人力资本视角下的中国企业人力资源管理的未来发展趋势. 管理学报，(2)：171-179.

（1）个体差异原则。众所周知，世界上没有两片完全一样的树叶，同样世界上也不存在两个完全相同的人。由于每个人的个性心理结构组成不会是一模一样的，所以人与人之间存在差异就成为不争的事实。在管理实践中，组织的人力资源管理者要注意员工的性格、气质、能力、兴趣、意志、价值观等诸多方面的差异，“有的放矢，因材施教”。只有这样，才能使人与人、人与事的关系达到协调匹配的境界。

（2）科学管理原则。当今组织的人力资源管理是建立在现代自然科学和社会科学的基础之上的。人本管理更是建立在科学管理的基础之上。缺乏科学管理的基础，人本管理就成了“空中楼阁”。企业的管理者，特别是高层管理人员，必须具备与管理相关的基础科学知识，掌握管理的科学方法与技术，只有这样，才能有效地管理好现代企业。

（3）要素有用原则。在人力资源开发与管理中，任何要素（人员）都是有用的，关键要知人善任。正所谓“没有无用之人，只有不用之人”。在承认人的知识、能力、经验、价值观是有差异的、是多元化的前提之下，要根据每个人的知识、能力、价值观等要素，将其配置到合适的职位上。领导者或人力资源管理部门要善于发现员工的优势与不足，用其所长，避其所短，从而做到适才适用、适用适所。

（4）激励强化原则。所谓激励，就是从物质和精神的角度满足员工的需求，从而激发其工作动机，使其产生为实现组织目标而积极工作的过程。它是人本管理的核心。有研究表明，一个人在无激励状态下，只能发挥个人潜能的 20%～30%，但若能被适当地激励，员工的潜力就能发挥 80%～90%。员工潜力的发挥程度取决于其被激励的程度。激励可以调动人的主观能动性，强化期望行为，使之适应企业目标，从而显著地提高劳动生产率。对于组织肯定的、提倡的行为，运用正激励（正强化）的方式加以巩固、维持；对于组织否定的、反对的行为，运用负激励（负强化）的方式加以减弱或消除。①

（5）教育培训原则。在企业生存与发展所需的人、财、物、信息等资源中，人是企业最宝贵的财富。在竞争激烈的今天，要增强企业的竞争力就必须加强对员工的教育和培训，不断地为员工提供各种有关自然的、社会的、人类自身的信息，切实帮助他们提高知识与技能，以适应企业现代化生产与经营的需要。

（6）文化凝聚原则。一个组织凝聚力的大小取决于两个方面：一是组织对个体的吸引力，或者说个人对组织的向心力；二是组织内部个体之间的吸引力或黏结力。文化凝聚就是指以价值观、信念等文化因素把员工凝聚在一起。企业文化是企业的灵魂，具有极强的凝聚力，是企业员工的黏合剂，员工一旦对企业文化认同，就会自觉自愿地与企业同甘苦、共命运。所以要加强企业文化建设，用高尚的企业目标、企业精神、企业风气塑造人才，凝聚队伍，同心同德，共赴企业的

① 石磊. 2006. 善用激励机制 挖掘人才潜能. 视听界，（3）：99-100.

发展前程。

1.3 满足员工的需求

现在许多管理者为了占领市场或扩大市场份额，提出“顾客第一”的口号，即一切都是为了顾客满意。但是没有内部员工的满意，就不可能有外部顾客的满意。员工是直接生产产品、提供服务的人，如果企业不将他们放在第一位，他们也不可能生产出最好的产品和提供最优质的服务。卡内基有句名言：“你想影响别人的行为，最有效的方法是了解他的需求，然后协助他来达成。”“人本管理”哲学的着眼点即在于满足员工的需求，以进一步提高其积极性、主动性与创造性。通常来说，员工的需求可分为物质方面（或称生理方面）需求及精神方面（或称心理方面）需求两大类。

1.3.1 物质方面需求

员工对物质方面的需求主要表现为希望有好的待遇及好的福利。相应地，要满足员工的需求，企业应制定具有竞争力的薪酬标准，应把员工视为家庭的成员，消除其不安定方面的忧虑。

1.3.2 精神方面需求

（1）希望在好的公司工作。好的公司往往社会形象好、口碑好，在这样的公司工作员工会感到光荣、自豪、骄傲。需要引起注意的是，大公司并不见得一定是好公司，同样，好公司也不见得要大。好公司会吸引社会资源，会吸引好的顾客及好的员工。

（2）希望有好的管理制度。人才总是希望在一个公开、公正、公平的环境里工作，在这种环境里，只要付出努力就会有机会进步、发展。这就需要以好的管理制度作为保障。

（3）希望有好的领导。今天，领导的作用不仅仅体现为他个人的德、识、才、学比别人强多少，而主要体现为他具有识才的慧眼、选才的勇气、容才的胸怀和用才的艺术，既具备严格的要求，又能全力关心并支持下属。

（4）希望有好的同事。俗话说“物以类聚，人以群分”，假如一个组织已形成优走劣留的无效率文化，优秀的员工自然留不住。只有和谐的团队才不会有内耗，只有无内耗的团队才会产生积极的协同效应。如若再有人人乐于帮助他人的氛围，这个组织就好比一个家庭一样温馨，同事就好比家人一样亲近。

（5）希望有好的工作环境。清洁整齐、优雅漂亮的工作环境不但是效率的基础，更是品质的保证。在这样的环境里，人的灵感可以得到激发，人的潜能可以得到发挥，生产力不仅能够得到提高，员工还会有被尊重的感觉。

（6）希望有成长与升迁的机会。员工的成长与升迁与其个人的努力有关，但组织也应提供成长的环境，制定明确的晋升办法，明确告知员工努力的目标在哪里，并协助他们达成。

（7）希望有保障性。假如看不到明天，今天又有哪个员工会为企业卖力呢？保障是人类的基本需求之一，企业为了满足员工的这种需求，应依法规行事，减少人为的随意性。

（8）希望做有兴趣的工作。惰性是人的一种天性，人们总是把工作当作一件苦事，但是假如企业能够根据员工的个性特点来安排适任的工作，使得人职匹配，那么员工不但可以发挥潜能，更能享受工作带来的乐趣。

（9）希望能经常受到教育培训。优秀的员工总是希望不断地成长，这个“成长”不仅指经济上的成长而且指能力上的成长。企业建成学习型的组织，不光可以替企业造才，更能满足员工学习的需求。一个缺乏学习的组织会老化得很快，而不断学习才是防止组织老化最有效的办法。

（10）希望有成就感。管理不善的企业通常缺乏明确的目标，优秀的企业总是有不同层次的目标，组织有整体的目标，部门有部门的目标，员工也有个人的目标。向目标挑战，会令人感受到工作的意义；目标达成，会使员工获得满足的喜悦感及强烈的成就感。

物质可以留住人，感情更可以留住心，“带人要带心”这句流行于企业管理者之间的口头禅正揭示了此意。为了留住员工，许多管理者更多的是从物质的角度，或者说从更高的薪酬角度来思考这个问题，这不是没有道理，但这种考虑问题的方法存在不足，忽略了如何从精神层面和情感层面留住员工的心。

2 管理与控制员工流动的方法与原则

员工流动的原因多种多样，涉及企业人力资源管理的每一个环节，其复杂性与多面性不言而喻。因此，对于员工流动的管理与控制不存在普遍适用或特殊有效的方法，而更多的是需要企业具体问题具体分析，采取有针对性的措施。本部分仅仅提供一些管理与控制员工流动的方法与原则。

2.1 管理与控制员工流动的方法

2.1.1 对员工流动的立法管理

目前，发生在我国企业中的员工流动多数属于自然流动，其典型特征是具有很大的盲目性。这样的流动使得企业人力资源的优化配置难以实现，工作的连续性、稳定性遭到破坏。更为严重的是，企业核心员工的流失极易引起商业机密泄露和原有市场丧失等问题。

商业机密具有保密性、价值性和实用性特征。它是企业重要的知识产权，是企业的一种无形资产，在企业发展和市场竞争中有十分重要的作用，一旦被泄露并被竞争对手加以利用，或者离职人员利用掌握的商业机密自办企业，商业机密权利人不仅难以收回其研究开发资金，而且难以维持其竞争优势。经营信息，在许多情境下比技术信息更为重要，往往是一个企业通过长期公关活动和信誉建立起来的经营网，一旦被他人，尤其是同行业的竞争对手所探明，企业就会失去竞争优势，尤其是在企业还没有建立起管理完善的客户资源网络之时，企业就会因掌握经营信息的员工的离开而蒙受重大损失。

另外，单位和流动者双方由于流动而产生的争议、纠纷也日渐增多。具体表现为，用人单位为防止人才外流，采取收回住房、取消福利待遇、索回培训费、扣押学历学位证明、拒绝移交档案、责令交纳巨额违约金等方式，而流动者对此又往往不服，双方产生争执，相持不下，引起诸多纠纷和争议。

要想改变上述各种不良状况，促使企业员工合理流动，政府应当运用行政、经济、法律等手段对企业员工的流动进行调节和控制。对员工流动立法管理就是利用政府制定的相关政策法规对员工流动进行合理有效的调控。市场经济是法制经济，《劳动法》、《劳动合同法》和《中华人民共和国反不正当竞争法》(简称《反不正当竞争法》)等一系列法律法规的建立及其进一步完善，使得企业可以借助法律来保护和规范自己，使不合理的流动受到强制性的约束。这样就以法律的形式把员工流动中的诸多问题，如用人单位与员工的契约关系、人才流动争议的仲裁、员工流动中的社会保障、企业商业机密的保护等以法律条文的形式确定下来。只有这样，才能依靠法律的力量来促进人员流动约束机制的建立与完善，保证人力资源的优化配置，并维护整个社会的生产和秩序。

2.1.2　对员工流动的规章管理

除了借用国家法律法规对员工流动进行合理调控外，企业还可以从多方面建立规章制度，对员工流动加以管理。具体可以从以下方面入手。

(1) 企业要与员工签订劳动用工合同。首先，在合同期内，企业不能无故辞退员工，员工也不能擅自离开企业，否则违约方须向另一方交纳违约赔偿金。例如，有的企业规定：新录用的大学毕业生必须与企业签订一定年限(如2年或3年)的工作合同，合同期内员工跳槽，必须向企业交纳一定数额的违约金。其次，在合同期内，员工离开必须向企业交纳教育培训费。企业为提高员工技能，或使新员工尽快适应企业，或为提拔做准备，通常都会对员工进行教育培训，而员工流动就会使企业损失大量的教育培训费用，“为他人作嫁衣裳”，这是令企业十分头疼的一个问题。因此，企业应对员工的教育培训进行投入—产出分析，据此计算出员工流动给企业造成的损失，以便确定员工应向企业交纳的教育培训费。最后，员工离开企业便不再享受企业为员工提供的各种福利待遇。

（2）实行劳动用工“竞业避止”合同条款制度。“竞业避止”条款又叫“不竞争条款”或“竞业禁止条款”，是发达国家的雇主约束其雇员行为的一种劳动合同条款。条款签订的时间一般在劳动关系建立之前，即雇主与雇员签订雇用合同之时，作为雇用合同的一部分存在，或者作为独立存在的保密协议的特种条款存在；也可以在雇用期间签订，或是在劳动关系结束之时，即雇主、雇员解除合同时签订。此条款是对劳动者择业自由的限制。具体来讲，就是劳动者在原企业工作期间或解除劳动关系后一定期限内，不得在竞争企业兼职、任职或提供咨询性服务；不得自行开展与原企业竞争的业务；不能从事原来岗位的工作；不能用其所掌握的原企业的商业机密去为其他企业，尤其是为与原企业竞争的企业服务，或者利用所掌握的商业机密自办企业；不得引诱其他员工与自己一同辞职，或者为个人私利或他人利益引诱本企业员工离职；不得为自己或他人利益抢夺本企业的客户，以及不履行该义务所应承担的违约责任。

总之，通过法制、规章来规范员工流动，不仅是人力资源配置市场化的需要，更是企业为防止人才流动建立起来的有效的屏障。企业应树立强烈的法治意识，从注重人治转向注重法治，以制度化、规范化、法治化的方式进行人才竞争；要尽快把人员引进、使用、流动等内容，引入法治化管理，营造人才竞争与发展的良好环境；善于用法规、制度的手段进行人力资源竞争与利益调整，依法保护员工及其合法权益，从而实现人力资源效率与效益的最大化。

2.2 管理与控制员工流动的原则

2.2.1 差别性控制原则

员工流动的原因是多种多样的，也是因人而异的。如果企业对员工流动原因及影响缺乏充分的、有针对性的了解和把握，那么就会导致企业面对员工频繁跳槽时，自身不得不进行紧急控制和采取无差别的控制策略，如对全体员工统一提薪以减少员工流动。而如此无差别的加薪政策有时不但不能降低流动率，反而会由于激励不当，使得高效劳动者感觉组织对其不公，从而降低积极性，决定流出。与此同时，低效劳动者受到加薪的激励，更不愿流出企业，使企业产生低效率的文化，想留的员工留不住，给企业造成极为严重的负面影响。再如，盲目规定一定比例的流动率。这样做会使企业各项工作缺乏灵活性，为了维持一定比例的流动率，企业不得不对本该辞退的员工采取姑息迁就的态度，或者相反，为了实现一定的流出率，把本来工作绩效较好的员工解雇掉。这样机械的、无差别的做法给企业带来的负面影响是显而易见的。因此，对于员工流动，企业应采取差别性控制原则，从根本上找出问题的原因，然后“对症下药”。

2.2.2　效率原则

效率一方面取决于边际生产率（每增加一个单位资源的投入所带来的产出的增量），当企业的劳动生产率降低时，企业人员应该流出去，当企业的劳动生产率增大时，企业人员应该流入；另一方面，效率是指员工流动过程中的效率，员工应该尽量减少在流动环节中的停留，不要被阻滞或积压在流动过程中。也就是说，流动应该高速，争取在最短的时间内流动到位，这样对员工个人、对企业、对社会来说都有好处。

2.2.3　适度原则

适度的员工流动是保持企业员工系统新陈代谢、提高系统功能的重要方式。一般来说，过高的员工流动率不仅会增加企业的培训与开发费用，而且会干扰生产的进度和秩序，严重时还会影响员工的士气和情绪。而企业内流动率过小，会使企业得不到新鲜的血液，影响企业的活动。不同的企业对什么是适度的员工流动率会有不同的答案。因此，各个企业应根据自己的具体情况确定适度的流动率的阈值。企业应该以此水平为警戒线，设置预警系统，一旦企业的员工流动率超过了该阈值水平，企业就应该及时采取措施进行诊断和处理。

2.2.4　保密原则

在激烈竞争的市场中，每个企业都有自己的产品优势、技术优势和市场优势，在生产工艺、技术、原料配方、设备、工艺装备、操作规程、检验方法、物耗、产值产量、成本利润、资金实力、发展规划等多方面都存在自己的机密。企业的高层人员、关键岗位的员工往往掌握着许多相关的机密，这些员工的流动，常常意味着企业机密泄露的危险。这对处于市场竞争中的企业来说是一种巨大的损失，尤其是有的时候，企业的竞争对手出于恶意而利用猎头公司挖走企业的技术人才或管理人才，通过让对手的技术骨干流失，使对手不能继续进行技术开发或者丧失市场，严重的时候，甚至会危及对手的生存。改革开放以来，员工流动造成的技术泄密案件越来越多，涉及的案值也越来越大。因此，企业必须加强这方面的保密意识，并采取切实的措施。一方面，企业对于能够接触到企业机密的员工，应该视机密效益期的长短在当事人流动前设置必要的隔离期，即这些员工在流出企业前的一定时间内，必须脱离与企业机密的接触；另一方面，企业应该加强员工在内部的流动，以减少员工接触机密的机会。企业还必须防止员工借企业的名义进行个人活动。

3　挽留核心员工

现代企业的核心竞争力往往是由企业所拥有的人力资源决定的，而根据帕累托

"二八"法规，企业 80%的效益是由重要的 20%的核心员工所创造的。因而，核心员工的流动给企业带来的损失是不言而喻的。那么，如何才能留住企业的核心员工呢？本部分将对在管理实践中的一些挽留核心员工的成功做法进行讨论。

3.1 核心员工的概念

所谓核心员工是指这类员工：他们的工作岗位要求经过较长时间的教育和培训，必须有较高的专业技术和技能，如财务总监和优秀的技术研发人员；或者要有本行业内丰富的从业经验及杰出的经营管理经验，如销售经理和企业的总经理。他们的人数很少，但是特别重要，一旦核心员工离职，将会对企业的正常生产经营产生不利影响，而且空缺的工作岗位难以找到合适的人来代替，就算找到，企业的招聘和培训费用也会很高。核心员工是企业的稀缺资源，是企业核心能力的根本来源。要培育和增长核心能力，就应重视对核心员工的流动管理。美国学者利·布拉纳姆认为，核心员工就是你最看重的、最难以寻找的、不可缺少的、最难以替代的、保证公司经营策略成功的关键人物。主要包括以下几种人①：

- 最忠实的员工；
- 优秀的工作人员；
- 最有经验的员工；
- 最适应公司文化的人；
- 难得的技术专家；
- 善于化解冲突的人；
- 可能会跳槽到公司对手那里的人；
- 可能为公司带来客户和收入的人；
- 拥有秘诀或有价值的知识的人。

企业的核心员工往往由于足智多谋、举足轻重，而成为人才市场主要的争夺对象，他们跳槽的机会最多、可能性最大。他们一旦跳槽，对企业造成的损失往往难以估量。而他们跳槽的潜在面是很大的，前程无忧进行过一次为期 5 天的"工作满意度"网上调查，调查表明，在收到的 3874 份有效问卷中，90%以上的人明确表示有换份工作的念头，70%的人有过跳槽的经历，超过一半的人在两家或多家企业任过职务。被调查者中，认为目前困扰工作的因素为"收入偏低"和"不能发挥才能"的比例要远远高于认为"压力大""人际关系差""工作不稳定"的比例。其中，认为"收入偏低"的占 72%，认为"不能发挥才能"的占 65%，认为"压力大"的占 19%，认为"人际关系差"的占 17%，认为"工作不稳定"的占 17%。②

---

①〔美〕利·布拉纳姆. 2003. 留驻核心员工：24 种赢得人才战的策略. 胡江波，连先，孙征译. 北京：中国劳动社会保障出版社：26.

② 张文贤. 2001. 如何吸引和留住核心人才——论高科技民营企业人力资源管理. 科技导报，（10）：35-38.

有人做过调查，在美国，尽管人们一再反复强调要珍视自己的客户，但实际上客户的满意度却一直在持续不断地下滑。美国公司每 5 年平均要丧失半数的客户。造成这种状况的原因是多方面的，这可能与客户持有较高的期望水平有关，也可能与客户的选择不断增多有关，还可能与劳动力市场中那些真正能招揽客户的高水准员工十分稀缺有关。那些已经采取切实的步骤来向核心员工表明组织对他们的承诺的公司股票价格，大约是那些在这方面做得不太够的公司的 2 倍。在标准普尔 500 指数的排名上，这些公司股票价值的平均增长也居于领先地位。由于核心员工处在防止客户满意度下降的第一线，其薪资水平往往又要占据整个薪资支出的绝大部分。因此，对于公司的生存与发展而言，重要的是不仅留住他们的人，更要留住他们的心，进而充分挖掘员工的潜力。而要挽留对企业的生存发展有着重要作用的核心员工，则需要掌握一些必备的技巧。[①]

3.2　挽留核心员工的技巧

3.2.1　以"金手铐""金台阶""金降落伞"为特色的制度创新

早在 1952 年，美国的菲泽尔公司为了避免公司主管的现金薪水被高额的所得税"吃"掉，在员工中推出了世界上第一个股票期权计划。这种分配制度显示的巨大效应，直到 20 世纪 90 年代才被人们接受并逐渐成为世界潮流。据统计，2001 年美国规模 100 亿美元以上的大公司，其 CEO 的薪酬构成是，基本年薪占 17%，奖金占 11%，福利计划占 7%，长期激励计划占 65%。以美国公司 CEO 最高年薪排行前 10 名为例，其平均总薪酬 2001 年为 1.73 亿美元，其中长期激励部分达 93.1%。[②]此外，据统计，在美国《财富》500 强公司中，到 2001 年有 90%以上的企业推行了股票期权制度。[③]

自 2006 年以来，我国相关法律法规的出台使得股权激励制度越来越完善，实施股权激励的企业也越来越多。2016 年 8 月 13 日《上市公司股权激励管理办法》的施行，使股权激励实施也得到了非常大的支持。股权激励制度较好地体现了激励与约束并重的特点，因此在西方被形容为职业经理人的"金手铐"。

"金手铐"的好处在于，在企业现金流短缺的情况下，通过长期激励的股票期权的方式，可以使企业的核心员工有看得见的物质利益，且其会随着企业绩效的增长而"水涨船高"，其实是一种"双赢"的表现。

《中国企业家》记者牛文文和李岷在《元老难题》一文中写道，很多中国企业，不管国有企业还是民营企业，其实往往都说得清树是谁种的（操作者），却说不清

---

① 小田. 2017. 留住核心员工. https://yjbys.com/hr/yuangongguanli/352311.html[2017-04-29].

② 周建波，孙菊生. 2003. 经营者股权激励的治理效应研究——来自中国上市公司的经验证据. 经济研究，（05）：74-82，93.

③ 张佩钰. 2012. 我国股票期权激励制度的法律问题研究. 法学杂志，（2）：142-147.

树是为谁种的（所有者）；这样一旦企业要做大，需要创业元老让位或退出，领头种树的总经理顿时会发现自己能给元老的或者说让元老顺利退出的台阶，其实非常有限。元老突然觉得一旦离开这棵大树自己将一无所有。联想就借产权改革为元老搭起了退出的"金台阶"。①柳传志说，联想最初在起用年轻人的时候也犯过急躁冒进的错误，有的年轻人被提到领导层，心术不正，想捞一把就走，使重用年轻人的方针受到严重挑战。他认为，要在新老员工之间形成感情交流，特别是新人要尊重老人，要维护老同志的名誉。②小天鹅股份公司高级管理层提拔的全是清一色的具有留洋背景的人才：4 名留美 MBA，2 名留法博士，年龄基本在 35 岁左右。而原来的 5 位创业者，几乎年龄相同，使公司的未来潜伏着很大的风险。一向看重"末日管理""危机管理"的"大老板"朱德坤向 4 位老伙计摆明了出路：副总经理职务仍保留，大家可以到海外机构去，让年轻人放手干。小天鹅的副总徐源按照原来的安排要去马来西亚，后来他主动要求去了长春罗兰公司当总经理。他说："我要圆个梦：各种洗衣机全干过的梦。"他认为长春这一摊，是个新天地。③

给有功之臣留个体面的出路，是管理的艺术，也是人性的复归。这种精心的安置其实就是人们羡慕的"金台阶"。

除"金手铐"和"金台阶"外还有一种"金降落伞"。随着市场竞争的日趋激烈，企业收购与兼并常常发生，如 2020 年时代华纳与美国在线合并案。④被收购与兼并企业的高层管理人才一般很难在新企业中占据高层实权地位，其中许多人不得不选择离开。众所周知，高层管理人才是组织的核心，他们的离去会给组织带来严重的危机，引起股票波动，甚至带来灾难性影响。为了能留住高层人才，日本和美国的许多企业制定了"金降落伞"制度。它是一种特殊的雇佣契约，包括一笔为数可观的退职金和其他特殊恩惠，当企业被收购与兼并时，原高层管理人才可以安全离去，而不受经济损失。一般而言，在一家大企业中受这种制度保护的人才只有 10～20 人。这对于保持高层管理人才的稳定具有重要作用。

有了这"三金"，企业的核心员工如果中途离职，无疑是半途而废，为此他们不得不三思而行。

3.2.2 为核心员工提供、创造施展才华的空间

深圳市星韵科技有限公司是一家从事互联网推广运营、web 网站及软件开发的高新科技企业，始终秉承开拓创新、追求卓越、以人为本、团队协助、顾客至上的核心价值，每名员工在这个团队里，凭借拼搏进取的精神，定会有施展才华的广阔

---

① 牛文文，李岷. 1999. 元老难题. 中国企业家，（12）：12.

② S_1329110352. 2012. 如何吸引和留住核心人才. https://www.hrloo.com/rz/476.html[2012- 02-14].

③ S_1329110352. 2012. 如何吸引和留住核心人才. https://www.hrloo.com/rz/476.html[2012- 02-14].

④ 黄明. 2009. 并购史上最大的败局 美国在线收购时代华纳. http://finance.sina.com.cn/leadership/mroll/20090603/16056299954.shtml[2009-06-03].

空间。同时，公司也坚持不懈地为员工创造良好的工作环境，完善一系列员工福利，并为员工不断创造更多发展的机会，帮助员工自我增值，以达到员工与企业共赢的目标。①

西门子公司围绕“员工就是企业内部的企业家”这一核心人才观，创立了一套完整的人才理念体系，用以指导开发人力资源，其主要理念是：员工是个人发展的推动者；人力资源开发的基础是员工的业绩和潜能；企业中的每个人都有公平的自我发展机会和空间；员工和经理之间的交流是平等而坦诚的；把员工的利益和公司利益结合在一起；实行企业效益提高与个人受益上升同步的双赢战略；等等。同时，公司各级领导层都普遍秉承了这一人才观念，从上到下注重开发员工的潜质与才能。在这个过程中，各级经理人员个个充当人力教练的角色，为自己部门的员工进行合理的目标定位、职业设计并实施引导，同时给予员工足够的施展空间，并及时指导、督促与鼓励。②

以企业形象吸引人，就是要求企业有民主开放的气氛，主管领导具有人格魅力、宽容大度、真诚坦白、肝胆相照、光明磊落；人们都愿意相互尊重、相互合作、相互学习、相互帮助。聪明人能吸引聪明人，其吸引力在于这里没有“内耗”，没有钩心斗角、尔虞我诈，人们可以心情舒畅、意气风发地工作，并在工作中找到乐趣，享受人生。

企业要把核心员工留住，首先必须把企业的目标与员工的目标结合起来、统一起来，使员工感到如鱼得水、如虎添翼。如果企业只把员工当作“打工仔”，很难做到“心往一处想，劲往一处使”。现代人力资源管理十分强调职业发展，要求企业为员工进行职业生涯设计。实际上，就是企业要帮助员工实现人生的梦想。人的最高需求是价值的自我实现。人们总是说，梦寐以求；或曰，梦想成真喜欲狂。这才是人生最大的动力！

企业的职业发展是整个发展战略的一个组成部分。促使员工尤其是核心员工的职业潜能达到最大化，是促进企业整体成功的一种有效方法。因此，企业要广泛宣传职业发展计划，通过各种方式公布企业的目标和员工的发展机会。要给每一个管理者一本清楚说明基本工作种类、晋升机会和相关要求的手册，以便充分挖掘每名员工尤其是核心员工的潜能。海尔集团 CEO 张瑞敏曾说：“你能翻多大的跟头，我就给你搭多大的舞台。”③企业家应该有这样的气魄和胸怀。企业是员工的人生大舞台，千万不能把企业的目标与员工的个人发展对立起来，而应该把为员工进行职业生涯规划作为企业人力资源开发与管理的重要组成部分。

为了留住核心员工，企业还要用好他们。必须认真规划培训制度，建立晋升机

① 佚名. 星韵科技. https://www.zhipin.com/gongsi/02cbf2083b74e5a41nZ93N--EA~~.html.

② HRsee. 2018. 西门子公司的人力资源管理案例. http://www.hrsee.com/?id=767[2018-08-24].

③ 李忠义. 1998. 海尔企业文化模式剖析. 经济论坛，（20）：27-30.

制，打通成长通道，创造有利于核心员工健康成长的环境。有些企业为了吸引更多优秀的经理人才，往往采取特殊的人才政策，甚至“因人设岗”，即如果遇到一位十分优秀的人才而一时没有合适的岗位，就专门为他设置一个岗位，供他发挥聪明才智；也可以采取“柔性流动”的方式，不转关系、不报户口，完全靠项目吸引人。

由约瑟·斯坎伦于1937年创立的斯坎伦计划，是一种把员工和公司业绩紧密连在一起的利益分享计划，是集体奖励的成功方法，在小企业中尤其有效。这一计划的基本原则是：①说明，即为强调员工参与，公司的任务或目的必须加以明确说明；②能力，即要求达到最高的工作标准和连续的出色表现；③参与，即提供一种利用有识员工的想法，并将其转化为推动生产效率提高的机制；④平等，即3种主要持股人—— 员工、顾客和投资者在分享由这一计划导致生产效率提高而带来的收益时，实现了平等。美国的沃尔玛初建时就采取细分到每名员工的利润分红和员工储蓄账户体系，把一家小企业发展成了全球最大的超市连锁集团。[①]

3.2.3 重视对核心员工的文化管理

对核心员工进行文化管理，首先，要培养他们的归属感。所有员工都是大家庭的成员，同舟共济、情同手足，要让员工感觉到企业就是自己的家；“良禽择木而栖”，要使员工感到“梧桐树”吸引了“金凤凰”，大有如鱼得水、如虎添翼的痛快感觉。因此，要让员工参与重大事情的决策。目前，有些民营企业的经营决策权通常由家庭成员把持，不能积极地接纳所谓的“局外人”。这种行为无异于作茧自缚，最终将限制企业的成长和发展。归属感是与参与感联系在一起的，只有当员工有机会参与各种重大问题的讨论，得到信任、受到重用时，员工才感到自己是企业的主人，才能激起更大的热情，干劲倍增。

其次，应该赋予员工相当的责任。既然是受到重用的核心员工，就应该授予其一定的权力，明确相关的责任。有些企业的主要领导尤其是民营企业的领导，习惯事必躬亲，不太注意授权；或者喜欢发号施令，一个人说了算，结果挫伤了核心员工的积极性。其实，越是给核心员工压担子，越是能激发核心员工的责任感。很多员工都是从自己的工作中得到满足的。因此，要十分注意培养核心员工的成就感。对于他们的工作成绩要及时给予充分的肯定。企业领导人应该学习《一分钟经理》，学会“一分钟表扬”，不吝惜诚恳的赞美，使员工得到精神上的满足。这种精神上的满足被称为“精神薪资”。“精神薪资”能弥补物质上的不足，使企业能留住最杰出的人才。

最后，企业还应该给人一种安全感。由于经济的全球一体化和商业竞争的日趋激烈，有保障的工作已逐渐成了陈年旧事，但这并不意味着员工就不需要工作安全感。工作安全感意味着，如果员工正确地完成他的工作并帮助他所在的企业

① 佚名. 2020. 斯坎伦计划名词解释. http://www.hrxuexi.com/thread-3985-1-1.html[2020-12-15].

取得成功，那么这个成功将有助于他保住自己的饭碗或提高他发现另一个工作机会的概率，并且这还会反映到其薪酬的增长上。例如，阿里斯托卡夫公司鼓励主管提高他们的教导职能，因为这将有助于他们辅导员工取得更好的业绩，从而提高全体人员的安全感。拜耳公司的管理方法则是通过坦诚的沟通向员工解释公司的策略并对员工的关心做出回应。管理方即使在面对他们自身也不知道答案的某些问题时，也会直言相告：我不知道，但我会尽力去发现并告诉你。现在，该公司主管每月都会得到关于绩效测评指标的反馈报告并与员工共享这些信息。这种沟通提高了员工的工作安全感，因为他们知道管理方并不是在刻意隐瞒某些可能的坏消息。

3.2.4　让核心员工做有意义的参与

20 世纪 80 年代，威廉·大内写过一本影响颇大的管理学名著《Z 理论》，提出了对人性的新看法。他在这本著作中提出了“Z 型组织”的概念。他认为人才是 Z 型人，组织是 Z 型组织。在这种组织中，“使员工关心企业是提高企业生产率的关键”；企业应实行民主管理，即员工参与管理。他把员工的行为从个体上升到群体和组织的高度，主要措施包括坚持长期雇佣；建立相互信任和平等的人际关系；消除单调无趣的工作，实行多专多能；采取人性化的条件和环境；注重细致而积极地开发和利用人的潜能；树立整体观念，独立工作，自我管理。“Z 理论”奠定了“以人为本”思想的理论框架，其关键在于员工的参与。[①]

对企业负有责任的核心员工并不会自发产生对企业的认同，除非他们真正认识到自己的日常活动是如何与公司业绩挂钩的。事实上，提高核心员工满足度的一个关键在于让其做有意义的参与。

当前，员工参与方案普遍存在的问题是华而不实，缺乏真正使团队成员参与到决策活动中去的机制，很少或根本不考虑随后对员工观念所产生的影响。因此，员工参与方案成功的关键在于“有意义”三个字。

大西洋航空公司管理方将 GITS（growth and improvement teams，成长与改进团队）作为培养员工主人翁精神的建设性方法。GITS 成员一个个都变成了活动的主人，他们检查自己所推荐的变革并确定其是否得到有效的落实。这样，就完成了从论断角色向一个更具领导色彩的角色的转变，从而使员工能更积极地投入并对业绩的改进负起责任。

拜耳公司则通过与迈尔斯镇的工厂员工的咨商，意识到什么是员工所认为的当前公司所面临的最紧要问题。当拜耳公司于 1994 年底收购这家工厂时，员工由于对 20 世纪 90 年代初期公司的裁员政策不满而冷嘲热讽。管理方认识到让员工投入到变革活动中去是克服嘲讽和实施变革的关键。拜耳公司使员工参与的方法包括两

① 〔美〕威廉·大内. 1984. Z 理论. 孙耀君，王祖融译校. 北京：中国社会科学出版社：60-83.

个步骤：首先，召开交互式大群体会议和成立热点小组以收集全体员工有广泛代表性的信息；其次，召集由更小的核心员工群体参加的追踪会议。每名员工都有参与的机会。由于活动并不是在走过场，在讨论的基础上，公司内部就如何改进绩效展开了对话，员工也为自己设定了在刺激性的薪酬方案中的绩效目标，因而改革得以稳步推进。

3.2.5 采取合理有效的激励方法

对核心员工进行激励时，要考虑到他们的个性特征及心理预期，针对不同情况采取不同办法，从而激发他们的积极性、主动性和创造性，为企业创造出更多、更大的效益。激励核心员工的几种常见有效的方法如下。

（1）股票期权。股票期权在实施中一般向核心员工倾斜。例如，华为技术有限公司是中国通信业一家著名企业，其内部股的股本结构为：30%优秀员工集体控股；40%的骨干员工有分量的控股；10%～20%的新员工或低级员工适当持股。员工持股份额根据“才能、责任、贡献、工作态度、风险承诺”决定。[①]股票期权是应用最广泛的一种前瞻性的激励机制，只有当公司的市场价值上升的时候，享有股票期权的人方能得益。股票期权使员工认识到自己的工作表现直接影响到股票的价值，从而与自己的利益直接挂钩。这也是一种风险与机会并存的激励机制，所以股票期权的潜台词是：“只有好好干，公司上去了你才能得到报偿。”对于准备上市的公司来说，这种方式最具激励作用，因为公司上市的那一天就是员工得到报偿的时候，如微软在中国开办的研究院，就是用股票期权和其他与股份有关的报酬来网罗中国高层信息技术人才的，微软将一些在美国留学并在美公司任职的中国技术尖子“挖”了过来，股票期权是美国通行的报酬方式，发挥了很大的作用。

（2）工作内容激励。让一位才华出众的核心员工长期做一项没有挑战性的工作，会使他感到很无聊，没有成就感。时间长了，他要么懒散低效，要么辞职。针对此类情况可以这样解决：一是轮岗。既有利于个人发掘潜能，找到适合自己的岗位，亦有利于积极发挥工作的创造性。轮岗制度可以使人员和岗位实现最佳配置。二是在工作中增加新的内容，让核心员工对工作感兴趣，从而激发他们利用固有的聪明才智去解决问题。三是培训激励。企业常见的管理误区是急功近利，希望招到的人一进公司就能发挥作用，而忽视持续教育对保持企业核心能力的重要作用。培训不仅能使核心员工改进技能，提高效率，而且能提高他们对企业的认同感，并最终降低员工流动率。国际上一些知名企业就非常重视对员工培训的投资，如德国和日本等发达国家已经建立了相当完备的职业培训体系。

（3）有竞争力的薪酬。核心员工是同业竞争对手的争夺对象，企业应当不拘一

① 魏双勤. 2003. 华为的用人之道. 北京人才市场报. https://www.51test.net/show/10737.html[2003-11-02].

格，为核心员工提供丰厚的薪酬。这种高薪不仅表现为比本企业的普通员工薪水高，而且应不低于人才市场上该岗位的平均水平，否则难以留住他们。对一些公司来说，在某些情况下，事业的成败往往控制在高级管理者或一两名高级技术人员的手里，所以公司会愿意对他们下大本钱。为核心员工提供高薪还因为他们能创造出两种极为重要的垄断。引进和购买的技术，无论多么先进，往往受制于人，无法形成垄断，唯有由核心员工创造的自有技术，才能形成技术垄断；企业一旦管理和使用核心员工即形成人力资源垄断，他们就能为企业在成本、价格、市场等多方面创造优势。这两种垄断是企业核心能力的重要表现，是竞争对手难以模仿和获得的。而企业的超额盈利能力皆可归因于核心能力。

3.2.6　采取个性化的管理方案

每个企业发展阶段、选择战略、行业特点等的不同，决定了每个企业的核心员工也不同。对于核心员工一定要认真分析和研究实际情况，制定针对性强、切实有效的个性化的管理方案。这里选择一个案例来具体说明。①

这是快速流通的消费品行业的一家跨国公司的中国分公司，在全国 26 座城市设有分支机构。分析认为，公司内部的本地中高级管理人员是支持业务发展的核心员工。作为成熟稳定的大集团公司，它的中高级管理人员大都是从内部培养和提拔而来。现在面临的问题是，因为具有良好的工作背景和职业素质，这些人常常成为业内其他企业的猎取目标，因此迫切需要制定一个核心员工保留方案。

因为所面临问题的紧迫性，所以保留方案首先确定为中短期及经济性方式，暂不考虑长期的、非经济性手段。分析这些人员的特点发现，他们平均年龄约为 30 岁，大多处于准备结婚或刚刚结婚的人生阶段。在这个阶段中，他们生活的最大需求是住房。因此，公司决定将围绕住房来设计保留方案。

解决住房有很多种方式，如公司统一购房提供给符合条件的员工居住，到一定的服务年限，房产权归员工个人；或由公司提供低息/无息贷款给员工购房，在一定年限内，从员工工资中扣除；等等。但是因为公司的分支机构分散在全国 26 座城市，这些方式的管理难度很大，不易操作。最后决定以购房津贴的形式随月工资发放。

那么，购房津贴的金额是多少？什么时候发放？发多长时间？现在进行保留方案的具体设计工作。首先，设定目标住房的标准，即面积在 90～100 平方米的多层单元套房，位于距离市中心 30 分钟车程的地段，按照这些标准在全国 26 座城市收集商品房的价格信息。其次，统计不同城市中高级员工的现金收入，并和所在城市的房价进行分析比较，由此得到以下假设：

主管级员工服务 3 年、经理级服务 2 年后，其个人积蓄足以支付购房的首期

① HR 学习论坛. 2016. 企业关键员工的管理. http://bbs.hrfree.cn/hr-48048-1-1.html[2016-05-03].

款项；

接下来以 5 年分期付款计算，月供楼的金额由个人节余和公司津贴共同承担，公司津贴平均占员工月工资的 20%左右；

5 年按揭期结束，入伙时需一次性交纳一笔尾款，同时需要装修费用，两项相加基本相当于一名员工的年收入额。

根据以上分析数据，在所增加的预算得到批准的情况下，可以确定该项核心员工保留方案的基本要素：

主管级服务满 3 年、经理级服务满 2 年，则可以向公司申请购房津贴；

购房津贴为员工月工资的 20%，每月随工资发放；

自申请之日起，可连续享受 5 年；

5 年结束时，员工可一次性获得相当于当年年收入额的入伙补贴。

实行这个方案后，预期可以较稳定地保留大部分核心员工 7～8 年，而后他们将步入中年，届时流动率将大大降低。原因有三：第一，家庭、子女的责任感会使他们对跳槽更慎重；第二，相对于一般管理职位，人力市场上能够提供的可以选择的高级管理职位空缺不多；第三，中年人对非经济性回报如社会地位、名誉等更看重，而这些恰恰是跨国公司所能够满足的优势。

3.2.7　尽量留住要跳槽的核心员工

由于任何企业都免不了竞争者“袭击”，加上核心员工自身总会有工作机会找上门来，所以当他们递上辞呈时，应想办法尽量挽留。

（1）即刻做出反应。如果企业十分想留住该员工，那就没有什么事比立即对其的离职做出反应更重要了。领导应该马上停止预定的活动，任何延误，如“批完这个文件我再和你谈”之类的话，都会使辞职不可挽回。带着紧迫感处理问题有两个目的：首先，向员工表明他确实比日常工作更重要；其次，在员工下决心以前让领导尝试去改变他的离职想法。

（2）封锁辞职消息。封锁辞职消息对员工来说很重要。这为他改变主意继续留在公司清除了一个主要障碍，这个障碍有可能使他在重新决定时犹豫不决。如果其他人毫不知情，他就不必面对公开反悔的尴尬处境，且在企业公布消息以前，还能有更大的回旋余地。

（3）倾听员工心声。领导要坐下来和该员工交谈，仔细聆听，找出其辞职的确切原因。从员工身上了解到的情况要原封不动地向上级汇报，即使其中有对领导的微词。领导还要了解员工看中了另一家公司的哪些方面，是薪酬更高，福利更好，工作时间有弹性，还是对事业看法发生了根本性转变。这些显然是说服员工改变流动意向的关键。

（4）组织方案。一旦收集到准确信息，领导就应该制订出说服员工留下来的方案。一般来说，员工往往因为两个并存的原因而辞职：一个是“推力”，即在本企业长期不顺心，存在许多令他不满意的地方；另一个是来自另一家企业的“拉力”，即“这山望着那山高”，认为另一家企业有许多吸引他的地方。一个成功的挽留方案，应该针对员工产生离职想法的问题，提出切实的解决意见，还要使员工认识到，他对别家公司的种种好处看法不切实际。

（5）全力争取。有了仔细规划的策略，就该着手赢回员工了。领导对员工辞职快速做出反应，就是要让员工从一开始就感到，他的辞职有误会，公司也知道这是个误会，并将全心全意纠正失误。

（6）为员工解决困难，把其争取回来。如果方案实施及时，又确实能解决造成员工心猿意马的那些问题，员工可能会改变想法，除非辞职员工确实已对企业深恶痛绝。多数情况下，他们只是不满工作中的某些方面，或不喜欢直接上司。当他们能在别的公司找到工作时，这些问题就被放大了。通过缓和与本公司的矛盾，突出与那家公司的不同之处，员工通常会同意留下来。

（7）防患于未然。整个过程剩下最后一步也是最重要的一步，领导要坐下来琢磨你的员工，琢磨自己的企业，反思还会有哪些问题有可能导致员工辞职。

除以上挽留核心员工的技巧外，还有些做法对企业挽留核心员工也十分有效。例如，融合工作与社交。员工对企业的忠诚度和归属感可能会随着时间而逐渐消失，但员工和员工间的情感却不会那么脆弱，企业若能利用这一点，鼓励员工之间建立感情，便能大大降低核心员工流动率，如组织各种球类协会、投资会及举办一些企业资助的社交活动，将员工的生活和社交圈子融入工作之中。对此，管理人要考虑到，鼓励和组织员工活动可能会令企业在重组时遇到阻碍，遭到员工一致的抗议。

再如，畅通的沟通渠道。在企业不断扩充的同时，组织层级渐渐地复杂化，要使员工的意见能够地充分反映给管理阶层，并不是一件容易的事情。企业出现问题很大部分原因就是信息失真或沟通不良，如果让员工了解企业的实际情况和具体操作过程，就可以消除误解、减少阻力。管理大师戴明曾经采用过一种方法：“每个星期五你到我们办公室里来，都会看到我们公司的总经理或财务主管，拿着一个锡盒到处走来走去。盒子里面装的是薪水支票。我要求高层主管这么做的原因是，当他们在发这些支票的时候，必须首先知道这名员工叫什么名字，才能顺利地把所有的薪水发放完毕，通过这样的方式，我们确保每个人，每星期都至少有一次向主管发问或是提出问题和建设性建议的机会。而且我们相信我们成功的秘诀，在于将平凡的事做得不平凡地好。”①

总之，核心员工是企业不可或缺的重要资源和核心能力，有时甚至影响到企业的生死存亡，这种“唇亡齿寒”的依存关系，决定了企业必须做好对核心员工的挽留工作，从而确保企业的生存与发展。

① 佚名. 2006. 释放员工创造潜能几种方法. https://www.wm114.cn/wen/21/41020.html[2006-01-09].

思考题

1. “人本管理”的基本原则有哪些？

2. 员工的精神方面需求有哪些？

3. 管理和控制员工流动的方法与原则有哪些？

4. 企业如何对核心员工进行文化管理？

5. 除了本章讨论过的管理人力资源环节，你认为还有哪些环节对控制员工流动有积极意义？

案例讨论[①]

案例一：永辉如何用合伙人制淘汰“混日子”员工？

永辉超市2016年实现营业总收入492.32亿元，同比增长16.82%，归属于上市公司股东的合并净利润12.42亿元，同比增长105.18%。

2017年上半年，永辉超市营业收入283.2亿元，收入增长15.49%，整体同店收入增速0.8%，归属净利10.55亿元，大增58%。扣非归属净利10.37亿元，大增57%超1Q17（50.61%），整体业绩表现靓丽！截至2018年1月12日，永辉超市市值达到985亿元。公司的管理变革、员工合伙人制度及供应链整合等开始发挥积极作用，反应为公司上半年毛利率同比提升0.23个百分点，而费用率下降0.55个百分点，盈利能力显著提升，2017年上半年净利率达到3.59%，同比大幅提升0.88个百分点。

2017年，永辉超市推出限制性股票激励计划草案，拟向339名激励对象授予不超过1.67亿股限制性股票，占公司当时总股本比例约为1.74%，股票来源为公司从二级市场回购，授予激励对象的价格为4.58元/股，解禁时间为自授予登记完成日起的第12个月、24个月和36个月，解锁比例分别为40%、30%和30%，业绩考核要求2018～2020年每年归属净利润（剔除云创、云商业务和本次激励费用）增速不低于20%或营业收入增速不低于25%。

该激励计划做到以下几个方面。

（1）以股权绑定核心员工利益，激励对象覆盖面广，管理层获授比例高。本次激励对象包含战略管理层（2人）、核心管理层（27人）、重要经营层（75人）和核心业务骨干（235人）四类员工。其中，战略管理层和核心管理层获授股票数量占本次授予股票总数的24.26%；激励对象中的高级管理人员涵盖公司董事会秘书、四位副总裁和财务负责人，获授股票数量在总授予数量中占比9.18%；管理层激励较

① 佚名. 2018. 永辉如何用合伙人制淘汰“混日子”员工？https://m.sohu.com/a/217953632_155762/?_trans_=010005_pcwzywxewmsm[2018-01-20]；刘昕. 2017. 薪酬管理. 5版. 北京：中国人民大学出版社：1-4.

为全面且获授比例相对较高。此外，本次激励范围亦包含310名重要经营层和业务骨干，激励范围广，利于全面调动经营人员活力。

（2）业绩考核条件彰显公司提升市场份额和布局创新业务的魄力。本次激励方案解锁条件对2018～2020年营业收入和归属净利润提出二选一的考核要求，且对归属净利润的考核剔除云创（新业态）和云商（彩食鲜中央大厨房）两项新业务，显现出公司立足于市场份额提升和业态、供应链革新的长期战略，给予处培育期的创新业务较大支持。

案例二：谷歌公司的薪酬管理

谷歌是由拉里和谢尔盖于1988年共同建立的一家大型跨国科技公司，主要提供互联网搜索、云计算、广告技术等大量互联网产品和服务。2004年8月19日，谷歌公司在纳斯达克上市。谷歌公司的使命是整合全球信息，使人人皆可访问并从中受益。到2016年为止，谷歌公司已经在《财富》杂志公布的美国最佳雇主百强榜上七次蝉联榜首。

像谷歌这样的技术型公司特别依赖信息技术人力资本，因此，谷歌公司多年来一直保持在薪酬和福利方面的领导地位，在必要时会采取果断的行动来确保自己能够吸引、激励和留住最优秀的人才。

在美国人才招募网站Glassdoor.com发布的2015年美国薪酬水平最高的25家公司中，谷歌公司排名第五（其他几家基本都是咨询公司），其员工平均总薪酬达到15.4万美元，平均固定薪酬达到12.3万美元，苹果公司未能进入该榜单。谷歌公司的软件工程师在硅谷的薪酬水平是最高的，超过了Facebook公司、苹果公司、易趣公司等。为了留住员工，任何被这三家公司中的一家录取的员工都将获得更大的加薪幅度或反要约。

当然，谷歌公司的福利长期以来也同样被大家津津乐道。谷歌公司为员工提供免费且豪华的早、中、晚餐，咖啡厅和果汁酒吧分散在整个园区。谷歌公司还为往返旧金山和公司办公地点的员工提供带有wifi服务的免费班车和渡轮服务。巧克力、懒人球（一种开会用的球状座椅）及巨型积木随处可见，使这里更像是托儿所。谷歌公司还提供健身中心、理发、按摩、医疗服务及各种高科技清洗服务。第一次做爸爸的员工将享有12周带薪休假，新晋妈妈则可获得18周带薪休假，并且在这段时间里员工依然可以享受股权授予及奖金。2013年初，谷歌公司推出了一项新福利，如果员工不幸去世，其配偶在未来10年中将享受去世员工的半数薪酬，同时他们的未成年子女每月可以收到1000美元的生活费直至19周岁。除此之外，配偶还能获得去世员工的股权。

然而，谷歌公司并不希望员工因为获得高薪而失去奋斗的动力，而是希望员工能够求知若渴，保持雄心，从而创造更大的影响力。为此，谷歌公司一方面不断调整外部激励因素，另一方面注意创造合适的环境，确保内在激励因素（公司使命、对透明度的关注、员工对公司运转的话语权、在自由探索中经历失败并学习、有助于协作的物理空间）能够继续保持。在这方面，谷歌公司坚持以下四条重要原则。

第一，薪酬水平应该拉开差距。谷歌公司认为，同级别岗位上的员工薪酬水平相差不到20%并不叫公平，只有薪酬与贡献相匹配才能算得上公平。在一个组织中，员工的绩效并不是服从正态分布，而是服从一种幂分布。换言之，绩效优秀者对组织做出的贡献远远超过绝大多数绩效一般者，他们可以拉动的平均数远高于中位数，因此他们得到的薪酬应当与一般员工形成巨大的差异。曾经发生过这样一件事，在相同领域工作的两位谷歌员工最终得到的股权却是1万美元和100万美元。当然，要想施行这种极端的奖励政策，谷歌公司认为企业必须具备两种能力：一是必须准确评估员工个人和环境等因素对绩效产生的影响；二是公司中必须有能够充分理解奖励体系的管理者。

第二，不恰当的金钱激励反而让大家更不开心。谷歌公司在上市3个月后第一次颁发创始人奖，两个团队获得了以“谷歌股票组”形式颁发的价值1200万美元的奖励，之后一年又向11个团队颁发了价值超过4500万美元的奖励。但问题接踵而来。一是获得这种奖励的大部分是工程师和产品经理，同样做出非凡成绩的非技术人员感到不受重视。二是由于产品之间存在很大差异，所以技术人员也认为这个奖很难拿到，觉得奖励是公司为几个核心产品团队预留的。那些本来也可以获奖，但却被一刀切下来的人更是不满。三是获奖者也不开心，原本以为自己能得到100万美元的获奖者最后发现并非如此，因为这个奖项的下限只有5000美元。此外，那些最优秀的、最富有创造力和洞察力的技术人员由于意识到自己不可能通过同样的产品两次获得这种奖励，所以他们倾向于获奖后立即转移到新的产品领域，而不是在原有的工作领域继续创新。最终，谷歌公司发现，这种无意中让大家变得“以金钱为荣”的奖励让所有人都不开心。于是，谷歌公司逐渐把这个奖项改为每年一次，隔年一次，一直到很久都不再颁发。

第三，请员工参与奖励工作。谷歌公司设计了一个方便员工赞扬其他同事的简单好用的工具—— gThanks。员工只要输入想要赞扬的某个人的名字，再输入消息就可以公开表示对那名员工的赞扬，这让点赞者和被赞扬者都很开心。与之配套的还有同事奖金，即向那些做出突出贡献的同事颁发的奖金。在谷歌公司，任何一名员工都可以给其他员工提供上限为175美元的现金奖励，而且不需要任何管理层的监督或签字授权。在十多年的时间里，谷歌公司里几乎没有发生过私下交易及滥用同事奖金体系的情况，即使偶尔发生错误使用的情形，也是由员工自己维持这个体系的秩序。这种允许员工相互奖励的做法，营造了一种互相认可和相互服务的文化氛围，提醒员工应该像主人翁一样思考问题。

第四，对失败也应当进行奖励。谷歌公司认为，尽管激励因素和目标很重要，但经过精心筹划的冒险之举也值得奖励，否则，员工都不愿意冒险了。谷歌公司曾经有一个项目遭遇重大失败，但依然给大家发了奖金，虽然奖金数额不太多，也很难达到大家原来的期望。谷歌公司希望通过这样的做法确保那些承担巨大风险的员工不用受到惩罚，这对于培育冒险的文化至关重要。

讨论题

1. 如何看待永辉超市的企业文化?
2. 永辉超市的激励机制给我们的启示有哪些?
3. 谷歌公司吸引人才的独特之处主要体现在哪些方面?
4. 谷歌公司的人才策略对我国企业员工流动管理有何启示?

第 10 章　员工流动管理的相关法律法规①

本章主要学习目的

1.了解招聘和解聘的相关法律规定。
2.了解劳动合同管理的相关法律规定。
3.了解试用期、服务期和竞业限制的相关法律规定。
4.了解非标准劳动用工的相关法律规定。

引导案例②

试用期解聘员工的风险

张某入职深圳某电子厂，该厂未与张某签订劳动合同，但张某入职时填写的入职登记表下面有一行备注：新入职员工试用期为三个月。另外，电子厂的《员工手册》中也规定：凡是新入职的员工，试用期均为三个月。张某工作两个多月后，公司以张某试用期不合格为由将张某解雇，张某不服，提起劳动仲裁。

根据法律规定，试用期包括在劳动合同期限内。电子厂虽在入职登记表及员工手册中规定试用期，但并未与张某签订劳动合同，因此，该试用期不存在，双方为事实劳动关系，电子厂将张某解雇应当支付经济补偿金。

同时，电子厂还面临下述法律风险：首先，在入职登记表或《员工手册》中载明的试用期无效，视为无试用期，电子厂不能按试用期的工资标准发放张某的工资，须补足差额部分；其次，不签订书面劳动合同超过一个月不满一年的，应当向劳动者每月支付二倍的工资；超过一年仍不与劳动者订立书面劳动合同的，视为用人单位与劳动者已订立无固定期限劳动合同。

---

① 参阅陈维政，李贵卿，毛晓燕. 2017. 劳动关系管理——理论与实务.2 版. 北京：科学出版社：169-234；陈维政，余凯成，程文文. 2016. 人力资源管理. 4 版. 北京：高等教育出版社：41-42.

② 参见李迎春. 2008. 用人单位试用期疑难法律问题解析与操作指引. http://www.law-lib.com/lw/lw_view.asp?no=9038[2008-04-12].

由上述案例可见，企业在招聘员工时应严格按照相关法律法规进行，否则将面临法律风险并可能承担相应的法律责任。

企业的员工流动管理在很大程度上就是对员工流入和流出的管理，本章就企业在员工流入和流出过程中几个重要环节所涉及的相关法律法规进行讨论，包括招聘和解聘、劳动合同、试用期、服务期、竞业限制、非标准劳动用工。

1　招聘和解聘

1.1　员工招聘

1.1.1　企业在招聘员工时应遵循的基本法律原则

（1）平等就业原则。平等就业原则包含两个主要方面。一是劳动者享有不受歧视的就业权利。《劳动法》第十二条规定："劳动者就业，不因民族、种族、性别、宗教信仰不同而受歧视。"第十三条规定："妇女享有与男子平等的就业权利。在录用职工时，除国家规定的不适合妇女的工种或者岗位外，不得以性别为由拒绝录用妇女或者提高对妇女的录用标准。"《中华人民共和国就业促进法》（简称《就业促进法》）也明确对妇女、少数民族、残疾人、传染病病原携带者、农村进城就业人员等劳动者的劳动权利进行了保障。

二是劳动者享有平等的就业机会，即都能平等地进入劳动力市场参加应聘。《就业促进法》第二十六条规定："用人单位招用人员、职业中介机构从事职业中介活动，应当向劳动者提供平等的就业机会和公平的就业条件，不得实施就业歧视。"尽管如此，我国在这方面的法律法规仍存在不足，尤其是与美国、加拿大等西方发达国家相比，还未以法律形式明确禁止目前常见的年龄、相貌、身高、户籍、婚姻状况等方面的就业歧视。

（2）相互选择的原则。这是指用人单位与劳动者相互选择，即劳动者有权根据自己的爱好、兴趣、技能等自由选择用人单位，不受外在力量的强迫，而用人单位对劳动者有用工自主权和择优录用权。《劳动法》第三条规定："劳动者享有平等就业和选择职业的权利。"《就业促进法》第三条规定："劳动者依法享有平等就业和自主择业的权利。"《就业促进法》第八条规定："用人单位依法享有自主用人的权利。"

（3）照顾特殊群体的就业原则。特殊群体人员指谋求职业有困难或处境不利的人员，包括妇女、残疾人、少数民族人员、退出现役的军人、传染病病原携带者、农村进城就业人员等。《就业促进法》《女职工劳动保护特别规定》《中华人民共和国残疾人保障法》《中华人民共和国民族区域自治法》《中华人民共和国兵役法》

等都对相应特殊群体的就业做了具体规定。

（4）禁止未成年人就业的原则。《劳动法》第十五条规定："禁止用人单位招用未满十六周岁的未成年人。"国务院2002年颁布的《禁止使用童工规定》第二条明确规定："国家机关、社会团体、企业事业单位、民办非企业单位或者个体工商户（以下统称用人单位）均不得招用不满16周岁的未成年人（招用不满16周岁的未成年人，以下统称使用童工）。"

（5）先培训后上岗的原则。《劳动法》第六十八条规定，用人单位应当建立职业培训制度，按照国家规定提取和使用职业培训经费，根据本单位实际，有计划地对劳动者进行职业培训。从事技术工种的劳动者，上岗前必须经过培训。《就业促进法》第四十七条第三款也规定，企业应当按照国家有关规定提取职工教育经费，对劳动者进行职业技能培训和继续教育培训。

1.1.2 企业在招聘过程中的权利和义务

《劳动合同法》第八条明确规定，用人单位招用劳动者时，应当如实告知劳动者工作内容、工作条件、工作地点、职业危害、安全生产状况、劳动报酬，以及劳动者要求了解的其他情况；用人单位有权了解劳动者与劳动合同直接相关的基本情况，劳动者应当如实说明。此规定包括以下内容。

（1）告知义务。保证劳动者在就业时，充分了解用人单位情况，保证劳动者在与用人单位签订劳动合同时，真正享受平等、自愿、协商一致的待遇，这对劳动者和用人单位今后履行劳动合同，建立稳定和谐的劳动关系是十分必要的。用人单位在履行告知义务时应注意下列问题。

第一，告知内容的范围是与缔结劳动合同有关的信息，如劳动者的工作内容、工作条件、工作地点、职业危害、安全生产状况、劳动报酬，以及劳动者要求了解的其他情况，但是用人单位的商业秘密不属于告知范围。需要注意的是，即使劳动者不提出要求也得主动告知，同时，还应积极采取书面方式保存告知行为的证据。

第二，用人单位对其提供的信息，负有保证信息真实性的义务，否则即可能构成欺诈。根据《劳动合同法》第二十六条的规定："以欺诈、胁迫的手段或者乘人之危，使对方在违背真实意思的情况下订立或者变更劳动合同的"被认定为无效。对劳动者知情权的轻视，还可能给用人单位带来很大的法律风险，甚至需要承担严重的法律责任。例如，不向劳动者告知职业危害，根据《中华人民共和国职业病防治法》用人单位将被处以二万元以上五万元以下的罚款。

（2）知情权。用人单位有权了解劳动者与劳动合同直接相关的基本情况，劳动者应当如实说明。用人单位在行使知情权时应注意下列问题。

第一，用人单位行使知情权的范围，是与缔结劳动合同有关的信息。一般来说，用人单位可以了解劳动者的健康状况、学历、以前的工作经历、专业知识和工作技能等与从事具体工作有关的情况。求职者的个人隐私，则不属于知情权的范围。

第二，《劳动合同法》只规定了用人单位有权了解，而劳动者并没有主动告知的义务，如果用人单位没有主动向劳动者了解，劳动者不必主动向用人单位说明。因此，用人单位应在订立劳动合同前对劳动者的关键信息予以充分了解。

第三，劳动者有如实说明的义务。如果劳动者没有如实说明或者提供的信息有虚假情况，劳动者即构成欺诈，用人单位有权解除劳动合同。但前提是该信息应与劳动合同直接相关。

1.1.3　禁止设定担保和收取抵押金

《劳动合同法》第九条规定，用人单位招用劳动者，不得扣押劳动者的居民身份证和其他证件，不得要求劳动者提供担保或者以其他名义向劳动者收取财物。《关于贯彻执行〈中华人民共和国劳动法〉若干问题的意见》第二十四条规定，用人单位在与劳动者订立劳动合同时，不得以任何形式向劳动者收取定金、保证金（物）或抵押金（物）。

中央人民政府劳动部办公厅、中华人民共和国国家经济贸易委员会办公厅《对“关于用人单位要求在职职工缴纳抵押性钱款或股金的做法应否制止的请示”的复函》规定，对用人单位向职工收取的“劳动合同保证金”“劳动保护物品及生产工具使用（承包）抵押金”等行为也应予以制止。至于一些用人单位与职工建立劳动关系后，根据本单位经营管理实际需要，按照职工本人自愿原则向职工收取“风险抵押金”及要求职工全员入股等企业生产经营管理行为，不属上述规定调整范围。但是，用人单位不能以解除劳动关系等为由强制职工缴纳风险抵押金及要求职工入股（实行内部经营承包的企业经营管理人员、实行公司制企业的董事会成员除外）。

根据上述规定，除职工自愿缴纳风险抵押金及自愿入股外，企业要求职工以押金、保证金、定金和户口、身份证、暂住证，以及其他证明个人身份的证件等物作为担保的行为均为法规所禁止。对于违反相关规定向劳动者收取财物者，《劳动合同法》第八十四条规定，用人单位违反本法规定，扣押劳动者居民身份证等证件的，由劳动行政部门责令限期退还劳动者本人，并依照有关法律规定给予处罚。用人单位违反本法规定，以担保或者其他名义向劳动者收取财物的，由劳动行政部门责令限期退还劳动者本人，并以每人五百元以上二千元以下的标准处以罚款；给劳动者造成损害的，应当承担赔偿责任。

1.1.4　用工风险管制

为避免用工风险，用人单位在招聘员工的过程中应注意以下几点。[①]

（1）招聘阶段进行背景调查。用人单位在经过简历筛选和面试后，对中意人选不必急于录用，应根据其简历和面试时的介绍对其进行调查。用人单位可以从五种

① 董保华，杨杰. 2007. 劳动合同法的软着陆——人力资源管理的影响与应对. 北京：中国法制出版社：194-196.

渠道进行调查：①从公安部门、街道办事处、居民委员会等机构查询求职者身份；②从教育部门、学校查询求职者的学历信息；③通过求职者以前的工作单位了解求职者的工作表现、离职原因；④通过医疗机构进行职前体检，以了解求职者的身体健康状况；⑤对于关键岗位，必要时可以委托专业调查机构予以调查。

（2）入职时进行个人基本信息登记。用人单位在新员工入职时应要求其登记个人基本信息，信息内容可以包括企业想了解的各个方面，当然这些信息应当与工作有关，不涉及个人隐私。信息登记表上应当同时注明信息登记虚假、遗漏的后果。基本信息登记应当要求员工本人亲自填写，一旦日后发生纠纷，可以作为证据使用。

（3）建立风险管控机制。避免使用担保和缴纳押金等违法手段，用人单位可设计替代机制来保护自身的权益。①可按照法律规定建立留人机制来减少员工提前离职，如《劳动合同法》第二十二条明确规定用人单位为劳动者提供专项培训费用，对其进行专业技术培训的，可以与该劳动者订立协议，约定服务期。劳动者违反服务期约定的，应当按照约定向用人单位支付违约金。违约金的数额不得超过用人单位提供的培训费用。用人单位要求劳动者支付的违约金不得超过服务期尚未履行部分所应分摊的培训费用。这是法律所允许的留人机制，用人单位应当予以研究和应用。②用人单位应当完善风险管理机制，减少因员工不良行为而给单位造成的损失，尤其对于重要岗位的招聘，应当更加谨慎，对求职者进行充分的测试评估和背景调查，既要考察员工的个人能力，更要注重员工的道德品质。

1.2 员工解聘

企业在解聘职工时应注意遵循《劳动法》和《劳动合同法》的相关规定。

1.2.1 企业可以合法立即解聘职工的情形

（1）经劳动合同当事人协商一致。

（2）在试用期间被证明不符合录用条件的。

（3）严重违反劳动纪律或者用人单位规章制度的。

（4）严重失职，营私舞弊，对用人单位利益造成重大损害的。

（5）被依法追究刑事责任的。

（6）劳动者同时与其他用人单位建立劳动关系，对完成本单位的工作任务造成严重影响，或者经用人单位提出，拒不改正的。

（7）以欺诈、胁迫的手段或者乘人之危，使对方在违背真实意思的情况下订立或者变更劳动合同，致使劳动合同无效的。

1.2.2 企业可以提前通知解聘员工的情形

有下列情形之一的，用人单位提前三十日以书面形式通知劳动者本人或者额外支付劳动者一个月工资后，可以解除劳动合同。

（1）劳动者患病或者非因工负伤，医疗期满后，不能从事原工作也不能从事由用人单位另行安排的工作的。

（2）劳动者不能胜任工作，经过培训或者调整工作岗位，仍不能胜任工作的。

（3）劳动合同订立时所依据的客观情况发生重大变化，致使劳动合同无法履行，经用人单位与劳动者协商，未能就变更劳动合同内容达成协议的。

1.2.3　因“经济性裁员”解聘职工的情形

有下列情形之一，需要裁减人员二十人以上或者裁减不足二十人但占企业职工总数百分之十以上的，用人单位提前三十日向工会或者全体职工说明情况，听取工会或者职工的意见后，裁减人员方案经向劳动行政部门报告，可以裁减人员。

（1）依照企业破产法规定进行重整的。

（2）生产经营发生严重困难的。

（3）企业转产、重大技术革新或者经营方式调整，经变更劳动合同后，仍需裁减人员的。

1.2.4　劳动合同终止的情形

（1）劳动合同期满的。

（2）劳动者开始依法享受基本养老保险待遇的。

（3）劳动者死亡，或者被人民法院宣告死亡或者宣告失踪的。

（4）用人单位被依法宣告破产的。

（5）用人单位被吊销营业执照、责令关闭、撤销或者用人单位决定提前解散的。

（6）法律、行政法规规定的其他情形。

1.2.5　不得解聘职工的情形

（1）从事接触职业病危害作业的劳动者未进行离岗前职业健康检查，或者疑似职业病病人在诊断或者医学观察期间的。

（2）在本单位患职业病或者因工负伤并被确认丧失或者部分丧失劳动能力的。

（3）患病或者非因工负伤，在规定的医疗期内的。

（4）女职工在孕期、产期、哺乳期的。

（5）在本单位连续工作满十五年，且距法定退休年龄不足五年的。

（6）法律、行政法规规定的其他情形。

1.2.6　职工可自行辞职的情形

劳动者提前三十日以书面形式通知用人单位，可以解除劳动合同。劳动者在试用期内提前三日通知用人单位，可以解除劳动合同。用人单位有下列情形之一的，劳动者可以解除劳动合同。

（1）未按照劳动合同约定提供劳动保护或者劳动条件的。

（2）未及时足额支付劳动报酬的。

（3）未依法为劳动者缴纳社会保险费的。

（4）用人单位的规章制度违反法律、法规的规定，损害劳动者权益的。

（5）以欺诈、胁迫的手段或者乘人之危，使对方在违背真实意思的情况下订立或者变更劳动合同，致使劳动合同无效的。

（6）法律、行政法规规定劳动者可以解除劳动合同的其他情形。

（7）用人单位以暴力、威胁或者非法限制人身自由的手段强迫劳动者劳动的，或者用人单位违章指挥、强令冒险作业危及劳动者人身安全的。

1.2.7 企业解聘员工的经济补偿责任

经济补偿是指在劳动者无过失的情况下，用人单位与劳动者解除或终止劳动合同时，依照法律规定支付给劳动者的相关补偿费用。经济补偿按劳动者在本单位工作的年限，每满一年支付一个月工资的标准向劳动者支付。根据《劳动合同法》和《中华人民共和国劳动合同法实施条例》（简称《劳动合同法实施条例》），用人单位应当向劳动者支付经济补偿的情形有以下 8 种。

（1）用人单位有违法、违约行为的，劳动者可以随时通知或者无需通知立即解除劳动合同，并有权取得经济补偿。

（2）用人单位向劳动者提出解除劳动合同并与劳动者协商一致解除劳动合同的，应当支付经济补偿。但如果是劳动者向用人单位提出协商解除劳动合同的，用人单位无需支付经济补偿。

（3）用人单位在前述提前 30 日书面通知或者额外支付劳动者一个月工资后可解聘职工的三种情形下解除劳动合同的，须支付经济补偿。

（4）用人单位进行经济性裁员的，应当支付经济补偿。

（5）用人单位与劳动者订立固定期限劳动合同，合同到期后用人单位不同意续订，或者用人单位降低劳动条件续订劳动合同，劳动者不同意续订的，用人单位须支付经济补偿。但如果用人单位维持或者提高劳动条件续订劳动合同而劳动者不同意续订的，用人单位无需支付经济补偿。

（6）以完成一定工作任务为期限的劳动合同因任务完成而终止的，用人单位应当支付经济补偿。

（7）用人单位被依法宣告破产的，以及用人单位被吊销营业执照、责令关闭、撤销或者用人单位决定提前解散终止固定期限劳动合同的。

（8）法律、行政法规规定的其他情形。

案例分析[①]

大学毕业生小宋在参加某私营企业面试时，被要求在一张表格上签字并填写另一张表格，被要求签字的表格是“某某公司情况告知书”，告知书中的内容包括劳动者的工作内容、工作条件、劳动报酬等。

被要求填写的表格是“某某公司员工求职登记表”，登记表中的内容包括年龄、学历、工作经历、有无男（女）友、男（女）友所在地等问题。宋某拒绝填写该登记表，认为单位这种行为是侵犯个人隐私权的。单位认为，单位已经履行了对劳动者的告知义务，劳动者也得按单位的要求履行告知义务，不愿意填就不能录用。

案例中，该企业采用“情况告知书”和“员工求职登记表”的形式履行告知义务和行使知情权，这一点是值得肯定的。因为根据《劳动合同法》的规定，用人单位履行告知义务是无条件的，即无论劳动者是否提出知悉要求，用人单位都应当主动将有关情况向劳动者如实说明；而劳动者的告知义务是附条件的，即只有在用人单位要求了解的前提下，劳动者才有如实说明的义务。该企业采用书面确认的方式可以很好地规范招聘程序并保留证据。

但是，法律对用人单位告知内容的规定是比较广泛的，基本上涵盖了劳动关系的全部内容，而劳动者的告知义务相对较少，只限于与劳动合同直接相关的基本情况，实践中一般包括劳动者的健康状况、知识技能、学历、职业资格、工作经历以及部分与工作有关的劳动者个人情况，如家庭住址、主要家庭成员构成等。用人单位不得任意扩大对劳动者知情权的范围，更不能借口知情权侵害劳动者的个人隐私。

2　劳 动 合 同

企业一旦聘任员工就须与其签订劳动合同，确立劳动关系。

2.1　劳动合同的性质

《劳动法》第十六条和第十七条规定，劳动合同是劳动者与用人单位确立劳动关系、明确双方权利和义务的协议；劳动合同依法订立即具有法律约束力，当事人必须履行劳动合同规定的义务。

---

① 佚名. 2018.《劳动合同法》精彩案例分析.案例解读四. https://max.book118.com/html/2018/0203/151668312.shtm[2018-02-03].

劳动者和用人单位签订和变更劳动合同必须遵循的三项根本原则：①平等自愿原则，指签订和变更劳动合同的双方在法律地位上是平等的，并能自由表达各自在主张自己权益方面的意愿；②协商一致的原则，指双方就合同的所有条款进行充分协商，达成双方意思一致；③合法原则，指合同的内容必须符合现行法律、法规，不得有与之相违的条款。

2.2 劳动合同的内容

劳动合同应当以书面形式订立，并包括必备条款和约定条款。

（1）必备条款。也称为法定条款，包括：①用人单位的名称、住所和法定代表人或者主要负责人；②劳动者的姓名、住址和居民身份证或者其他有效身份证件号码；③劳动合同期限；④工作内容和工作地点；⑤工作时间和休息休假；⑥劳动报酬；⑦社会保险；⑧劳动保护、劳动条件和职业危害防护；⑨法律、法规规定应当纳入劳动合同的其他事项。

（2）约定条款。约定条款指双方根据具体情况协商约定的权利和义务条款，如用人单位与劳动者可以约定试用期、培训、保守秘密、补充保险和福利待遇等其他事项。没有协商约定的条款，不影响合同的成立。

2.3 劳动合同的期限

劳动合同的期限分为固定期限、无固定期限和以完成一定的工作为期限。

（1）固定期限劳动合同，指用人单位与劳动者约定合同终止时间的劳动合同。用人单位与劳动者协商一致，可以订立固定期限劳动合同。

（2）无固定期限劳动合同，指用人单位与劳动者约定无确定终止时间的劳动合同。用人单位与劳动者协商一致，可以订立无固定期限劳动合同。有下列情形之一，劳动者提出或者同意续订、订立劳动合同的，除劳动者提出订立固定期限劳动合同外，应当订立无固定期限劳动合同：①劳动者在该用人单位连续工作满十年的；②用人单位初次实行劳动合同制度或者国有企业改制重新订立劳动合同时，劳动者在该用人单位已连续工作满十年且距法定退休年龄不足十年的；③连续订立二次固定期限劳动合同，且劳动者没有《劳动合同法》第三十九条和第四十条第一项、第二项规定的情形，续订劳动合同的；④用人单位自用工之日起满一年不与劳动者订立书面劳动合同的，视为用人单位与劳动者已订立无固定期限劳动合同。

（3）以完成一定工作任务为期限的劳动合同，是指用人单位与劳动者约定以某项工作的完成为合同期限的劳动合同。用人单位与劳动者协商一致，可以订立以完成一定工作任务为期限的劳动合同。

2.4　无效劳动合同

下列劳动合同无效或者部分无效。

（1）以欺诈、胁迫的手段或者乘人之危，使对方在违背真实意思的情况下订立或者变更劳动合同的。主要包括以下两种情形：①合同当事人一方故意捏造、歪曲或隐瞒事实，使对方在误解或没有完全了解事实的情况下违背自己的真实意志而签订的劳动合同。如应聘人员出示伪造的学历证书，或用工单位将私营企业的性质说成是全民所有制企业。②合同当事人一方以给对方造成人身伤害或财产损失进行逼迫，致使对方屈服其压力，签订违背自己真实意志的合同，如不续签合同就不归还保证金或要求赔偿损失。

（2）用人单位免除自己的法定责任、排除劳动者权利的劳动合同。主要指合同内容显失公平的劳动合同，通常表现为劳动合同简单化、法定条款缺失、仅规定劳动者的义务、权利义务不对等。

（3）违反法律、法规的劳动合同。主要包括以下情形：①合同主体不合法，如签订合同一方为未满十六周岁的未成年人。②合同内容不合法。例如，有要求职工交纳保证金、风险金、抵押金的条款；或要求职工每周工作 6 天，每天工作 10 小时；或要求职工从事国家不允许的活动，如传销、制假、走私等。

无效合同从订立时起，就没有法律效力。但是，《劳动法》和《劳动合同法》同时规定，如果合同属于部分条款无效，则其余部分仍然有效。另外，对劳动合同的无效或部分无效有争议的，由劳动争议仲裁委员会或者人民法院确认。

2.5　违反劳动合同的法律责任

违反劳动合同的法律责任是指由用人单位或劳动者本身的过错造成的不履行或不适当履行合同所应承担的相应的法律责任，根据《劳动法》《劳动合同法》《违反〈劳动法〉有关劳动合同规定的赔偿办法》和《劳动保障监察条例》等规定，有以下几种情形。

1）用人单位侵害劳动者权益的情形及相应的赔偿责任

（1）用人单位提供的劳动合同文本未载明法定必备条款或者用人单位未将劳动合同文本交付劳动者的，由劳动行政部门责令改正；给劳动者造成损害的，应当承担赔偿责任。

（2）用人单位违反法律规定与劳动者约定试用期的，由劳动行政部门责令改正；违法约定的试用期已经履行的，由用人单位以劳动者试用期满月工资为标准，按已经履行的超过法定试用期的期间向劳动者支付赔偿金。

（3）用人单位直接涉及劳动者切身利益的规章制度违反法律、法规规定的，由劳动行政部门责令改正，给予警告；给劳动者造成损害的，应当承担赔偿责任。

2）由于用人单位的原因订立的无效劳动合同，用人单位应承担赔偿责任

《劳动法》第九十七条规定："由于用人单位的原因订立的无效合同，对劳动者造成损害的，应承担赔偿责任。"第九十九条规定："用人单位招用尚未解除劳动合同的劳动者，对原用人单位造成经济损失的，该用人单位应当依法承担连带赔偿责任。"根据《违反〈劳动法〉有关劳动合同规定的赔偿办法》第六条规定，该用人单位连带赔偿的份额应不低于对原用人单位造成经济损失总额的70%。

3）用人单位违法解除劳动合同或故意拖延不订立合同应当承担赔偿责任

《劳动法》第九十八条规定："用人单位违反本法规定的条件解除劳动合同或者故意拖延不订立劳动合同的，由劳动行政部门责令改正；对劳动者造成损害的，应当承担赔偿责任。"

《劳动合同法》具体规定如下。

（1）用人单位自用工之日起超过一个月不满一年未与劳动者订立书面劳动合同的，应当向劳动者每月支付二倍的工资。用人单位违反本法规定不与劳动者订立无固定期限劳动合同的，自应当订立无固定期限劳动合同之日起向劳动者每月支付二倍的工资。

（2）用人单位违反本法规定解除或者终止劳动合同，劳动者要求继续履行劳动合同的，用人单位应当继续履行；劳动者不要求继续履行劳动合同或者劳动合同已经不能继续履行的，用人单位应当依照经济补偿标准的二倍向劳动者支付赔偿金。

（3）用人单位违反本法规定未向劳动者出具解除或者终止劳动合同的书面证明，由劳动行政部门责令改正；给劳动者造成损害的，应当承担赔偿责任。

4）劳动者违反劳动合同的赔偿责任

《劳动合同法》第九十条规定："劳动者违反本法规定解除劳动合同，或者违反劳动合同中约定的保密义务或者竞业限制，给用人单位造成损失的，应当承担赔偿责任。"

《违反〈劳动法〉有关劳动合同规定的赔偿办法》规定如下。

（1）劳动者违反规定或劳动合同的约定解除劳动合同，对用人单位造成损失的，劳动者应赔偿用人单位下列损失：（一）用人单位招收录用其所支付的费用；（二）用人单位为其支付的培训费用，双方另有约定的按约定办理；（三）对生产、经营和工作造成的直接经济损失；（四）劳动合同约定的其他赔偿费用。

（2）劳动者违反劳动合同中约定的保密事项，对用人单位造成经济损失的，按《反不正当竞争法》的规定支付用人单位赔偿费用。

案例分析[①]

张某于2010年1月1日入职深圳某公司，与公司签订了两次固定期限劳动合

① 冼武杰. 2014. 连续两次订立固定期限劳动合同后终止的后果? http://www.hrloo.com/rz/13157764.html [2014-06-28].

同，其中，最后一份劳动合同期限为从 2011 年 1 月 1 日起至 2013 年 12 月 31 日。2013 年 12 月 28 日，公司通知张某：因双方的劳动合同将于 2013 年 12 月 31 日到期，公司不准备与张某续签劳动合同，请张某于 2013 年 12 月 31 日办理离职交接手续。张某当日即书面通知公司：因双方订立了两次固定期限劳动合同，其符合签订无固定期限劳动合同的条件，要求公司与其签订无固定期限劳动合同。公司不同意张某的请求，双方于 2013 年 12 月 31 日办理了劳动合同终止手续。2014 年 1 月 5 日，张某向深圳市劳动人事仲裁委员会申请劳动仲裁，要求公司支付违法终止劳动关系的赔偿金。仲裁委审理结果认定公司违法终止劳动合同，裁决支付 8 个月工资的违法终止劳动合同赔偿金。

本案的焦点问题是：连续签订两次固定期限劳动合同后，员工要求签订无固定期限劳动合同，这种情况下，单位能否终止劳动关系？

《劳动合同法》第十四条第二款规定："有下列情形之一，劳动者提出或者同意续订、订立劳动合同的，除劳动者提出订立固定期限劳动合同外，应当订立无固定期限劳动合同：（一）劳动者在该用人单位连续工作满十年的；（二）用人单位初次实行劳动合同制度或者国有企业改制重新订立劳动合同时，劳动者在该用人单位连续工作满十年且距法定退休年龄不足十年的；（三）连续订立二次固定期限劳动合同，且劳动者没有本法第三十九条和第四十条第一项、第二项规定的情形，续订劳动合同的。"

关于对该条第三项的理解，司法实践中有两种观点。

第一种观点认为，《劳动合同法》规定无固定期限合同，本意是要鼓励劳资双方建立长期、稳定的劳动关系。用人单位与劳动者连续订立二次固定期限劳动合同后，只要劳动者没有《劳动合同法》第三十九条和第四十条第一项、第二项规定的情形，那么当劳动者提出订立无固定期限劳动合同时，用人单位必须无条件地与劳动者订立无固定期限劳动合同，这种情况下，用人单位没有终止的主动权。

全国人民代表大会常务委员会法制工作委员会编写的《中华人民共和国劳动合同法释义》（法律出版社），以及北京、广东地区的司法实践采取的是第一种观点。例如，《广东省高级人民法院、广东省劳动人事争议仲裁委员会关于审理劳动人事争议案件若干问题的座谈会纪要》（2012 年 6 月）第十九条规定：用人单位与劳动者已连续订立二次固定期限劳动合同，第二次固定期限劳动合同期满后，且劳动者没有《劳动合同法》第三十九条和第四十条第一项、第二项规定的情形，劳动者提出续订劳动合同并要求订立无固定期限劳动合同的，用人单位应当与劳动者订立无固定期限劳动合同。

第二种观点认为，在劳动者提出订立无固定期限劳动合同之前需具备三个条件：连续订立二次固定期限劳动合同；劳动者没有本法第三十九条和第四十条第一项、第二项规定的情形；续订劳动合同的。《劳动合同法》第十四条第二款中第一项、第二项均无“续订劳动合同的”这个条件，满足连续工作年限只要提出就必须签订无固定期限劳动合同，第三项中增加了“续订劳动合同的”这个条件，根据法条前后文意思应当是指前面两次固定期限劳动合同到期后，双方决定续订劳动合同的，只要劳动者提出要求，就应当签订无固定期限劳动合同。如果用人单位不愿意续订劳动合同，则因为缺乏双方共同的“续订劳动合同的”意思表示，即使劳动者提出要求，也因不符合该条规定的条件，无需签订无固定期限劳动合同，劳动合同到期终止。按照这种观点，连续订立两次固定期限劳动合同后，用人单位有终止的主动权。

上海地区的司法实践中采取的是第二种观点。例如，《上海市高级人民法院关于适用〈劳动合同法〉若干问题的意见》（沪高法〔2009〕73号）中明确说明，《劳动合同法》第十四条第二款第（三）项的规定，应当是指劳动者已经与用人单位连续订立二次固定期限劳动合同后，与劳动者第三次续订合同时，劳动者提出签订无固定期限劳动合同的情形。

本案发生在深圳，现行司法实践采取的是第一种观点，故这种情况下，公司没有终止的主动权，公司必须与张某签订无固定期限劳动合同，不得终止劳动合同。案件中，公司以合同到期为由终止了劳动合同，构成违法终止，应当支付赔偿金。但假如本案发生在上海，结果会截然相反，张某的请求将不会得到支持。

3 试 用 期

3.1 试用期的含义与性质

试用期是用人单位和劳动者建立劳动关系后为相互了解、选择而约定的特定期限的考察期。《关于贯彻执行〈中华人民共和国劳动法〉若干问题的意见》第十八条规定，劳动者被用人单位录用后，双方可以在劳动合同中约定试用期。即试用期是劳动合同的约定条款，当事人可以约定试用期，也可以不约定试用期。需要注意的是，用人单位与劳动者不能在不签订劳动合同的情况下约定试用期。《劳动合同法》第十九条第四款规定，试用期包含在劳动合同期限内。劳动合同仅约定试用期的，试用期不成立，该期限为劳动合同期限。

可见，用人单位需要明确的是：试用期应当是劳动合同期限的一部分，试用期的约定是以劳动合同的订立为前提的。有部分用人单位在招聘劳动者时，为了防止招聘出现失误，与试用期劳动者先口头约定试用期而不签订劳动合同，或者仅签订独立的试用期协议，双方约定待试用合格后再签订正式的劳动合同。用人单位上述做法是违反法律规定的，在发生劳动争议时往往会对用人单位不利。

3.2　试用期的约定

《劳动法》第二十一条规定试用期最长不得超过六个月。《劳动合同法》在此基础上进行了细化规定，对试用期的期限、次数等做了细致而严格的限制性规定。

3.2.1　试用期的期限根据劳动合同期限的长短确定

《劳动合同法》第十九条第一款规定："劳动合同期限三个月以上不满一年的，试用期不得超过一个月；劳动合同期限一年以上不满三年的，试用期不得超过二个月；三年以上固定期限和无固定期限的劳动合同，试用期不得超过六个月。"同时，为遏制用人单位短期用工现象，根据《劳动合同法》第十九条第三款、第七十条，以完成一定工作任务为期限的劳动合同或者劳动合同期限不满三个月的，不得约定试用期；非全日制用工双方当事人不得约定试用期。

3.2.2　同一用人单位与同一劳动者只能约定一次试用期

《劳动合同法》第十九条第二款对此做了明确规定，同一用人单位与同一劳动者只能约定一次试用期。需要注意的是，同一用人单位与同一劳动者，无论他们之间的合同期限长短，也无论他们之间建立过多少次劳动关系，包括劳动关系是否连续，或劳动关系是否发生中断以及中断几次，都不影响他们之间的试用期次数，即其试用期仅能约定一次。

此外，《劳动合同法》第八十三条规定，用人单位违反本法规定与劳动者约定试用期的，由劳动行政部门责令改正；违法约定的试用期已经履行的，由用人单位以劳动者试用期满月工资为标准，按已经履行的超过法定试用期的期间向劳动者支付赔偿金。

3.3　试用期工资

《劳动合同法实施条例》第十五条规定，劳动者在试用期的工资不得低于本单位相同岗位最低档工资的 80%或者不得低于劳动合同约定工资的 80%，并不得低于用人单位所在地的最低工资标准。

在此规定中，劳动合同约定工资是指用人单位与劳动者在劳动合同中约定的正式用工期间的工资标准。需要注意的是，试用期间用人单位还须依法为劳动者参加社会保险并及时缴纳社会保险费，否则，劳动者可以单方解除劳动合同并向用人单位主张经济补偿金。

3.4　试用期解除劳动合同

试用期是用人单位和劳动者建立劳动关系后为相互了解、选择而约定的不超过六个月的考察期和缓冲期。试用期的这一特殊性就体现在《劳动法》赋予用人单位和劳动者在试用期内解除劳动合同的特殊规定上。

3.4.1 试用期的劳动合同解除权

《劳动合同法》第三十七条规定，劳动者在试用期内提前三日通知用人单位，可以解除劳动合同。与《劳动法》相比，《劳动合同法》去除了试用期可以随时解除合同的规定，增加了提前三日通知的程序要件，这一规定体现了对用人单位的一种保护。

《劳动法》还赋予了用人单位对试用期间被证明不符合录用条件的劳动者随时解除劳动合同的权利，即劳动者在试用期间被证明不符合录用条件的，用人单位可以随时解除劳动合同，且用人单位不必支付经济补偿金。需要注意的是，适用此项规定必须同时满足以下四个条件。

（1）试用期约定必须合法。这是前提条件，用人单位与劳动者约定的试用期必须符合《劳动合同法》的规定。试用期间的确定应当以劳动合同的约定为准；若劳动合同约定的试用期超出法定最长时间，则以法定最长时间为准；若试用期满后用人单位未为劳动者办理转正手续，则不能认为还处在试用期间，用人单位也不能以劳动者不符合录用条件为由解除劳动合同。

（2）有明确的录用条件并告知劳动者。许多用人单位在进行人才招聘前，往往不做细致的准备工作，或嫌麻烦没有制定一些完整的、具有操作性的录用条件，导致后来对新招员工不满意，想在试用期内与其解除劳动合同时，却没有依据。因此，用人单位必须制定明确有效的录用条件。首先，录用条件必须合法合理；其次，录用条件应明确，具有可操作性，便于考核。此外，录用条件应告知劳动者使其知晓，否则劳动者可以以不了解该规定否定用人单位的解除理由。

（3）对于劳动者在试用期间不符合录用条件的，用人单位必须提供有效证明。法律需要拿证据说话，何为“不符合录用条件”，用人单位必须提供有效的证明材料，这意味着用人单位应该做好新进员工试用期的考核管理。试用期考核的方式是多种多样的，因各单位而异。不管采用的是何种方式，也不管最终的考核成绩是一个简单的分数，是一个复杂的综合考核结果，还是上级或指导人的评语，用人单位都应对试用期的劳动者进行客观的考核，并保留相应文件。

（4）解除劳动合同的决定必须在试用期内做出并送达劳动者本人。用人单位在试用期解除劳动合同的，应当向劳动者说明理由。其实，无论是否在试用期内解除劳动关系，用人单位都有将解除文书送达劳动者的义务。同时，这一义务在试用期内尤其需要注意——必须是在法定时限内，即在试用期结束当天的正常下班时间之前需送达劳动者。一旦超过试用期，则用人单位不能以试用期内不符合录用条件为由解除劳动合同。

以上四个要件环环相扣，缺一不可。

3.4.2　试用期内劳动者解除劳动合同不需赔偿用人单位的培训费用

《劳动部办公厅关于试用期内解除劳动合同处理依据问题的复函》（劳办发〔1995〕264 号）规定，用人单位出资（指有支付货币凭证的情况）对职工进行各类技术培训，职工提出与单位解除劳动关系的，如果在试用期内，则用人单位不得要求劳动者支付该项培训费用。所以，劳动者在试用期内解除劳动合同的，无需赔偿用人单位支付的培训费用，即使劳动合同中有约定，该约定也无效。

为了避免劳动者在试用期内获得用人单位的专业技术培训后离职，用人单位可采取如下应对措施：①尽量不在试用期内支付专项培训费用对劳动者进行专业技术培训；②如急需对劳动者进行专业技术培训，且劳动者仍处于试用期的，可协商变更劳动合同，缩短试用期。

3.4.3　试用期内劳动者解除劳动合同，用人单位可要求其赔偿招录费用

根据《劳动部办公厅关于试用期内解除劳动合同处理依据问题的复函》的规定，如果是由用人单位出资招用的职工，职工在合同期内（包括试用期）解除与用人单位的劳动合同，则该用人单位可按照《违反〈劳动法〉有关劳动合同规定的赔偿办法》（劳部发〔1995〕223 号）第四条第（一）项规定向职工索赔。《违反〈劳动法〉有关劳动合同规定的赔偿办法》第四条规定："劳动者违反规定或劳动合同的约定解除劳动合同，对用人单位造成损失的，劳动者应赔偿用人单位下列损失：（一）用人单位招收录用其所支付的费用。"从上述规定来看，试用期内劳动者解除劳动合同的，用人单位可要求其赔偿招录费用。

案例分析①

2015 年 1 月 1 日，贺先生应聘至上海某工具有限公司工作，担任技术工一职。双方签订劳动合同，约定合同期限为两年，其中试用期两个月（自 2015 年 1 月 1 日起至 2015 年 2 月 28 日止）。2015 年 2 月 28 日试用期的最后一天，人事主管与生产主管对贺先生进行考核，考核发现，贺先生生产的产品合格率不达标、产品质量不达标。于是，公司决定以贺先生试用期不符合录用条件为由，解除与贺先生的劳动合同。同时，公司将决定与贺先生解除劳动合同的事由通知了公司工会，工会予以准许。同年 3 月 3 日，公司将"解除劳动合同通知书"交与贺先生，其中载明：由于贺先生试用期内考核不合格，不符合录用条件，所以决定即日起解除双方劳动合同。

贺先生对公司解除劳动合同的决定不服，向劳动争议仲裁委员会申请劳动仲裁，要求撤销解除劳动合同决定，恢复劳动合同关系。庭审中，贺先生诉称，试用

① 佚名. 2015. 试用期解除劳动合同案例. http://www.maxlaw.cn/l/20150819/826247180205. shtml[2015-08-19].

期间公司从未对他的工作提出意见，且2015年3月3日试用期已经履行完毕，公司不能再以试用期不符合录用条件为由解除劳动合同。公司辩称，2015年2月28日试用期最后一天，贺先生未能通过工作考核。根据《劳动合同法》第三十九条规定，在试用期间被证明不符合录用条件的，用人单位可以解除劳动合同。现公司在试用期间对贺先生考核，并证明贺先生不符合录用条件，所以解除劳动合同符合法律规定。同时，公司提供"考核结论单"，上面载明了对贺先生从事工作的考核指标，且有生产主管和人事主管签字。但贺先生对该"考核结论单"不认可，称从来没有见过，是公司事后补做的。

最后劳动争议仲裁委员会支持了贺先生的主张，理由为公司未能提供充分有效证据证明贺先生试用期不符合录用条件，且公司在试用期后即2015年3月3日与贺先生解除劳动合同，已超过试用期，公司不能再以试用期不符合录用条件为由解除劳动合同。

本案说明，以试用期不符合录用条件为由解除劳动合同，用人单位一定要在试用期内对劳动者进行考核、评价，并在试用期内做出解除合同决定。本案中，公司仅提供了一份"考核结论单"，且上面仅有公司相关人员的签字，而没有贺先生的签字，不足以证明这份"考核结论单"是当时对贺先生试用期工作的评价，而不是用人单位事后补做的。

4 服 务 期

服务期是由于劳动者接受用人单位给予的特殊待遇，双方通过协商约定的劳动者为用人单位必须服务的期限。

企业为员工提供的职业培训一般可以分为两类：第一类是用人单位按照国家规定提取的职工培训费用进行的职业培训；第二类是用人单位在国家规定提取的职工培训费用以外提供专项培训费用，对劳动者进行的专业技术培训。

第一类培训作为法定的培训，用人单位不能对此同劳动者签订协议来约定服务期并约定违约金，即使劳动者辞职，用人单位也无权向劳动者追索这些费用。第二类培训作为用人单位为劳动者提供专项培训费用，对其进行的专业技术培训，按照《劳动合同法》的规定，用人单位为劳动者提供专项培训费用，对其进行专业技术培训的，可以与该劳动者订立协议，约定服务期；劳动者违反服务期约定的，应当按照约定向用人单位支付违约金。

4.1　约定服务期

《劳动合同法》第二十二条规定，用人单位为劳动者提供专项培训费用，对其进行专业技术培训的，可以与该劳动者订立协议，约定服务期。

4.1.1　设定服务期的前提和原则

用人单位决定为某个特定的员工提供专业技术培训时，可以单独与其签订培训协议，也可以对劳动合同进行变更，增加培训服务期条款。

在判断用人单位可否与员工在劳动合同中设定培训的服务期时，我们必须遵循一个前提和四项原则。一个前提是，这种培训发生在试用期结束后的劳动合同期内。因为试用期内发生的培训，劳动者是不用承担有关培训费责任的。四项原则是：①要确定企业的确为劳动者提供过培训或将要提供培训；②用人单位所提供的培训费用必须是专项费用，这种专项费用是指实际专项用于劳动者培训，且能够被专项计算的费用；③培训的性质必须是专业技术培训，包括专业知识培训和职业技能培训，实践中用人单位为新招聘员工提供的岗前培训、劳动安全培训、因企业经营策略变化而进行的转岗培训等属于必要的职业培训，是用人单位应尽的义务，不属于专项技术培训；④须有劳动合同的约定，即劳动合同或培训协议对这种培训费的责任承担做出了具体约定。

4.1.2　服务期的年限

对于服务期的年限约定，相关法规并未做出具体规定，因此服务期的长短可以由双方当事人协商确定。但是，用人单位在与劳动者协商确定服务期年限时要注意体现公平合理的原则；同时，按照《劳动合同法》的规定，用人单位与劳动者约定服务期的，不影响按照正常的工资调整机制提高劳动者在服务期期间的劳动报酬。

需要注意的是，服务期可能短于劳动合同期，也可能长于劳动合同期。对于服务期长于劳动合同期的情况，《劳动合同法实施条例》第十七条对此做了明确规定，即“劳动合同期满，但是用人单位与劳动者依照劳动合同法第二十二条的规定约定的服务期尚未到期的，劳动合同应当续延至服务期满；双方另有约定的，从其约定”。

4.2　违反服务期约定的违约金

用人单位在与劳动者约定服务期时，可同时约定违反服务期约定的违约金。《劳动合同法》第二十二条第二款规定，劳动者违反服务期约定的，应当按照约定向用人单位支付违约金。

4.2.1　违约金的最高限额

《劳动合同法》第二十二条明确规定，违约金的数额不得超过用人单位提供的培训费用。这里所说的培训费用，包括用人单位为了对劳动者进行专业技术培训而支付的有凭证的培训费用、培训期间的差旅费用以及因培训产生的用于该劳动者的其他直接费用。

4.2.2 违约金的支付方法

《劳动合同法》第二十二条给出了原则性的规定，即用人单位要求劳动者支付的违约金不得超过服务期尚未履行部分所应分摊的培训费用。《劳动部办公厅关于试用期内解除劳动合同处理依据问题的复函》(劳办发〔1995〕264号)规定了具体支付办法，即约定服务期的，按服务期等分出资金额，以职工已履行的服务期限递减支付；没约定服务期的，按劳动合同期等分出资金额，以职工已履行的合同期限递减支付；没有约定合同期的，按5年服务期等分出资金额，以职工已履行的服务期限递减支付；双方对递减计算方式已有约定的，从其约定。

4.2.3 违约金的支付情形

《劳动合同法实施条例》第二十六条规定了劳动者应向用人单位支付违约金的情形，以及用人单位不得要求劳动者支付违约金的情形。

第一，劳动者应向用人单位支付违约金的情形：用人单位与劳动者解除约定服务期的劳动合同的，劳动者应当按照劳动合同的约定向用人单位支付违约金。即如果是劳动者的过失导致劳动合同的解除，而劳动合同或培训协议中又有服务期的约定，则劳动者必须根据约定支付违约金。

第二，用人单位不得要求劳动者支付违约金的情形：根据《劳动合同法实施条例》第二十六条："用人单位与劳动者约定了服务期，劳动者依照劳动合同法第三十八条的规定解除劳动合同的，不属于违反服务期的约定，用人单位不得要求劳动者支付违约金。"即在用人单位存在严重过错的前提下，劳动者立即解除劳动合同的，劳动者无需支付服务期违约金。

案例分析①

黄某经社会招聘进入某公司工作，双方签订了无固定期限劳动合同。工作中，黄某工作努力但业务能力不足，公司因工作需要准备出资送黄某去参加业务培训。黄某表示自己正在自费学习业务课程，不必再另行培训，但要求公司给予报销费用。公司为省却另行培训的手续，同意了黄某的要求，给予报销费用10 000元。

一年后，黄某因跳槽而向公司提出辞职要求解除劳动合同，公司表示已报销了黄某的培训费，黄某应当为公司服务5年，否则就应当进行赔偿，对黄某的辞职不予同意。黄某不接受公司的说法，于是双方发生争议。

---

① 向颖琰，潘东燕. 2009. 出资培训未约定服务期怎么办？管理@人，(8)：64-65.

黄某认为：公司只是报销了一些费用，并未对自己进行过培训；双方并未约定服务期限，公司要求自己服务 5 年没有依据；自己按规定辞职，因此不应承担赔偿责任。

公司认为：公司报销了黄某的培训费用，就是出资对黄某进行了培训，按规定黄某应为公司服务 5 年；黄某在服务期内辞职造成公司的损失，应当承担相应的赔偿责任。

本案例的核心问题是公司为黄某报销费用 10 000 元是否能证明公司为黄某提供了专项技术培训，以及在没有约定服务期的情况下黄某是否需承担赔偿责任？

首先，要确定一个事实，本案例中的培训是否为由公司出资的专项技术培训，否则，其他问题就无从谈起。本案例中的培训形式比较特殊，但从性质上来说，黄某所接受的培训不属于一般意义上的由企业义务提供的职业培训。因此，只要公司能举证证明为黄某报销的 10 000 元费用为培训费报销，而非其他费用报销，公司出资对黄某进行了专业技术培训的主张即可成立。

其次，在没有约定服务期的情况下黄某是否需承担赔偿责任？根据《劳动部办公厅关于试用期内解除劳动合同处理依据问题的复函》第三条的规定，在合同期内，则用人单位可以要求劳动者支付培训费用，具体支付方法是：没约定服务期的，按劳动合同期等分出资金额，以职工已履行的合同期限递减支付；没有约定合同期的，按 5 年服务期等分出资金额，以职工已履行的服务期限递减支付。本案中，黄某与公司之间签订的是无固定期限劳动合同，根据无固定期限劳动合同的定义，应按照“没有约定劳动合同期限”来对待，因而此处按 5 年服务期等分出资金额 10 000 元，以黄某已履行的服务期限递减支付，黄某应向公司赔偿培训费 8000 元。但是，应该指出本案争议的产生多少来自企业的失误。为避免同样的情况发生，建议企业若对员工出资培训，最好与员工签订培训协议，约定服务期。

5　竞业限制

在知识经济时代，知识就是力量，技术就是财富的观念深入人心。商业秘密是企业参与市场竞争的秘密武器，伴随着巨大的经济利益。劳动者作为用人单位的内部成员，最有可能接触到企业的商业秘密。因此，如何让自己的员工保守企业的商业秘密，并在其离职后也能较好地保护企业的商业秘密不被他人侵犯或利用，无疑是用人单位面临的一个重要问题。

实践中，劳动者一般在劳动合同期内故意或过失泄露用人单位商业秘密的可能性较小，关键问题是如何保证劳动者在离开企业后不泄露商业秘密。除对劳动者进行必要的法制宣传外，与劳动者签订竞业限制协议是强有力的保护措施之一。

5.1 竞业限制定义

所谓竞业限制，又称为竞业禁止，是指为避免用人单位的商业秘密被侵犯，劳动者依法定或约定，在劳动关系存续期间或劳动关系结束后的一定时期内，不得到生产同类产品或经营同类业务且具有竞争关系的其他用人单位兼职或任职，也不得自己生产与原单位有竞争关系的同类产品或经营同类业务。竞业限制的立法目的在于保护企业的商业秘密，保护正当竞争。

《劳动合同法》第二十三条第二款规定，对负有保密义务的劳动者，用人单位可以在劳动合同或者保密协议中与劳动者约定竞业限制条款，并约定在解除或者终止劳动合同后，在竞业限制期限内按月给予劳动者经济补偿。劳动者违反竞业限制约定的，应当按照约定向用人单位支付违约金。

5.2 竞业限制协议

用人单位与劳动者订立竞业限制条款，目的是保护自身的商业秘密，限制劳动者从事与用人单位相竞争的业务。同时，竞业限制的实施客观上限制了劳动者的就业权，进而影响了劳动者的生存权，因此，为了保护劳动者的合法权益，用人单位在与员工签订竞业限制协议的时候，绝不能毫无顾忌或随心所欲地设定条款，而应遵守相关的法律法规，主要应注意以下几个方面。

5.2.1 竞业限制对象

《劳动合同法》第二十四条明确规定，竞业限制的人员限于用人单位的高级管理人员、高级技术人员和其他负有保密义务的人员。因此，用人单位并没有必要与公司的每名员工签订竞业限制协议。一方面，与并不知悉公司商业秘密的人员签订竞业限制协议显然没有多大意义；另一方面，用人单位需向每一位签订了竞业限制协议的员工支付经济补偿。所以，用人单位有选择性地与负有保密义务的人员签订竞业限制协议即可。

5.2.2 竞业限制范围

《劳动合同法》规定竞业限制的范围和地域由用人单位和劳动者自行约定，用人单位应当根据自身情况，详细约定离职员工不得与原用人单位竞争的合理领域，如区域性限制或行业性限制。由于竞业限制限制了劳动者的劳动权利，原则上，竞业限制的范围应当以能够与用人单位形成实际竞争关系的区域和行业为限，而不应扩至其他领域。如果企业任意扩大竞业限制的范围，不但可能被认定为无效，而且可能涉嫌构成对劳动者择业自主权的侵犯。

5.2.3 竞业限制期限

根据《劳动合同法》第二十四条第三款，竞业限制的最长期限为二年，即“在解除或者终止劳动合同后，前款规定的人员到与本单位生产或者经营同类产品、从事同类业务的有竞争关系的其他用人单位，或者自己开业生产或者经营同类产品、从事同类业务的竞业限制期限，不得超过二年。”

5.2.4 竞业限制补偿

竞业限制协议或条款限制了员工的自主择业及在一定时间内获得劳动报酬的权利，根据权利义务对等原则，应给予员工一定的补偿费，这样才有利于劳动者在具备一定经济条件的基础上保护用人单位的商业秘密，实现双赢。对竞业限制的补偿标准国家法律未做统一规定。[①]也就是说，用人单位与劳动者可双方协商而定。当然，用人单位支付的竞业限制补偿金与员工的竞业限制义务不可显失公平。需要注意的是，《劳动合同法》对竞业限制补偿金的支付方式进行了限制，规定在解除或者终止劳动合同后，在竞业限制期限内按月支付。用人单位必须在竞业限制协议或条款中明确相应的经济补偿标准，并按照法律规定的方式支付。在实践中，有些用人单位与劳动者签订竞业限制协议，却不向劳动者支付相应的补偿金，或者用人单位在竞业限制协议中约定日常向劳动者所支付的工资中已经包括了竞业限制的经济补偿，不再另行支付。这些做法对企业有害无利，因为企业没有履行或无法证明自己已经正确履行支付竞业限制补偿金的义务，劳动者自然也就没有义务履行竞业限制的相关约定。

5.2.5 违反竞业限制的责任

《劳动合同法》对劳动者违反竞业限制规定了两种违约责任。一种为违约金，用人单位和劳动者可以事先在竞业限制协议或劳动合同的竞业限制条款中，约定劳动者违反竞业限制时需要支付的违约金，所设置的违约金应与竞业限制期限及补偿金相对应，不能显失公平。另一类违约责任为赔偿责任，《劳动合同法》第九十条规定，劳动者违反本法规定解除劳动合同，或者违反劳动合同中约定的保密义务或者竞业限制，给用人单位造成损失的，应当承担赔偿责任。追究赔偿责任是基于劳动者的违约行为造成了经济损失，如果劳动者违反竞业限制约定，但没有造成经济损失或用人单位无法证明造成多少经济损失的，则劳动者无需承担赔

---

① 注：有些地方性法规对竞业限制的补偿标准做了规定，如《深圳经济特区企业技术秘密保护条例》第二十四条规定，竞业限制协议约定的补偿费，按月计算不得少于该员工离开企业前最后十二个月月平均工资的二分之一。约定补偿费少于上述标准或者没有约定补偿费的，补偿费按照该员工离开企业前最后十二个月月平均工资的二分之一计算。

偿责任。

案例分析[①]

2010年4月，邓某入职L公司担任高级客户经理，每月工资1万元。同年10月，邓某自L公司离职，双方签订了一年期限的竞业限制协议，L公司支付邓某竞业限制补偿金6万元；双方还约定如邓某违反协议，则应支付公司违约金50万元。

后L公司调查得知邓某离职后到与该公司存在竞争关系的H公司工作，遂要求邓某返还竞业限制补偿金6万元、支付违约金50万元，并继续履行竞业限制义务。法院判决支持了L公司的诉讼请求。

根据《最高人民法院关于审理劳动争议案件适用法律若干问题的解释（四）》（2013年11月18日公布，自2013年2月1日起施行）第十条，劳动者违反竞业限制约定，向用人单位支付违约金后，用人单位要求劳动者按照约定继续履行竞业限制义务的，人民法院应予支持。可见，劳动者在违反竞业限制约定后，即使承担了违约责任，也不能免除其继续履行竞业限制的义务。

6 非标准劳动用工

我国近年来已逐步重视非标准劳动关系的问题，鼓励通过非全日制、临时性、季节性、弹性工作等灵活多样的形式扩大就业，增加了劳动者在市场中的流动性。2003年，中华人民共和国劳动和社会保障部发布了部门规章《关于非全日制用工若干问题的意见》，一些省市也相继出台了地方规定，尤其是《劳动合同法》的出台，对劳务派遣和非全日制用工这两种用工形式进行了专门规定。

6.1 劳务派遣

6.1.1 劳务派遣的定义

劳务派遣，又称劳动力派遣、劳动力租赁、人才租赁、人才派遣等，《劳动合同法》出台后将其规范为“劳务派遣”。尽管劳务派遣有着各式各样的称谓，但其内涵还是较为一致的，即指用工单位向劳务派遣单位提出所需人员的条件，由劳务派遣单位向用工单位派遣劳务人员的用工形式。劳务派遣是一种招聘人与

① 佚名. 2019. 双方签订了竞业协议支付违约金也得履约. http://www.fayuan.cn/zhishi/3416.html[2019-02-13].

使用人相分离的劳动力经营模式。这种用工形式最显著的特征就是雇佣关系与劳动力使用关系相分离。用工单位“只用人、不雇人”，而派遣机构则“只雇人、不用人”。

6.1.2　劳务派遣的产生与发展

劳务派遣在我国的产生和发展，是市场经济条件下市场主体自发选择的结果。由于这种用人和招聘相分离的模式具有合理利用专业单位、根据市场需求配置劳动力资源、降低用工单位人事成本、方便非正规就业者被纳入社会保障体系覆盖范围的优点，因此在我国得到飞速发展。

2007 年，以《劳动合同法》的出台为标志，全国人民代表大会常务委员会第一次对劳务派遣这一用工形式做出了法律层次上的规定。2012 年，《劳动合同法》又专门就“劳务派遣”这一章做了修订，提高进入门槛，设置行政许可，进一步对劳务派遣的使用进行了规范和限制。之后，人社部先后出台《劳务派遣行政许可实施办法》（2013 年 7 月 1 日起施行）和《劳务派遣暂行规定》（2014 年 3 月 1 日起施行）。至此，初步形成了对劳务派遣这一非标准用工形式较为全面的法律规范体系。

6.2　劳务派遣的主体

6.2.1　劳务派遣三方主体关系

与传统的用工模式中“用人单位—劳动者”这种一对一的劳动关系不同，劳务派遣涉及劳务派遣单位、接受派遣单位及被派遣员工三方之间的关系（图 10-1）。

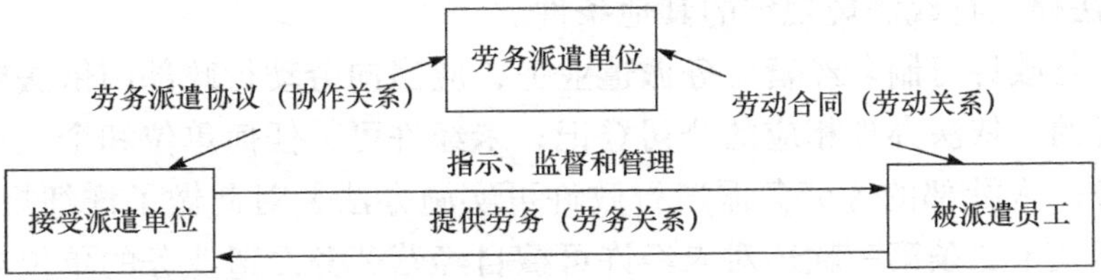

图 10-1　劳务派遣三方主体关系

劳务派遣活动由三方当事人来完成，包括劳务派遣单位、接受派遣单位、被派遣员工，三方依据不同的法律关系缔结比较特殊的劳动力使用三角关系。

（1）劳务派遣单位与接受派遣单位是两个平等的民事主体，双方通过订立劳务派遣协议确定劳务协作关系，劳务派遣单位派遣劳动者为接受派遣单位提供劳务，接受派遣单位向劳务派遣单位支付管理费，属于民事法律关系的范畴。

（2）劳务派遣单位与被派遣员工之间是用人单位和劳动者的关系，双方通过订立劳动合同确定劳动关系，属于劳动法调整范畴。

（3）接受派遣单位是实际使用劳动者的用工单位，劳动者与用工单位之间是一种劳务服务关系，即劳动者向用工单位提供劳务，劳动者接受用工单位在具体工作中的指示、监督和管理。

实践中，一般先由用工单位向劳务派遣单位提出所需人员的条件，双方就派遣岗位和人员数量、派遣期限、劳动报酬和社会保险费的数额与支付方式以及违反协议的责任等内容达成劳务派遣协议；然后劳务派遣单位与被派遣劳动者订立劳动合同，并由劳务派遣单位向用工单位派遣劳务人员。

在劳务派遣这种用工形式下，劳动管理事务被划分为两部分：一是用工单位负责被派遣员工的工作岗位安排、提供一定的劳动保护条件、劳动纪律的制定和实施等生产性劳动管理事务；二是劳务派遣单位则负责被派遣员工的招聘录用、劳动合同的签订、人事档案的建立与管理、工资发放、社会保险费的缴纳等非生产性的劳动管理事务，相当于用工单位的“第二人力资源部”，为用工单位提供社会化的人力资源管理服务。这种用工形式实现了非生产性劳动管理事务的专业化和集约化，从而降低了劳动管理成本，提高了劳动管理效率。对于用工单位来说，非生产性劳动事务的剥离，能够减轻管理负担，使自专注于生产性事务管理，同时也减少了管理成本，提高了管理效率。

6.2.2 劳务派遣单位的主体资格

《劳动合同法》对劳务派遣单位的主体资格予以限制性规定。

第一，条件限制。根据《劳动合同法》第五十七条：“经营劳务派遣业务应当具备下列条件：（一）注册资本不得少于人民币二百万元；（二）有与开展业务相适应的固定的经营场所和设施；（三）有符合法律、行政法规规定的劳务派遣管理制度；（四）法律、行政法规规定的其他条件。”

第二，行政许可制。经营劳务派遣业务，应当向劳动行政部门依法申请行政许可。经许可的，依法办理相应的公司登记；未经许可，任何单位和个人不得经营劳务派遣业务。人社部的《劳务派遣行政许可实施办法》对此做了详细规定。《劳动合同法》第九十二条第一款还对未经许可擅自经营劳务派遣业务的单位规定了惩罚性条款，由劳动行政部门责令停止违法行为，没收违法所得，并处违法所得一倍以上五倍以下的罚款；没有违法所得的，可以处五万元以下的罚款。

第三，不得设立劳务派遣单位向本单位或者所属单位派遣劳动者。这是针对实践中某些企业为了降低用工成本，将一些原来的正式职工以改制名义，分流到本企业设立的劳务派遣公司，然后又以劳务派遣公司的名义派遣到原岗位的不正常现象所做的禁止性规定，即用人单位不得自设劳务派遣单位向本单位或者所属单位派遣劳动者。何谓“所属单位”目前存在多种理解，最宽泛的一种理解认为“所属单位”包括三种：一是母公司与子公司的关系；二是集团公司与下属公司的关系；三是具有关联性质的公司关系。[①]对于用工单位而言，面对法律歧义最好选择最没有风险的方式，即选择与自己没有任何关系的劳务派遣单位合作。

6.2.3　用工单位使用劳务派遣工的限制性规定

用工单位是使用被派遣劳动者从事劳动的单位，《劳动合同法》对其做了两方面限制。

（1）用工范围：劳务派遣用工是补充形式，只能在临时性、辅助性或者替代性的工作岗位上实施。

（2）用工比例：用工单位应当严格控制劳务派遣用工数量，不得超过其用工总量的一定比例，具体比例由国务院劳动行政部门规定。用工总量是指用工单位订立劳动合同人数与使用的被派遣劳动者人数之和。

6.3　劳务派遣三方之间权利义务关系及其法律规定

6.3.1　劳务派遣单位与用工单位之间的权利义务

劳务派遣单位通过与用工单位签订劳务派遣协议确定双方之间的劳务协作关系。《劳动合同法》第五十九条规定，劳务派遣单位派遣劳动者应当与接受以劳务派遣形式用工的单位（以下称用工单位）订立劳务派遣协议。

（1）劳务派遣协议的内容。根据《劳动合同法》第五十九条第一款和《劳务派遣暂行规定》第七条，劳务派遣协议应当载明下列内容：①派遣的工作岗位名称和岗位性质；②工作地点；③派遣人员数量和派遣期限；④按照同工同酬原则确定的劳动报酬数额和支付方式；⑤社会保险费的数额和支付方式；⑥工作时间和休息休假事项；⑦被派遣劳动者工伤、生育或者患病期间的相关待遇；⑧劳动安全卫生以及培训事项；⑨经济补偿等费用；⑩劳务派遣协议期限；⑪劳务派遣服务费的支付方式和标准；⑫违反劳务派遣协议的责任；⑬法律、法规、规章规定应当纳入劳务派遣协议的其他事项。

（2）关于劳务派遣的期限。根据《劳动合同法》第五十九条第二款，用工单位应当根据工作岗位的实际需要与劳务派遣单位确定派遣期限，不得将连续用工期限分割订立数个短期劳务派遣协议。为了避免劳务派遣人为的短期化，法律提倡根据工作岗位的实际需要确定派遣期限，并禁止将连续用工期限分割订立数个短期劳务派遣协议。

6.3.2　劳务派遣单位与被派遣劳动者之间的权利义务

劳务派遣单位与被派遣劳动者通过签订劳动合同建立劳动关系，此种劳动关系

---

① 信春鹰. 2007. 中华人民共和国劳动合同法释义. 北京：法律出版社：230.

虽与传统的标准劳动关系有些差别，但仍属于劳动关系范畴。因此，双方的权利义务关系受《劳动法》调整。《劳动合同法》第五十八条明确指出，劳务派遣单位是本法所称用人单位，应当履行用人单位对劳动者的义务。明确了劳务派遣单位与劳动者形成劳动关系，劳务派遣单位要承担用人单位的全部权利和义务。

（1）劳务派遣单位要与被派遣劳动者订立书面劳动合同。根据《劳动合同法》第五十八条："劳务派遣单位与被派遣劳动者订立的劳动合同，除应当载明本法第十七条规定的事项外，还应当载明被派遣劳动者的用工单位以及派遣期限、工作岗位等情况。"即劳务派遣单位与被派遣劳动者订立的劳动合同应当具备以下条款："（一）用人单位的名称、住所和法定代表人或者主要负责人；（二）劳动者的姓名、住址和居民身份证或者其他有效身份证件号码；（三）劳动合同期限；（四）工作内容和工作地点；（五）工作时间和休息休假；（六）劳动报酬；（七）社会保险；（八）劳动保护、劳动条件和职业危害防护；（九）法律、法规规定应当纳入劳动合同的其他事项。

（2）劳务派遣单位应当与被派遣劳动者订立二年以上的固定期限劳动合同。为了避免劳务派遣期限的不确定性造成的劳务派遣市场的不稳定，《劳动合同法》对劳务派遣中的劳动合同期限做出了上述特别规定，即劳务派遣单位与被派遣劳动者必须签订固定期限劳动合同，并且合同期限至少为两年。

（3）劳动报酬的给付和社会保险。根据《劳动合同法》的规定：①劳务派遣单位应当按月支付劳动报酬；②劳务派遣单位跨地区派遣劳动者的，被派遣劳动者享有的劳动报酬和劳动条件，按照用工单位所在地的标准执行；③劳务派遣单位不得克扣用工单位按照劳务派遣协议支付给被派遣劳动者的劳动报酬；④即使被派遣劳动者在无工作期间，劳务派遣单位也应当按照所在地人民政府规定的最低工资标准，向其按月支付报酬；⑤按照国家规定和劳务派遣协议约定，依法为被派遣劳动者缴纳社会保险费，并办理社会保险相关手续。⑥被派遣劳动者在用工单位因工作遭受事故伤害的，劳务派遣单位应当依法申请工伤认定，承担工伤保险责任，但可以与用工单位约定补偿办法。

6.3.3 用工单位与被派遣劳动者之间的权利义务

在劳务派遣中，虽然劳务派遣单位是用人单位，应当履行用人单位对劳动者的义务。但是，劳动者根据劳动合同，是向用工单位提供劳务，所以，在劳动者为用工单位提供劳务服务的过程中，与用工单位形成一种劳务服务关系。根据这种劳务服务关系，用工单位应当履行一系列的义务。《劳动合同法》第六十二至第六十四条、《劳务派遣暂行规定》第九至第十三条均对用工单位的义务和劳动者的权利做了明确规定。

（1）执行国家劳动标准，提供相应的劳动条件和劳动保护。关于劳动条件和劳动保护，国家和各地区都有一系列的规定，这些规定主要针对用人单位。但是在劳务派遣中，用工单位是实际使用劳动者的单位，应当按照标准提供相应的劳动条件和劳动保护。

（2）告知被派遣劳动者的工作要求和劳动报酬。在劳务派遣中，劳动者与劳务派遣单位订立劳动合同，所以在实际工作之前缺乏对用工单位的了解，为了让劳动者更好地提供劳务，用工单位应当告知被派遣劳动者的工作要求。而且，为了有助于双方信息的对称，防止劳务派遣单位克扣被派遣劳动者的劳动报酬，法律也规定了用工单位告知被派遣劳动者劳动报酬的义务。

（3）支付加班费、绩效奖金，提供与工作岗位相关的福利待遇。在劳务派遣的情况下，劳动者的报酬由劳务派遣协议加以规定，并由劳务派遣单位支付给劳动者。但是加班费、绩效奖金、与工作岗位相关的福利待遇等，都是在具体劳动中产生的报酬内容，不便于在劳务派遣协议中明确规定，因此可以由用工单位向被派遣劳动者直接支付或提供。《劳务派遣暂行规定》第九条特别强调，用工单位应当按照劳动合同法第六十二条规定，向被派遣劳动者提供与工作岗位相关的福利待遇，不得歧视被派遣劳动者。

（4）对在岗被派遣劳动者进行工作岗位所必需的培训。用工单位自己负责对在岗被派遣劳动者进行工作岗位所必需的培训，该费用由用工单位承担。

（5）连续用工的，实行正常的工资调整机制。这主要是解决被派遣劳动者的工资长期过低的问题，对劳动者因长期工作而享有提升工资的权益进行了保护。

（6）被派遣劳动者享有与用工单位的劳动者同工同酬的权利。用工单位应当按照同工同酬原则，对被派遣劳动者与本单位同类岗位的劳动者实行相同的劳动报酬分配办法。用工单位无同类岗位劳动者的，参照用工单位所在地相同或者相近岗位劳动者的劳动报酬确定。

（7）被派遣劳动者有权在劳务派遣单位或者用工单位依法参加或者组织工会，维护自身的合法权益。

（8）被派遣劳动者在申请进行职业病诊断、鉴定时，用工单位应当负责处理职业病诊断、鉴定事宜，并如实提供职业病诊断、鉴定所需的劳动者职业史和职业危害接触史、工作场所职业病危害因素检测结果等资料，劳务派遣单位应当提供被派遣劳动者职业病诊断、鉴定所需的其他材料。

（9）用工单位不得将被派遣劳动者再派遣到其他用人单位。法律禁止用工单位对被派遣劳动者进行再派遣。也就是说，接受以劳务派遣形式用工的单位接收被派遣劳动者必须是自用。

（10）用工单位依法退回被派遣劳动者的权利。有下列情形之一的，用工单位可以将劳动者退回劳务派遣单位：①被派遣劳动者有本法第三十九条和第四十条第一项、第二项规定情形的；②用工单位有劳动合同法第四十条第三项、第四十一条规定情形的；③用工单位被依法宣告破产、吊销营业执照、责令关闭、撤销、决定提前解散或者经营期限届满不再继续经营的；④劳务派遣协议期满终止的。但是，

《劳务派遣暂行规定》第十三条明确规定："被派遣劳动者有劳动合同法第四十二条规定情形的，在派遣期限届满前，用工单位不得依据本规定第十二条第一款第一项规定将被派遣劳动者退回劳务派遣单位；派遣期限届满的，应当延续至相应情形消失时方可退回。"

6.3.4 劳务派遣单位与用工单位的法律责任

《劳动合同法》第九十二条第二款规定，劳务派遣单位、用工单位违反本法有关劳务派遣规定的，由劳动行政部门责令限期改正；逾期不改正的，以每人五千元到一万元的标准处以罚款，对劳务派遣单位，吊销其劳务派遣业务经营许可证。用工单位给被派遣劳动者造成损害的，劳务派遣单位与用工单位承担连带赔偿责任。

此外，《最高人民法院关于审理劳动争议案件适用法律若干问题的解释（二）》（法释〔2006〕6号）第十条对劳务派遣产生争议时诉讼主体问题做出明确的规定，劳动者因履行劳动力派遣合同产生劳动争议而起诉，以派遣单位为被告；争议内容涉及接受单位的，以派遣单位和接受单位为共同被告。

案例分析[①]

北京某电子系统公司与劳务派遣公司之间的劳务派遣协议即将到期，将其一名通过劳务派遣公司派遣来的员工李某退回劳务派遣公司，但李某主张自己与劳务派遣公司无任何关系，而与该电子系统公司存在事实劳动关系，并进一步要求电子系统公司支付5年工龄的经济补偿金及补缴欠缴的社会保险费。

电子系统公司后查实，由于自己合作的劳务派遣公司管理上的不规范和严重缺失，5年来李某与劳务派遣公司根本无任何劳动合同，未为李某缴纳任何社会保险费，也几乎没有对李某采取管理行为，当然也没有任何书面的证明双方建立劳动关系的证据。该电子系统公司以前也曾多次要求该员工提交其与劳务派遣公司的劳动合同，李某均借故推脱，但一直没有引起电子系统公司的重视。李某因此将电子系统公司告上仲裁庭，请求认定其与北京某电子系统公司的事实劳动关系，并要求电子系统公司支付5年工龄的经济补偿金及补缴欠缴的社会保险费。

劳务派遣作为一种新的用工方式，具有便利性和灵活性。企业采取劳务派遣的方式可以有效外包劳动人事管理服务，节省人力资源成本，甚至可以转移或规避员工管理上的部分法律风险。但是这些受益都是建立在良好的劳务派遣业务秩序和优质派遣企业基础上的，如果作为实际用工企业受托方的劳务派遣企业存在管理上的缺失，很有可能导致派遣员工和实际用工单位之间建立事实劳动关系，使实

① 王桦宇，唐忠辉. 2012. 事实劳动关系的法律防治与证据保全. http://www.360doc.com/content/12/0609/01/79294_216969046.shtml[2012-06-09].

际用工企业遭受巨大的用工法律风险，并且带来大量的员工补偿金等赔付损失。

6.4　非全日制用工管理

6.4.1　非全日制用工的定义

非全日制用工是在传统的全日制就业形式之外，为适应用人单位灵活用工和劳动者自主择业的需要，发展起来的新的用工形式。

《劳动合同法》第六十八条对非全日制用工形式做了明确界定，非全日制用工，是指以小时计酬为主，劳动者在同一用人单位一般平均每日工作时间不超过四小时，每周工作时间累计不超过二十四小时的用工形式。可见，非全日制用工最主要的特征是以小时工为主要形式，劳动者不提供全日制劳动。因此，非全日制劳动者与用人单位之间建立的是一种非标准的劳动关系，或者说是特殊的劳动关系。针对这种非标准劳动关系，法律法规对劳动关系主体双方的权利义务也有着特殊的规定。

6.4.2　非全日制用工的法律规定

（1）非全日制用工主体。非全日制用工形式下，劳动者与用人单位之间建立的是劳动关系，对用人单位和劳动者的主体要求与标准劳动关系一致。

（2）劳动合同形式。《劳动合同法》第六十九条第一款指出，非全日制用工双方当事人可以订立口头协议。也就是说，为了保持非全日制用工形式的灵活性以促进就业，非全日制用工既可以订立书面协议，也可以订立口头协议。

而且，《劳动合同法》和《关于非全日制用工若干问题的意见》都明确规定，非全日制用工双方当事人不得约定试用期。

（3）劳动报酬的支付。《关于非全日制用工若干问题的意见》中规定，非全日制用工的工资支付可以按小时、日、周或月为单位结算。但根据《劳动合同法》第七十二条明确规定："非全日制用工劳动报酬结算支付周期最长不得超过十五日"，即非全日制用工劳动报酬不得按月结算支付；而且，非全日制用工小时计酬标准不得低于用人单位所在地人民政府规定的最低小时工资标准。这从法律上保障了非全日制用工劳动者的基本权益。

（4）多重劳动关系。非全日制用工允许劳动者同时建立一个以上劳动关系。《劳动合同法》第六十九条第二款规定，从事非全日制用工的劳动者可以与一个或者一个以上用人单位订立劳动合同；但是，后订立的劳动合同不得影响先订立的劳动合同的履行。而我国是禁止全日制劳动者与多家用人单位建立多重劳动关系的。

（5）劳动关系的终止。根据《劳动合同法》第七十一条，非全日制用工双方当事人任何一方都可以随时通知对方终止用工。终止用工，用人单位不向劳动者支付经济补偿。相比之下，全日制用工情况下的用人单位在解除和终止劳动合同时需要受到更多的限制，也需承担更多的责任和义务。

（6）社会保险。在全日制用工的劳动关系中，社会保险实行用人单位和劳动者共同承担，单位负责缴纳的模式，而在非全日制用工中，由于可能存在一个以上的用人单位，故对非全日制用工社会保险执行下述特殊规定。

《关于非全日制用工若干问题的意见》规定如下：①从事非全日制工作的劳动者应当参加基本养老保险，原则上参照个体工商户的参保办法执行……符合退休条件时，按国家规定计发基本养老金。②从事非全日制工作的劳动者可以以个人身份参加基本医疗保险，并按照待遇水平与缴费水平相挂钩的原则，享受相应的基本医疗保险待遇。③用人单位应当按照国家有关规定为建立劳动关系的非全日制劳动者缴纳工伤保险费。从事非全日制工作的劳动者发生工伤，依法享受工伤保险待遇；被鉴定为伤残5～10级的，经劳动者与用人单位协商一致，可以一次性结算伤残待遇及有关费用。

案例分析①

郭某来到某食品加工公司从事非全日制工作，签订的非全日制合同中规定，每天的工作时间为3小时，每小时的工资为15元。郭某工作3个多星期后，因有另一用人单位承诺把他录用为全日制员工，郭某十分高兴，马上向食品加工公司提出辞职，准备终止与该公司的非全日制劳动合同后，前往新的用工单位报到，成为该单位的一名全日制员工。

郭某在食品加工公司办完了所有离职手续，并提出让公司给自己结清这3个星期的工资。经理对郭某说："你在我们这里工作都不满一个月，还要什么工资呀？按公司规定，凡工作未满1个月的员工，一律不能享受任何工资待遇。"

"你们这规定太不合理了！"听了经理的话，郭某气愤地说道："我的工资是按小时计算的，别说我已经干了3个多星期，就是只干1个小时，你们也得支付我1小时的工资。否则，我就去劳动监察大队告你们。"

经理一看郭某要动真格的了，赶紧让财务人员给他结清了工资。郭某拿到工资后，愤怒的情绪得到了平息。但在回家的路上，郭某碰到一位律师朋友，郭某把自己的遭遇跟律师说了一下。律师告诉他，食品加工公司虽然向他支付了工资，但由于当地政府规定的小时最低工资标准是18元，公司给郭某每小时15元，比规定低了3元，因此公司支付给他的工资标准是违法的，同时公司支付工资的周期也违反了《劳动合同法》的有关规定。听了律师的这番话后，郭某真动怒了："他们简直欺人太甚，我马上就去劳动监察大队告他们去！"

---

① 左祥琦. 2007. 学好用好《劳动合同法》. 北京：北京大学出版社：186-187.

非全日制劳动合同一般是以小时为单位建立劳动关系的，因此对非全日制劳动者计发劳动报酬通常也以小时为单位计算。《最低工资规定》第五条明确指出，最低工资标准一般采取月最低工资标准和小时最低工资标准的形式。月最低工资标准适用于全日制就业劳动者，小时最低工资标准适用于非全日制就业劳动者。而且，根据《最低工资规定》第十三条："用人单位违反本规定第十二条规定的，由劳动保障行政部门责令其限期补发所欠劳动者工资，并可责令其按所欠工资的 1 至 5 倍支付劳动者赔偿金。"

另外，根据《劳动合同法》关于"非全日制用工劳动报酬结算支付周期最长不得超过十五日"的规定，公司在郭某已经为其工作 3 个多星期后，还没发过一次工资的行为也是违法的。

思考题

1. 简述用人单位在招聘过程中履行告知义务和行使知情权时应该注意的事项。
2. 简单阐述用人单位在试用期内解除劳动合同时应该注意的事项。
3. 阐述培训服务期与劳动合同期限的关系。当二者发生冲突时应如何处理？
4. 讨论竞业限制与保守商业秘密的相同点和不同点。
5. 简述劳务派遣的三方主体及相互的权利义务关系。
6. 简述非全日制用工的定义及其法律特征。